马克思主义中国化纵横观

郑德荣　王占仁　著

人民出版社

目　录

论　理　篇

历　程　篇

成　果　篇

自　序

　　马克思主义中国化是毛泽东在全国抗日战争爆发不久，1938 年 10 月党的六届六中全会上，向全党发出的伟大号召。命题的提出旨在号召全党反对理论与实际相割裂的主观主义，特别是教条主义，坚持马克思主义与中国实际相结合，使马克思主义具体化、民族化，总结中国革命独创性经验，进行理论升华，用中国化的马克思主义指导中国革命。这就要求全党正确认识抗日战争的新形势、新任务，正确认识和处理民族斗争与阶级斗争的关系，坚持党的全面抗战路线和统一战线中的独立自主原则，打败日本侵略者，建立新中国，肩负起中国共产党领导抗日战争夺取胜利的历史使命。

　　全面抗战爆发后，中国面临的形式极为复杂，任务极为艰巨，面对的敌人是凶恶野蛮的日本军国主义。民族矛盾与阶级矛盾交织，而以中日民族矛盾为主要矛盾，必须团结御侮，打败日本侵略者。在中国共产党的积极倡导和大力推动下，国共两党由对峙内战转为合作抗日，形成抗日民族统一战线，全国迅速掀起抗日战争高潮，而国民党顽固派却制定片面抗战路线，实行两面政策，经几个大的战役后节节败退。以毛泽东为核心的中国共产党中央，则以民族利益为重，坚持全面抗战路线和抗日民族统一路线中的独立自主原则。而王明却以共产国际"钦差大臣"自居，力主"一切服从统一战线，一些经过统一战线"，干涉和阻挠党的正确路线和统一战线中的独立自主原则。不破除党内新的右倾投降主义，党就不能肩负起领导抗战的历史任务。恰逢此时，刚从莫斯科返回延安的王稼祥传达了共产国际总书记季米特洛夫的指示，充分肯定中国共产党的抗战路线，并明确提出，要在毛泽东领导下加强党中央的团结。毛泽东随即在党的六届六中全会上明确发出马克思主义中国化的号召。这一崭新命题的提出并非偶然，是在反对教条主义斗争中逐渐形成的。早在 20 世纪 30 年代初，在国际共产主义运动和中国共产党内，就曾经盛行马克思主义教条化，把共产国际神圣化、苏联经验绝对化的倾向。毛泽东以对党、对人民高度负责的精神，以巨大的革命胆略和理论勇气，调查研究，明确提出《反对本本主义》，指出马列主义经典作者必须学习，本本主义必须反对。旨在坚持马列主义与中国实际相结合，独立自主、实事求是地解决中国革命问题。在抗日战争即将爆发的时刻，毛泽东相继发表《实践论》《矛盾论》等光辉篇章，从哲学高度深刻揭示了党内教条主义理论与实际相脱离的主观主义的思想根源和违背辩证法具体问题具体分析的形而上学，为党的实事求是思想路线和马克思主义中国化奠定了坚实理论基础。全国抗日战争爆发后，在党的六届六中全会上，毛泽东向全党明确提出马克思主义中国化的崭新命题。

马克思主义中国化的明确提出，表明毛泽东对马克思主义的理论品格和中国基本国情有深刻认识：马克思主义不是"圣经"而是行动指南，是指导无产阶级革命和被压迫民族解放斗争的理论武器，必须与实际相结合，在实践中发展，具有与时俱进的理论品格；中国基本国情，既不是资本主义，也不是封建主义，而是半殖民地、半封建社会。

毛泽东不仅提出马克思主义中国化的理论，而且身体力行，是实现马克思主义中国化的光辉典范和伟大奠基人。是他在领导党和人民革命奋斗中，把马克思主义与中国实际相结合，并总结中国革命独创性经验，进行理论升华，提出一系列关于中国革命的理论原则，开拓马克思主义中国化新境界，实现马克思主义中国化这一历史性飞跃，创立了毛泽东思想。毛泽东思想是一个完整的科学体系，如何概括他的科学体系,学者各有千秋,既有平面结构,也有立体结构。平面结构包括马克思主义的三种学科体系:第一,哲学、政治经济学、科学社会主义;第二,政治、经济、文化、军事、党建、国际关系和外交思想等各个领域各条战线;第三,中国革命基本问题、基本理论。立体结构,包括灵魂、主体、支柱理论和具体理论多个层次。实事求是、独立自主、群众路线是毛泽东思想的灵魂,它是中国共产党的根本方法论和根本路线,寓于各个思想领域的始终。新民主主义理论是毛泽东思想的主体内容,中国革命三大法宝、农村包围城市道路理论、人民民主专政理论及社会主义改造理论是毛泽东思想的支柱理论。政治、经济、文化、外交及党的建设等各个领域、各条战线都有具体理论、观点。毛泽东思想是中国共产党的指导思想,党以毛泽东思想武装自己,领导全国人民共同进行革命斗争,取得新民主主义革命、社会主义革命的伟大胜利及社会主义建设的巨大成就。践行毛泽东思想的集中载体是中国特色革命道路。中国特色革命道路成功的标志是中华人民共和国的成立和社会主义制度的确立,它开辟了中国历史新纪元。中国特色革命道路的伟大成功,为中共特色社会主义道路的开辟创造了根本政治前提和制度保障。

在一个人口众多,经济、文化比较落后的农业大国,如何进行社会主义工业化建设史无前例,无现成答案可循,当时只能向苏联学习,全面社会主义建设开始以后,随着"一五"计划的完成,经济的迅速发展,苏联模式的弊端逐步显现。毛泽东经调查研究,适时提出"以苏为鉴"和把马克思主义与中国实际"第二次结合"的战略思想。他以彻底的历史唯物主义观,继《论十大关系》后,明确提出《正确处理人民内部矛盾》理论,揭示了社会主义社会仍然存在生产关系与生产力、上层建筑与经济基础社会基本矛盾的理论,它们之间既适应又不完全适应,同资本主义社会矛盾的性质和解决矛盾的方法不同。毛泽东强调区分两类不同性质矛盾,要以正确处理人民内部矛盾为社会主义政治生活的主题,调动一切积极因素,为建设社会主义服务的总方针。提出社会主义工业化道路优先发展重工业，要正确处理农业、轻工业、重工业的关系，以工业为主导，农业为基础。在党派关系和文化事业上，提出长期共存，互相监督和百花齐放、百家争鸣的方针。

在探索社会主义建设道路征程中，经过十几年的历程，我国建立了独立的比较完整的工业体系和国民经济体系，为中国特色社会主义道路开辟，奠定了物质技术基础。另一方面，在社会主义建设过程中，又因为急于求成和"以阶级斗争为纲"的错误，酿变成"文化大革命"的全局性错误，使社会主义建设遭受严重挫折，未能实现"第二次结合"的宏愿。但毛泽东在探索中国社会主义建设道路的曲折发展中，积累了丰富的正反两方面历史经验，成为开辟中国特色社会主义道路值得珍惜的不可或缺的宝贵历史经验。

"文化大革命"结束后，邓小平深刻反思，总结我国长期社会主义建设的历史经验教训，准确把握我国现阶段的基本国情及其所处的历史方位，坚持科学社会主义与中国实际和时代特征相结合，提出"走自己的路"——中国特色社会主义道路，实现马克思主义与中国实际第二次结合的历史性飞跃，创立了邓小平理论。邓小平理论构成了中国特色社会主义理论体系的基础部分。

邓小平理论是在新的历史条件下对毛泽东思想的继承与创新，是与毛泽东思想一脉相承与时俱进的理论成果。党的十七大把包括邓小平理论、"三个代表"重要思想、科学发展观在内的理论统称为中国特色社会主义理论体系，这是马克思主义与中国实际第二次结合的历史性飞跃的伟大理论成果。中国特色社会主义理论体系针对什么是马克思主义、怎样对待马克思主义，什么是社会主义、怎样建设社会主义，建设什么样的党、怎样建设，要什么样的发展、怎样发展，这四个建设中国特色社会主义的基本问题，各有侧重地进行了科学的回答。

邓小平理论科学地判断了我国社会主义所处的历史方位，深刻地揭示了社会主义本质：解放和发展生产力是社会主义的根本任务，改革是经济社会发展的动力，市场经济是手段，不是根本经济制度，资本主义可以用，社会主义也可以用，指明了我国经济管理体制的方向和目标，实现共同富裕是社会主义区别于资本主义的本质性特征。"三个代表"重要思想，深刻揭示了中国共产党是工人阶级先锋队的先进性和为人民服务为宗旨的理论底蕴。科学发展观是唯物辩证法指引我国经济发展的集中体现，为以人为本，全面协调可持续发展指明了方向。这里应该指出的是中国特色社会主义理论体系是开放性的。随着我国经济社会的发展、时代的前进、实践经验的积累和理论不断的创新，中国特色社会主义理论体系必然不断丰富和发展。新世纪以来，随着改革开放的深入，旧的矛盾和问题的解决，新的矛盾和问题日益凸显，党的十八大作出全面深化改革的重大战略部署。十八大以来，习近平发表一系列重要讲话，提出一系列新思想、新观点、新论断，特别是"四个全面"战略布局具有深刻的理论内涵和鲜明的理论特征。它充分体现中国共产党治国理政新的理念，进一步明确了党和国家提出的战略方向，重点领域、主攻目标，为中国特色社会主义理论体系注入了新的内涵，赋予了时代特征，是在新的历史起点上对马克思主义中国化第二次历史性飞跃进程中突破性的最新理论成果。

马克思主义中国化两次历史性飞跃的历史进程，为我们积累了丰富历史经验，可以清晰地表明其基本要素：一是马克思主义基本原理和主要观点方法是马克思主义中国化的前提和理论基础；二是中国基本国情和所处的历史方位是马克思主义中国化的客观依据和出发点；三是中国共产党领导的中国革命和建设的独创性经验是马克思主义中国化的实践基础；四是中华民族优秀传统文化是马克思主义中国化的土壤；五是党的思想路线是贯穿马克思主义中国化始终，实现中国化的生命线。当然，实现马克思主义中国化的主体，还需要具备必要的主观条件。

马克思主义中国化命题的提出，具有重大的理论价值和深远的历史意义。第一，它深刻地揭示了马克思主义指导中国革命的真谛在于用中国化的马克思主义指导实践。破除了人们对马克思主义教条化的藩篱，划清了马克思主义与教条主义的界限，把坚持马克思主义与反对教条主义结合起来，为马克思主义在中国的发展，开拓马克思主义新境界指明了方向。第二，它是马克思主义发展史上的里程碑，使马克思主义在中国大地增添了新的生机与活力，有了这一命题，才实现了马克思主义与中国实际相结合的两次历史性飞跃，创立了毛泽东思想和中国特色社会主义理论体系。第三，它使中国化的马克思主义成为党的指导思想，中国共产党用中国化的马克思主义理论武装自己，加强党的思想理论建设，才能使党永葆先进性，站在时代高度，开辟中国特色革命道路和中国特色社会主义道路，肩负起中华民族伟大复兴的历史使命。

郑德荣

2015 年 7 月 1 日

论　理　篇

第一章　中国共产党以马克思主义
为指导的真谛

　　1984 年 6 月，邓小平会见日本友人时，明确指出："我们多次重申，要坚持马克思主义，坚持走社会主义道路。但是，马克思主义必须是同中国实际相结合的马克思主义，社会主义必须是切合中国实际的有中国特色的社会主义。"① 这里，一语道破了一个真理，即用马克思主义指导中国革命的真谛在于运用中国化了的马克思主义，走自己的路。这是由马克思主义的固有属性、特点和中国特殊国情所决定的，同时也是总结中国革命与社会主义建设正反两方面历史经验所得出的科学结论。

一、马克思主义固有属性决定了它的生命力
在于同实践相结合，在斗争中不断发展

　　马克思主义是无产阶级的科学世界观与方法论，是全世界无产阶级最正确、最革命的科学思想结晶，是指导全世界无产阶级和被压迫民族解放斗争的思想武器。它的基本特点是理论与实践相结合，在斗争实践中不断丰富与发展。这也是它的强大生命力所在。马克思主义由 19 世纪产生于欧洲的"幽灵"勃兴并成为流行于 20 世纪同资产阶级民主主义相较量的不可抗拒的历史洪流。19 世纪中叶，马克

---

① 《邓小平文选》第三卷，人民出版社 1993 年版，第 63 页。

思、恩格斯总结了欧洲工人运动经验，批判地吸取了人类三个最先进国家里三个主要思潮——德国的古典哲学、英国的古典政治经济学、法国的空想社会主义，并在同资产阶级、小资产阶级思潮，同机会主义、修正主义思想斗争中形成了马克思主义。马克思主义通过大量材料和严密的逻辑论证，阐明了自然界、人类社会和思维发展的普遍规律，揭示了资本主义生产方式的固有矛盾及资本主义社会的特殊运动规律，论证了资本主义必然灭亡，共产主义必然胜利的历史发展总趋势，指明了无产阶级是资本主义制度的掘墓人和共产主义社会的创造者。无产阶级要完成自己的历史使命，必须组织自己的先锋队——共产党。在党的领导下，通过暴力革命，推翻资产阶级统治，彻底砸碎旧的国家机器，建立无产阶级专政的社会主义国家。同时，马克思主义还指出：无产阶级在取得政权以后，不但要消灭一切剥削制度和剥削阶级，而且要大力发展社会生产力，完善和发展社会主义的生产关系和上层建筑，并逐步消灭一切阶级差别及由于社会生产力发展不充分而形成的城乡差别、脑力劳动与体力劳动的差别和社会不平等，直到进入共产主义社会。19世纪末20世纪初，列宁在同第二国际伯恩斯坦修正主义斗争中，坚决捍卫和发展了马克思主义，在理论和实践的结合上，把它推向新阶段——帝国主义和无产阶级革命时代的马克思主义，即列宁主义。列宁深刻地揭示了资本主义发展的最后阶段——帝国主义的基本特征及其发展规律，论证了无产阶级革命能够在帝国主义阵线最薄弱环节，首先在一个国家内取得胜利并建成社会主义。

马克思列宁主义诞生以来，总是激励着各国共产主义者在自己的时代和自己的国家中，发扬独创性精神，不断地创造无产阶级革命事业的新局面。马克思主义基本原理的实际运用，正如《共产党宣言》中指出的那样，"随时随地都以当时的历史条件为转移"。马克思在《哥达纲领批判》中，明确告诫无产阶级和劳动人民，他们解放斗争的"直接的斗争舞台就是本国"。恩格斯也一再强调，马克思主义学说不是教条而是行动的指南。他在《社会主义从空想到科学的发展》一书中指出："为了使社会主义变为科学，就必须首先把它置于现实的基础之上。"①列宁把殖民地半殖民地被压迫民族和人民的革命斗争视为世界无产阶级社会主义革命的一部分，他在《在全俄东部各民族共产党组织第二次全国代表大会上的报告》中指出，一切被压迫民族都将走到社会主义，但走法不完全相同。"你们面临着全世界共产党人所没有遇到过的一个任务，就是你们必须以共产主义的一般理论和实践为依据，适应欧洲各国所没有的特殊条件，善于把这种理论和实践运用于主要群众是农民、需要解决的斗争任务不是反对资本而是反对中世纪残余这样的条件。"②

二、中国的特殊国情要求必须把马克思主义根植于中国这块土壤上

如果说任何国家的共产党都需要把马克思主义同本国实际相结合的话，那么中国共产党尤其需要如此。这是由于中国国情特殊，特殊在于中国的共产主义运动发生在既不同于马克思构想的资本主义国家，也不同于资本主义不够发达的俄国，而是发生在以农民为主体的，经济文化十分落后的，受若干帝国主义宰割的半殖民地半封建社会的国度中。

国情是党制定路线政策的基本客观依据，马克思主义的生命力就在于它根植于中国这块土壤上，是不是和善不善于用马克思主义研究中国国情，从而把马克思主义同中国实践相结合，这是关系马克思主义在中国的命运，关系中国革命成败的大问题。在如何认识和对待中国特殊国情问题上，在思想界、在中国共产党内曾发生过两种错误

---

① 《马克思恩格斯选集》第 3 卷，人民出版社 1995 年版，第 358 页。

② 《列宁选集》第 4 卷，人民出版社 1995 年版，第 79 页。

倾向，并由此导致对待马克思主义的两种态度：一种是以中国国情特殊"马克思主义不适合中国国情"为借口，反对马克思主义；一种是马克思主义是科学真理必须照搬照抄，拒绝把马克思主义同中国国情，同中国革命具体实践相结合。在马克思主义同中国国情的关系上，中国共产党的马克思主义者，同上述两种倾向展开了两条战线的斗争，特别是同党内的"左"倾教条主义者开展了斗争。中国革命之所以能够取得伟大胜利，归纳起来，最基本的历史经验是由于正确认识了中国国情，把马克思主义普遍原理同中国实际相结合，总结了中国革命的独创性经验，用中国化了的马克思主义直接指导的结果。

所谓中国特殊国情，系指它是区别于马克思、恩格斯构想的在欧洲发达资本主义国家开展共产主义运动，列宁在资本主义尚不够发达的俄国领导的十月社会主义革命，而是在另一种类型的半殖民地半封建社会的国度。近代中国是一个领土辽阔，人口众多，经济文化落后的半殖民地半封建的国家。国土总面积约为960万平方公里，占世界第三位，南北相距约5500公里，跨纬度40度多，东西相距5200公里，丘陵、山区占2/3，海岸线长约32000公里。辽阔的疆域，巨大的经纬度差别，气温、湿干度的悬殊，以及背依欧亚大陆，面向太平洋的地理位置，使我国具有独特的自然地理特点。中国人口数字在辛亥革命时统计约3亿4000多万，1926年北洋军阀统治时期为4亿6000多万，1949年新中国成立前夕为5亿4000多万。中国是由56个民族组成的多民族的国家，其中汉族占94%。55个少数民族总数约为7000万，占全国人口6%，主要分布于占全国50%—60%边疆的辽阔地区。汉族主要聚居于黄河、长江、珠江三大流域及松辽平原。

近代中国是受若干帝国主义宰割的以农民为主体的经济文化十分落后的半殖民地半封建社会。英、法、俄、德、日等列强在中国划分势力范围，与封建势力相勾结，维护着帝国主义、封建主义的反动统治。孙中山领导的辛亥革命把皇帝拉下马，结束了中国两千年的封建帝制，但昙花一现，政权竟被封建军阀所篡夺。蒋介石在南京建立的国民政府，打着孙中山三民主义旗帜，实则依附于帝国主义，镇压革命，实行大地主大资产阶级专政。中国的社会性质没有根本的变化。

旧中国社会经济结构落后、复杂。有帝国主义侵华的资本主义、官僚买办资本主义、民族资本主义、封建主义、劳动者个体经济、奴隶制。伴随经济结构的深刻变化，阶级结构与阶级关系发生重大变化。除原有的地主阶级、农民阶级及其他小资产阶级外，又产生了代表新的生产关系与生产力的资产阶级与无产阶级。

中国无产阶级即工人阶级，人数虽然不多（五四时期200万），但却是中国新生产力的代表者，他们身受帝国主义、资本主义和封建主义的三重压迫，是近代中国最进步的阶级，是中国革命的领导阶级。在第一次世界大战以后，它逐渐由一个自在阶级变为自为的阶级，在五四运动中以独立的姿态登上政治舞台。

中国资产阶级分为带买办性质的官僚资产阶级和民族资产阶级，前者亦称大资产阶级。他们和外国资本主义、本国封建势力相勾结，残酷地压榨和奴役中国人民，代表中国落后的生产关系，阻碍民族资本主义和社会生产力的发展。民族资产阶级亦称中产资产阶级，他们具有两重性：一方面遭受外国资本主义和本国封建势力的压迫，具有反对帝国主义侵略、反对封建主义的要求；另一方面又同外国资本主义和本国封建主义有着不同程度的千丝万缕的联系，缺乏彻底反侵略、反封建的勇气，具有软弱性。小资产阶级是一个较为广泛的多层次的阶级。根据他们的经济地位不同分为上层、中层、下层不同阶层，不同阶层的小资产阶级对中国革命的态度不尽一致。总的来说，都受着三重压迫，中下层还受不同程度的剥削，他们是中国革命争取、团结的一个社会力量。

农民阶级包括雇农、贫农、中农多层次。雇农，一般全无土地和工具；有些有小部分土地和工具，他们完全地或主要地以出卖劳动力为主。贫农有些占有一部分土地和不完全的工具；有些全无土地，只有一些不完全的工具，一般都需租地、借债、受封建剥削。雇农和贫农占农村人口的多数，是中国革命的依靠力量和主力军。中农一般都只有土地，有相当的工具，生活来源全靠自己劳动或主要靠自己劳动，是中国革命必须注意团结的重要力量。

中国社会主要矛盾是帝国主义同中华民族的矛盾，封建主义同人民大众的矛盾，两种矛盾相互交织，首要的则是民族矛盾。

政治经济发展不平衡是半殖民地半封建的中国基本国情的一大特征。这种不平衡性表现极为突出。在经济上，入侵的外国资本主义、垄断的官僚资本主义、微弱的民族资本主义同封建主义自然经济并存，封建主义占据优势地位；少数近代大工商业城市与落后的广大农村同时存在；少量的现代化大机器工业与原始的手工劳动和畜力耕作的小农经济同时存在；飞机、火车、汽车、轮船等现代化交通工具同大量的马车、牛车、独轮车及人抬肩扛同时存在……总之，地区上、行业上经济发展水平都极大地不平衡。旧中国这种政治经济发展不平衡，半殖民地半封建不同的特点，地方性的农业经济和帝国主义划分势力范围的分裂剥削状态，呈现出反动统治的缝隙，决定了反动统治的缝隙在农村，从而决定了中国革命必须把农村作为工作的重点，建立农村根据地，经过长期的武装斗争，积聚壮大革命力量，由农村包围城市，逐步扩展，最后夺取全国政权。

三、中国共产党正反两方面历史经验表明：必须用中国化的马克思主义指导中国革命

中国共产党自从诞生之日起，就高举马克思主义旗帜，以实现共产主义为最终奋斗目标，走社会主义道路。无数坚贞的共产党人为民族解放和中国革命事业，进行了长期不懈的英勇斗争，抛头颅、洒热血，付出极大的牺牲。中国革命经历了失败、胜利，再失败、再胜

利艰难曲折的道路。在如何以马克思主义指导中国革命，走社会主义道路问题上，都发生过严重分歧。归纳起来，主要是两种主张、两条路线。一种是"左"倾教条主义，把马克思主义的本本生搬硬套，把共产国际决议和苏联经验神圣化、绝对化；一种是坚持马列主义基本原理与中国具体实际相结合的原则，着眼于运用马克思主义立场、观点和方法，从中国国情出发，总结中国革命独创性历史经验，走自己的路。前一种调门高，吓唬人，易于俘虏那些自认为坚定的马克思主义者和革命分子；后一种，难度大，易于被人扣上右倾机会主义帽子，并在较长时间，没有被教条主义领导者所理解和接受，且屡遭排斥和打击。从大革命失败到土地革命战争的兴起，从第五次反"围剿"失败到抗日战争的兴起，两次胜利、两次失败的重大历史性转折，正反两方面沉痛的历史经验，深刻地唤醒和教育了广大党员和领导干部。遵义会议开始确立了以毛泽东为核心的党中央领导，批判了"左"倾冒险主义军事路线，把党的路线转移到马克思主义轨道上来。党中央到达陕北后，为了迎接全国抗日战争，肩负起中国共产党的历史责任，毛泽东用马克思主义阶级分析方法和策略思想，抓住了华北事变后社会主要矛盾和阶级关系的重大变化，抵制了"左"倾关门主义，阐述了抗日民族统一战线的理论与策略；用马克思主义历史唯物主义观点和辩证方法，分析了中国特殊国情，揭示了中国革命战争的特殊规律，论述了一系列战略与战役战术原则；用马克思主义哲学观点总结了两次国内革命战争的正反两方面的历史经验，着重批判了主观与客观、理论与实践相割裂的"左"倾教条主义，从认识论和辩证法上奠定了党的思想路线的理论基础。抗日战争中期，毛泽东运用马列主义关于无产阶级革命和无产阶级专政基本原理及民族殖民地理论，总结了中国近代革命的历史经验，系统地提出了新民主主义革命理论及中国革命三大法宝，连同农村包围城市革命道路理论的完整化，从理论与实践的结合上，阐明了中国特色的革命道路。这表明马克思主义与中国具体实践相结合有了历史性的飞跃。经过延安整风运动，联系党的历史实际，着重从思想理论上清算了主观主义，特别是"左"倾教条主义，使全党对于什么是真正的马克思主义这一重大课题基本上达成共识，并在七大将马列主义与中国实际相结合的思想——毛泽东思想作为指导思想而载入了史册。

在党的历史上，一些在主观上自以为是忠诚于马克思主义的领导者，为什么还违背了马克思主义而犯了严重错误？一方面是由于他们对待马克思主义用形而上学观点，采取教条主义态度；另一方面是同他们严重无视中国的特殊国情，严重脱离中国革命实际分不开的，他们不懂得什么是真正的马克思主义，不理解马克思主义指导中国革命的真谛在于必须用中国化了的马克思主义为指导的科学真理。

正反两方面历史经验是最宝贵的。众所周知，在如何认识和对待马克思主义同中国特殊国情的关系上，中国共产党曾犯过三次"左"倾冒险主义错误。其共同特点是对待马克思主义教条化，对共产国际决议和苏联经验神圣化。当年犯"左"倾错误的领导者何曾不渴望中国革命的早日成功，何曾不自以为忠实于马克思主义，特别是以王明为代表的第三次"左"倾路线的领导者，以"百分之百的布尔什维克"自居，对马克思主义本本、共产国际的建议照搬照抄，严重无视中国国情，事事从本本出发，而不是从实际出发，肆意否认打击以毛泽东为代表的，坚持把马克思主义同中国具体实际相结合的真正马克思主义者的理论和主张。历史是无情的，他们都事与愿违，给中国共产党和中国革命带来严重损失，也使无数坚贞的共产党员和领导干部成为"左"倾路线的葬送品。这一沉痛的历史教训深刻地唤醒了那些执迷于教条主义或受其俘虏的共产党人，使他们觉悟到以毛泽东为代表的马克思主义者的理论与实践，是符合中国实际的真正的马克思主义，真正的马克思主义者必须正确认识中国的特殊国情。

总之，马克思主义的固有属性及其特点，中国特殊国情和在对待马克思主义同中国国情关系上的历史经验与教训，告诫我们：在中国坚持马克思主义指导革命的真谛在于运用中国化了的马克思主义指导具体实践，否则将事与愿违，受到历史的惩罚。中国化了的马克思主义集中体现为毛泽东思想。当代中国的马克思主义就是中国特色社会主义理论体系，这是中国共产党和中国人民在长期艰苦奋斗中用无数烈士鲜血换得的，必须永远牢记的宝贵历史经验。

第二章　马克思主义的中国化、时代化、大众化

　　马克思主义是关于全世界无产阶级和全人类彻底解放的博大精深的理论体系，是科学的世界观和方法论，具有与时俱进、不断开放式发展创新的理论品质。对于马克思主义的基本原理的实际运用，正如《宣言》中所说的，"随时随地都要以当时的历史条件为转移"。历史和现实的经验证明：马克思主义的每次理论创新，都是以各个国家和民族的革命建设实际为依托，与各国具体国情和时代特征以及工人运动的鲜活实践相结合，以人为本，与时俱进，因此才成为永葆生机与活力具有普遍指导意义的科学真理。中国共产党成立伊始，就把具有普遍指导意义的马克思主义作为自己的指导思想和行动指南。

一、毛泽东是马克思主义中国化的伟大旗手和奠基人，马克思主义中国化蕴含着时代化和大众化的思想

　　中国共产党推进马克思主义中国化、时代化、大众化的历史轨迹和重大意义。本书以马克思主义中国化两次历史性飞跃为主要依据，把中国共产党推进马克思主义中国化、时代化、大众化的历史进程分为三个阶段探究其历史轨迹。

1. 第一次历史性飞跃阶段

马克思主义中国化是马克思主义发展史上的崭新命题，是毛泽东在 1938 年 9—11 月召开的中共六届六中全会《论新阶段》的报告中正式明确提出的。命题的提出经历了一个曲折的斗争历程，它是在不断总结经验、同党内三次"左"倾错误的斗争中得以提出的。

反对"本本主义"是马克思主义中国化命题提出的思想先导。中国共产党成立伊始就高举马克思主义的伟大旗帜，但是党内在如何认识和对待马克思主义的问题上存在着教条主义与实事求是两种态度和思想方法。大革命失败以后，在坚决纠正陈独秀右倾投降主义的同时，中国共产党的领导机构中出现了"左"倾教条主义。1930 年年初，毛泽东以无产阶级革命家的胆略和马克思主义的理论勇气，率先吹响了反对"本本主义"的号角，明确指出："马克思主义的'本本'是要学习的，但是必须同我国的实际情况相结合。我们需要'本本'，但是一定要纠正脱离实际情况的本本主义"[1]，尖锐地批评了"唯书""唯上"的思想。这一精辟论断首次划清了坚持马克思主义与教条主义的界限，闪烁着从中国实际出发，理论联系实际和独立自主的思想光芒，是中国共产党人正确对待马克思主义最早的觉醒，为马克思主义中国化的正式提出提供了思想先导。

《实践论》和《矛盾论》是对两次国内革命战争的哲学总结，为马克思主义中国化命题的提出奠定了哲学理论基础。它们从马克思主义哲学角度，论证了马克思主义中国化的两个基本问题。一是用《实践论》回答了理论与实践的关系问题，强调实践在认识运动中的重要地位与作用，把"主观和客观、理论和实践、知和行的具体的历史的统一"[2] 规定为马克思主义认识论的总原则。二是用《矛盾论》回答了共性与个性的关系问题，指出矛盾的普遍性寓于矛盾的特殊性之

---

[1]　《毛泽东选集》第一卷，人民出版社 1991 年版，第 111—112 页。

[2]　《毛泽东选集》第一卷，人民出版社 1991 年版，第 296 页。

中，马克思主义活的灵魂是具体问题具体分析。《实践论》和《矛盾论》的基本精神在于坚持理论和实际相结合的原则，要求中国共产党人必须运用马克思主义基本原理和方法，从中国特殊国情出发，总结中国革命独创性经验，找出中国革命的特殊规律，概括出符合实际的理论原则，使马克思主义具有中国特点。这些充分表明毛泽东对马克思主义必须结合中国实际在认识上达到了新高度，为提出马克思主义中国化奠定了坚实理论基础。

马克思主义中国化的崭新命题是在抗日战争历史转折关头明确提出来的。1938 年 9 月，刚从莫斯科回国的王稼祥在中共中央政治局会议上传达了共产国际的指示和共产国际执行委员会书记季米特洛夫的意见，明确指出："中共一年来建立了抗日统一战线，尤其是朱、毛等领导了八路军执行了党的新政策，国际认为中共的政治路线是正确的，中共在复杂的环境及困难条件下真正运用了马列主义"[1]，"在领导机关中要在毛泽东为首的领导下解决，领导机关中要有亲密团结的空气"[2]，告诉王明不要再争了。这些指示和意见既充分肯定了中共中央路线的正确性，又肯定了毛泽东在中共中央的领导地位，说明毛泽东在党内的地位得到了共产国际最高领导人的承认和信服。为了使全党切实肩负起领导抗日战争的历史重任，在随后召开的党的六届六中全会上，毛泽东便庄重地提出了马克思主义中国化的命题。在不久的延安整风运动中，毛泽东强调了理论联系实际、实事求是的学风，为推进马克思主义中国化指明了思想原则。毛泽东能够提出马克思主义中国化具备了三个基本条件：一是毛泽东深刻认识到马克思主义的理论品质，什么是马克思主义，怎么对待马克思主义，认识到马克思主义不是教条，而是行动指南，是在实践中不断发展的科学；二是毛泽东紧紧把握了中国特殊国情，坚持一切从中国实际国情出发，

---

① 《王稼祥选集》，人民出版社 1989 年版，第 138 页。

② 《王稼祥选集》，人民出版社 1989 年版，第 141 页。

把马克思主义基本原理与中国实际相结合；三是具有理论勇气和政治勇气，有深厚的理论底蕴和丰富的实践经验及解放思想实事求是的党性原则。

毛泽东不仅提出了马克思主义中国化的崭新命题，而且还是践行的表率，实现了马克思主义基本原理与中国实际相结合的第一次历史性飞跃，创立了中国化马克思主义——毛泽东思想，并进而提出了"第二次结合"的历史任务。大革命失败后，在一片白色恐怖的紧急关头，是毛泽东坚持并运用马克思列宁主义暴力革命的原则，提出"枪杆子里面出政权"的思想，领导了秋收起义，创建了工农红军，开辟了井冈山、赣南闽西革命根据地，深刻分析了若干帝国主义宰割的半殖民地半封建中国的特殊国情，论证了四周白色政权包围中实行"工农武装割据"的可能性，进而提出"星星之火，可以燎原"的论断，形成了"农村包围城市，武装夺取政权"的理论，开辟了中国特色革命道路。抗日战争中，面对国民党顽固派的诋毁诬陷和人们思想上的模糊，是毛泽东运用马克思列宁主义国家与革命学说、"两个策略"思想以及民族和殖民地问题理论与中国革命实际相结合，对中国革命的性质、革命对象、革命动力、革命前途，及其与世界革命之间关系和新中国的国体、政体等一系列基本问题进行了系统的分析和论证，明确提出了中国革命分"两步走"的重要论断，创立了新民主主义理论，指明了经新民主主义到社会主义的中国特色革命道路，在这一理论指引下取得了中国革命的彻底胜利。

2. 第一次历史性飞跃的继续和探索"第二次结合"的曲折发展阶段

新中国成立后，马克思主义中国化、时代化、大众化在第一次飞跃后的继续探索中不断发展。党中央先后提出社会主义改造理论和过渡时期总路线，经生产资料私有制的社会主义改造确立了社会主义制度。1956年4月，毛泽东在中央书记处会议上就明确提出，要进行马克思主义普遍原理同中国具体实践"第二次结合"的思想。他强调指出："现在是社会主义革命和建设时期，我们要进行第二次结合，找出在中国怎样建设社会主义的道路。"[①] 毛泽东先后发表了《论十大关系》《关于正确处理人民内部矛盾的问题》等著作，以世界的眼光提出要以苏为鉴，走中国式工业化道路思想，提出社会主义基本矛盾和两类矛盾理论；总结"大跃进"和人民公社化运动的经验教训提出"综合平衡和统筹兼顾、适当安排"的思想，运用价值法则发展商品经济的思想等。与此同时，我们党用共产主义理想信念带领全国各族人民筚路蓝缕、斗志昂扬、意气风发地进行波澜壮阔的大规模社会主义建设，并在提出"四个现代化"宏伟目标后始终不渝地为之奋斗，20世纪70年代初，毛泽东在深刻分析国际形势和时代特征的基础上，又提出了"三个世界"划分的理论和国际战略思想。这些理论和实践成果大大推进了马克思主义中国化、时代化、大众化的历史进程。但是由于国内外主客观的多重复杂原因，"第二次结合"不但没有实现，而且探索中犯了严重错误，违背马克思主义与中国实际相结合的原则。这个曲折发展的阶段为马克思主义中国化、时代化、大众化提供了深刻的经验教训。

3. 第二次历史性飞跃阶段

十一届三中全会实现了党的历史伟大转折。以邓小平为核心的第二代中央领导集体，把马克思主义基本原理同新的实际和时代特征结合起来，紧紧抓住"什么是社会主义，怎样建设社会主义"这个根本问题，审视时代特点，大胆进行理论创新，他强调"绝不能要求马克思为解决他去世之后上百年、几百年所产生的问题提供现成答案。列宁同样也不能承担为他去世以后五十年、一百年所产生的问题提供现成答案的任务。真正的马克思列宁主义者必须根据现在的情况，认识、继承和发展马克思列宁主义"[②]，提出了建设有中国特色社会主义

---

① 吴冷西：《忆毛主席》，新华出版社1995年版，第9页。

② 《邓小平文选》第三卷，人民出版社1993年版，第291页。

理论。以江泽民为核心的党的第三代中央领导集体在深刻认识和把握新的世情、国情和党情的基础上，站在时代高度，总结党80年奋斗特别是社会主义建设的正反两方面的历史经验，借鉴其他社会主义国家执政党兴衰成败的经验与教训，创立了"三个代表"重要思想，进一步回答了什么是社会主义、怎样建设社会主义的问题，创造性地回答了建设什么样的党、怎样建设党的问题。明确提出了"马克思主义具有与时俱进的理论品质"这一具有方法论意义的重要论断，强调马克思主义必须随着时代和实践的变化而发展，继续在理论和实践上推动着马克思主义中国化、时代化、大众化思想的深入发展。党的十六大以来，以胡锦涛为总书记的党中央在继承党的三代中央领导集体关于发展的重要思想的基础上，提出了以人为本的科学发展观等重大战略思想，集中回答了新世纪新阶段"实现什么样的发展、怎样发展"的时代命题，并把包括邓小平理论、"三个代表"重要思想和科学发展观重大战略思想等在内的系列理论成果概括为中国特色社会主义理论体系，为中国特色社会主义道路开辟了更为广阔的发展前景，推进马克思主义中国化、时代化、大众化的历史进程，实现了马克思主义中国化、时代化、大众化的第二次历史性飞跃。

中国特色社会主义理论体系是同马克思列宁主义和毛泽东思想一脉相承又与时俱进的马克思主义中国化、时代化、大众化第二次历史性飞跃的理论成果，都是立足于和平与发展的时代主题和社会主义初级阶段的基本国情，为了实现最广大人民的根本利益，不断把马克思主义中国化、时代化、大众化而形成的集体智慧结晶。邓小平、江泽民、胡锦涛、习近平等领袖人物的语言表述风格和中国特色社会主义理论体系的话语模式都把深刻的理论通俗化、具体化、普及化，能很好地为人民大众所理解、接受、运用，譬如"发展是硬道理""与时俱进""以人为本""中国梦"……都具有喜闻乐见的民族风格、民族气派、时代特征、时代精神以及人民立场和大众气息。

马克思主义中国化的提出具有极其深远的意义。第一，命题的提出在中国共产党思想理论建设和马克思主义在中国的发展史上具有里程碑意义。以毛泽东为主要代表的中国共产党人，把马克思主义基本原理与中国实际相结合，实现了马克思主义的中国化。正如毛泽东所指出的："马克思列宁主义来到中国之所以发生这样大的作用，是因为中国的社会条件有了这种需要，是因为同中国人民革命的实践发生了联系，是因为被中国人民所掌握了。"① 第二，命题的提出促使中国共产党人不断进行理论创新，永葆党的先进性，不断提高党的领导水平和执政能力。在我们党的重大历史转折关头，每次历史前进和事业发展都首先由于把马克思主义中国化进行理论创新，用丰富和发展的中国化的马克思主义指导实践。第三，命题的提出是马克思主义发展史和国际共运史上突破性的论断和崭新的课题，为马克思主义赋予了新的生命力。马克思主义是国际主义的、指导世界革命的普遍性真理，在毛泽东之前从没人说过"某国化"的问题，命题的提出为马克思主义赋予了时代精神和新的生命力，为各个国家用马克思主义指导本民族革命，使马克思主义与本国实际相结合，选定革命道路提供了宝贵的历史经验。

马克思主义中国化命题提出以来，中国共产党领导的革命、建设和改革，始终都结合中国实际和时代特征进行理论创新，"马克思主义中国化、时代化、大众化"战略任务的提出就是在新形势下马克思主义中国化与时俱进、内涵蕴意的丰富和发展。

马克思主义中国化的内涵丰富，蕴含着时代化和大众化的思想。毛泽东提出了马克思主义中国化但并没有具体解释其内涵，不过在字里行间启迪我们进行深入学习研究。根据毛泽东字里行间的叙述和历史经验的实际来看，马克思主义中国化的内涵主要有四个要素：(1) 把握马克思主义的理论品质，坚持和运用马克思主义的基本原理和立场观点方法，这是实现马克思主义中国化的前提和理论基础。

① 《毛泽东选集》第四卷，人民出版社 1991 年版，第 1515 页。

（2）把握中国特殊国情，中国的特殊国情当年是半殖民地半封建的社会性质，现在是初级阶段的社会主义。这是马克思主义中国化的客观依据和基本出发点。（3）总结中国革命、建设、改革实践的独创性经验，进行理论概括和理论创新，这是马克思主义中国化的实践基础。（4）吸取中华民族传统的优秀文化之精髓，与中华文化相融合，使马克思主义中国化具有中华文化的特质，这是马克思主义中国化的土壤。以上四要素是有机统一的。要实现马克思主义中国化，必须始终坚持解放思想、实事求是、与时俱进的党的思想路线，这是马克思主义基本原理发展为中国化马克思主义、不断进行理论创新的灵魂和生命线。马克思主义中国化的内涵和基本经验简单说来就是，把马克思主义的基本原理与中国实际相结合，形成具有中国特色、中国风格、中国气魄的新理论。马克思主义中国化的内涵极为丰富，具有与时俱进不断发展的理论品质，始终蕴含着时代化、大众化的思想。

毛泽东当年运用马克思主义分析中国革命问题时，就放眼于世界，把中国革命作为世界无产阶级革命的一部分来考察，这个时代大背景成为毛泽东论证新民主主义理论的一个客观依据。新中国成立后不久，毛泽东在探索中国社会主义建设目标的时候，提出了"四个现代化"，这表明毛泽东具有强烈的时代意识。20世纪70年代，毛泽东在对国际形势科学分析的基础上，非常关注时代特征，提出了"三个世界"划分的理论，由此提出中国共产党的国际战略思想。这些理论的提出显示出毛泽东思想蕴含着马克思主义时代化的思想。关于大众化的思想，毛泽东有很多相关论述和阐释，他指出："使马克思主义在中国具体化，使之在其每一表现中带着必须有的中国的特性"，要"以新鲜活泼的、为中国老百姓所喜闻乐见的中国作风、中国气派"[1]代替洋八股和教条主义，以民族语言形式来表述，让马克思主义通俗化，为大众所掌握，这显然具有大众化的思想。

---

[1]　《中共中央文件选集》第十一册，中共中央党校出版社1991年版，第659页。

在社会主义建设新时期，中国共产党的历届领导集体关注新的时代主题，把握时代特征，从全球视野来观察问题，立足实际国情，以人为本，创立了包括邓小平理论、"三个代表"重要思想以及科学发展观等重大战略思想在内的中国特色社会主义理论体系，这是马克思主义与中国实际和时代特征相结合的最新理论成果。

总的来说，马克思主义中国化两次历史性飞跃的伟大理论成果都具有鲜明的实践性、民族性、时代性的特点，实际上就是马克思主义中国化、时代化、大众化的集中体现。

二、时代化、大众化是马克思主义中国化在新形势下的延伸和必然要求，也是针对新情况、回答新问题的迫切需要

时代化是新形势下马克思主义中国化与时俱进、开拓新境界的关键和现实需要。马克思主义时代化的内涵从纵向来看，要求马克思主义中国化的理论和实践必须站在世界时代潮流的最前沿；从横向来看，要求马克思主义中国化必须具有世界眼光和全球视野。时代化要求马克思主义中国化与时俱进、结合时代特征不断进行理论创新。

在当今世界发生深刻变革的新形势下，中国的发展离不开世界，世界的发展也离不开中国，互动关系非常密切。随着经济全球一体化、政治多极化、科技信息化的不断深入，马克思主义中国化必须放眼世界，吸收人类文明一切优秀成果包括发达资本主义在内的世界先进经验的滋养，吸纳百川，博采众长，同时立足中国初级阶段国情和社会主要矛盾，总结改革开放和现代化建设的新鲜经验，站在新的历史起点，用适合当今社会的表达形式和话语体系，深刻阐释社会主义现代化建设各个领域的重大理论和实践问题，丰富发展马克思主义中国化的最新理论成果——中国特色社会主义理论体系，科学回答新形势下不断出现的重大理论和实践课题。马克思主义中国化只有立足时

代主题，把握时代脉搏，紧跟时代步伐，积极回应时代问题，实现时代化，才能与时俱进、开拓新境界。

大众化是马克思主义中国化实现理论创新的重要途径和最终归宿。马克思主义大众化就是让马克思主义通俗化、普及化，让马克思主义从书斋走进人民大众，让群众更好地掌握和运用马克思主义的理论武器。大众化要求马克思主义理论以人为本，关注人民群众的需求和意愿，解答群众的疑难和困惑，实现广大人民的根本利益。

人民群众是历史的创造者和推动者，是践行马克思主义中国化的主体，不断为马克思主义理论创新提供宝贵实践经验和理论创新源泉，进而加快推进马克思主义中国化理论创新的实现。正如马克思指出："全部社会生活在本质上是实践的。凡是把理论引向神秘主义的神秘东西，都能在人的实践中以及对这个实践的理解中得到合理的解决。"① 马克思主义大众化要求普及马克思主义理论为人民群众所掌握，这就能够最大程度的使理论变为物质力量，发挥人民大众在社会主义现代化建设中主力军作用的同时，实现好最广大人民的根本利益，并最终实现人的自由和全面发展。可见，大众化是马克思主义中国化实现理论创新的重要途径和最终归宿。

由此可见，马克思主义中国化要与时俱进开拓新境界，就必须结合时代特征，引领世界潮流，实现时代化；马克思主义中国化要指导中国特色社会主义建设、实现最广大人民的根本利益，就必须普及马克思主义理论为群众所掌握，实现大众化。马克思主义中国化、时代化、大众化是密不可分的有机整体，马克思主义中国化是时代化、大众化的前提和基础，时代化、大众化则是马克思主义中国化在新形势下的延伸和必然要求。

马克思主义中国化、时代化、大众化是新形势下针对新情况、回答新问题的迫切需要。和平与发展是当今世界的主旋律。在新的历

---

① 《马克思恩格斯选集》第 1 卷，人民出版社 1995 年版，第 56 页。

史条件下，国际形势深刻变化，时代特征尤为突出，世界大发展、大调整、大变革，政治多极化，经济全球一体化，科技进步日新月异，文化思想交融碰撞加剧，综合国力竞争和各种力量较量更加激烈，由此涌现出一系列新矛盾、新问题，譬如世界上普遍面临的经济危机、金融风暴、生态恶化、恐怖主义等一系列国际问题。同时，国际社会对中国的责任要求不断增加，要求中国承担更多的国际义务。

　　在新世纪、新阶段，国内形势也发生了深刻变化。总的来看，我国的基本国情没有变，社会的主要矛盾也没有变。但中国特色社会主义建设进入了重要战略机遇期，站在了一个新的历史起点上，在发展的同时伴随出现了诸多阶段性特征和艰难复杂的问题：如何缩小日益拉大的贫富差距，缓解地区发展不平衡，注重社会公平正义；如何提高自主创新能力，合理解决日益突出的能源、资源、环境、技术的瓶颈问题，实现可持续发展；如何应对国内外各种思想文化激烈碰撞对社会主义核心价值观的冲击和影响，等等。

　　瞬息万变的世界，日新月异的形势，不断深入的中国特色社会主义实践，国际国内各种新情况、新问题亟待解决，中国共产党面临前所未有的机遇与挑战，只有不断推进马克思主义中国化、时代化、大众化，才能"准确把握社会主义初级阶段基本国情，准确把握改革发展实际，及时总结党领导人民创造的新鲜经验"①，始终走在时代前列，引领中国发展进步。马克思主义中国化、时代化、大众化正是新形势下针对新情况、回答新问题的迫切需要。同时，也是建设马克思主义学习型政党、加强党的执政能力和先进性建设的迫切需要。

　　马克思主义的理论属性决定了马克思主义具有实现中国化、时代化、大众化的条件和可能性。理论都是时代的产物，一般而言，

---

① 《中共中央关于加强和改进新形势下党的建设若干重大问题的决定》，《求是》2009年第19期。

理论都被打上了时代的烙印，具有时代的局限性。当一个理论只是针对某一具体时代的问题而形成，在问题解决后，这样的理论就会失去时代的活力，没有普遍的方法论意义。马克思主义的理论有一部分是为了解决当时存在的问题应运而生的，问题一解决，那部分理论也就时过境迁，具有一定的时代局限性。但另一方面，马克思主义深刻地揭示了资本主义的深层次矛盾，指明了人类历史发展客观规律，为认清社会主义必然代替资本主义的历史走向和发展趋势提供了科学的世界观和方法论。马克思主义的理论品质是与时俱进的，是超时代超国界的理论武器。《共产党宣言〈1872 年德文版序言〉》中强调指出，对基本原理的实际运用，"随时随地都要以当时的历史条件为转移"①。这也是马克思主义创立者对马克思主义具有与时俱进理论品质的有力说明。同时，马克思主义具有彻底的批判精神，是以全人类的解放、实现人的自由全面发展为最终目标的。马克思主义彻底批判了资本主义，深刻揭示了资本主义的剥削本质，在彻底批判中破除认识的局限，在深刻反思中点燃新的思想火花，是无产阶级获得彻底解放的理论武器，给世界无产阶级和被压迫民族指明了解放的道路。由此可见，马克思主义具有实现时代化、大众化的条件和可能性。

正是坚持以马克思主义为指导，始终同中国国情、时代特征和群众实践紧密结合，中国共产党才能带领中国人民取得革命、建设、改革的伟大胜利，才能建立新中国，在建设中国特色社会主义中取得举世瞩目的辉煌成就。在世纪之交，马克思被评选为千年思想家。在近几次尤其是 2008 年爆发的国际金融危机中马克思主义的著作《资本论》等再次在全球畅销。这些都表明马克思主义具有鲜明的实践性、时代性、群众性，也同样证明了马克思主义具有实现中国化、时代化、大众化的条件和可能性。

---

① 《马克思恩格斯选集》第 1 卷，人民出版社 1995 年版，第 248 页。

三、马克思主义中国化、时代化、大众化提出的旨意在于开拓马克思主义中国化的新境界，加快推进现代化建设历史进程，建设先进的马克思主义政党

马克思主义中国化、时代化、大众化提出的旨意在于丰富马克思主义中国化的内涵，开拓马克思主义新境界，为新形势下发展马克思主义指明重要途径和明确方向，使其焕发出新的生机与活力。只有推进马克思主义中国化、时代化、大众化，才能针对新形势、新情况，解决新问题，不断作出新的理论概括和总结，为中国特色社会主义事业提供强有力的理论指导。这样，也就丰富发展了马克思主义中国化内涵，开拓出马克思主义中国化的新境界。离开马克思主义中国化、时代化、大众化，马克思主义就会脱离中国国情，落后于时代潮流，变成僵化的教条，无法焕发出新的生机与活力。马克思主义中国化、时代化、大众化为新形势下发展马克思主义指明了重要途径和明确方向。正如胡锦涛指出："马克思主义只有与本国国情相结合、与时代发展同进步、与人民群众共命运，才能焕发出强大的生命力、创造力、感召力。"①

马克思主义中国化、时代化、大众化提出的旨意在于用发展着的马克思主义武装全党和广大人民，加快推进改革开放和现代化建设历史进程，实现广大人民的根本利益。马克思主义以服务全人类为主旨意识，以实现人的自由全面发展为最终目标，是我们的根本指导思想，是立党立国之本。马克思主义中国化、时代化、大众化能够更具体地体现马克思主义的本质。新形势下，只有推进马克思主义中国

---

① 《高举中国特色社会主义伟大旗帜为夺取全面建设小康社会新胜利而奋斗》，《人民日报》2007 年 10 月 25 日。

化、时代化、大众化，才能用中国特色社会主义理论体系更有效地武装全党和广大人民，形成共同理想和行为准则，才能发挥人民群众在中国特色社会主义建设中的主力军作用，加速实现社会主义现代化建设的历史任务和民族伟大复兴的历史使命。

马克思主义中国化、时代化、大众化提出的旨意在于加快全面推进党的建设新的伟大工程，建设学习型政党，巩固党的领导核心地位。建设具有先进性的马克思主义政党，主要就是要保持党的思想理论的先进性和方针政策的先进性。只有在新形势下推进马克思主义中国化、时代化、大众化，才能推进思想理论建设，建设马克思主义学习型政党，以改革创新精神增强党的生机活力，使党的理论和实践始终体现时代性、把握规律性、富于创造性；才能推进执政能力建设和先进性建设，提高领导水平和驾驭国内外两个大局的能力，提高党总揽全局、协调各方的能力和水平；才能密切党同人民群众的血肉联系，做到立党为公、执政为民，实现好、维护好、发展好最广大人民的根本利益；才能"确保党在世界形势深刻变化的历史进程中始终走在时代前列，在应对国内外各种风险和考验的历史进程中始终成为全国人民的主心骨，在发展中国特色社会主义的历史进程中始终成为坚强的领导核心"①。

四、马克思主义中国化、时代化、大众化的宝贵历史经验

中国共产党推进马克思主义中国化、时代化、大众化的进程中形成了毛泽东思想和中国特色社会主义理论体系两大理论成果，积累了宝贵的历史经验，其中最主要的有以下三点。

---

① 《中共中央关于加强和改进新形势下党的建设若干重大问题的决定》，《求是》2009 年第 19 期。

其一，坚持马克思主义基本原理和立场观点方法，把握马克思主义理论品格，这是推进马克思主义中国化、时代化、大众化的重要前提和理论基础。胡锦涛曾深刻指出："理论创新必须以坚持马克思主义基本原理为前提，否则就会迷失方向，就会走向歧途"，[①] 马克思列宁主义是世界无产阶级和被压迫民族解放斗争的思想武器。党的理论创新必须坚持马克思主义的指导地位，坚持和运用马克思主义的基本原理和立场观点方法，把握马克思主义理论品格，发扬马克思主义学风，以科学态度对待马克思主义。列宁曾指出，马克思主义理论"所提供的只是总的指导原理，而这些原理的应用具体地说，在英国不同于法国，在法国不同于德国，在德国又不同于俄国"[②]。这告诉我们，一切必须从实际出发，理论和实际相联系，认真研究并深刻把握具体国情实际，紧紧围绕重大理论和实际问题，作出适应中国需要的理论创新，不断探索和回答"什么是马克思主义、怎样对待马克思主义"，不断推进马克思主义中国化、时代化、大众化。

其二，世界的视域，时代的眼光，把握时代特征，这是推进马克思主义中国化、时代化、大众化的时空依据和现实要求。每一个时代都有属于这个时代的主题和表现这个时代特点的基本特征。时代主题是不断发展变化的，因此，推进马克思主义中国化、时代化、大众化必须立足时代主题，把握时代特征，用宽广的世界视域，与时俱进的时代眼光，敏锐地把握时代发展的脉搏，深刻地认识世界各种矛盾的变化，对国际形势发展趋势作出科学判断。随着经济全球一体化、政治多极化、社会信息化趋势的加剧，推进马克思主义中国化、时代化、大众化必须放眼复杂多变的客观世界，跟上时代发展的步伐，吸收人类文明一切优秀成果，包括发达资本主义在内的世界先进经验的滋养，吸纳百川，博采众长。同时立足中国初级阶段国情和社会主要

---

① 胡锦涛：《在"三个代表"重要思想理论研讨会上的讲话》，《人民日报》2003 年7 月 2 日。

② 《列宁全集》第 4 卷，人民出版社 1984 年版，第 161 页。

矛盾，总结改革开放和现代化建设的新鲜经验，站在新的历史起点，用适合当今社会的表达形式和话语体系，提出新的思想论断，概括出新的理论原则，科学回答新形势下国内外不断出现的重大理论和实践课题，丰富发展马克思主义中国化的最新理论成果——中国特色社会主义理论体系。

其三，用马克思主义武装群众，尊重群众首创精神，以人为本，这是推进马克思主义中国化、时代化、大众化的动力源泉和最终目的。马克思主义以服务全人类为主旨意识，以实现人的自由全面发展为最终目标，是我们的根本指导思想，是立党立国之本。新形势下，必须用中国特色社会主义理论体系武装全党和广大人民，形成共同理想和行为准则，才能最大程度地使理论变为物质力量，发挥人民群众在中国特色社会主义建设中的主力军作用，加速实现社会主义现代化建设和民族伟大复兴，最终实现好最广大人民的根本利益，实现人的自由和全面发展。人民群众是历史的创造者和推动者，是践行马克思主义中国化的主体，是不断为马克思主义理论创新提供实践经验的动力源泉。以人民群众为根本也是始终推进马克思主义中国化、时代化、大众化的最终目的。

总之，马克思主义中国化、时代化、大众化战略任务的提出，表明了我们党在新的历史条件下对马克思主义中国化认识的深化和拓展，为新形势下开拓马克思主义中国化新境界指明了重要途径和明确方向，为建设马克思主义学习型政党、加速改革开放和现代化建设提供了坚实的理论支撑和精神动力。

第三章　完整准确地理解马克思主义中国化命题

马克思主义是科学的理论，是我们行动的指南，实践性是其根本属性，只有不断和实际相结合才能展示其巨大的生命力。马克思主义中国化就是马克思主义同中国实际相结合，用具有中国风格和中国气派的中国化马克思主义指导中国革命、建设和改革的过程。当前，推进马克思主义中国化的伟大实践，客观上要求我们更加深刻地理解马克思主义中国化的历史经验。

一、马克思主义中国化是中国革命、建设和改革事业发展的需要，是中国共产党人对马克思主义的理论创新

中国共产党人对马克思主义中国化的必然性的认识，经历了曲折的历程，在前进与曲折、胜利与失败的交错中，以血的代价换取了由不自觉到自觉、由少数人的觉醒到多数人的觉醒，最后成为全党的共识。以毛泽东为代表的中国共产党人深刻认识到，用马克思主义指导中国革命，关键在于把马克思主义与中国革命、建设实践相结合。由此我们党实现了马克思主义中国化的第一次历史性飞跃，毛泽东思想被确立为全党的指导思想。在它的指引下，中国共产党领导人民战胜艰难险阻，取得了新民主主义革命和社会主义革命、建设的伟大胜利。

马克思主义成为中国革命、建设和改革事业的根本指针，主要

在于革命、建设和改革事业的内在需求。"理论在一个国家的实现程度，总是决定于理论满足这个国家的需要的程度。"① 马克思主义基本原理是适合中国社会需要的，同时我们又把它与中国具体实践相结合，使马克思主义中国化，创造出了中国化的马克思主义理论成果。正如毛泽东所指出的："马克思列宁主义来到中国之所以发生这样大的作用，是因为中国的社会条件有了这种需要，是因为同中国人民革命的实践发生了联系，是因为被中国人民所掌握了。任何思想，如果不和客观的实际的事物相联系，如果没有客观存在的需要，如果不为人民群众所掌握，即使是最好的东西，即使是马克思列宁主义，也是不起作用的。"②

马克思主义中国化是中国共产党人对马克思主义的理论创新，是一个不断发展的过程。实践不断发展，没有止境，客观上要求指导实践的科学理论不断发展。中国共产党人只有不断进行理论创新，才能永葆党的先进性，不断提高党的领导水平和执政能力。历史在前进，形势在变化，党的历史经验在不断地丰富，需要我们不断地给以马克思主义的总结。

我们党在历史重大转折关头的每一次思想解放和事业进步，都是在马克思主义基本原理与中国实际紧密结合、不断进行理论创新的基础上取得的。在大革命失败后的危急关头，我们党把马克思主义基本原理与中国革命实际相结合，创立农村包围城市、武装夺取政权的道路，使革命转危为安；"文化大革命"之后，我们党准确地把握我国所处的历史方位，即社会主义初级阶段，深刻地认识社会主义的本质，系统地总结了社会主义建设的经验教训，确立了以经济建设为中心和改革开放的重大决策，开辟了中国特色社会主义道路，从而不断开创社会主义事业的新局面。

---

① 《马克思恩格斯选集》第 1 卷，人民出版社 1995 年版，第 11 页。

② 《毛泽东选集》第四卷，人民出版社 1991 年版，第 1515 页。

新形势下坚持理论创新，是改革开放和现代化建设的需要，是永葆党的先进性的需要，更是马克思主义与时俱进品质的根本要求。江泽民指出："理论创新，这是马克思主义唯物辩证法的根本要求。要使党和国家的发展不停顿，首先理论上不能停顿，否则，一切新的发展都谈不上。"①当前，我国全面建设小康社会的伟大事业正处于一个重要发展时期，新的实践、新的情况、新的问题呼唤科学理论的指导。我们只有深入贯彻落实科学发展观，继续解放思想，坚持改革开放，推动科学发展，促进社会和谐，才能针对面临的重大问题制定和贯彻正确的方针政策；才能改进领导方式和执政方式，完善领导体制和工作机制；才能提高干部的思想理论素质和领导水平，从而推动中国特色社会主义事业不断前进。

二、马克思主义中国化既要民族化，也要与时代特征相结合

毛泽东在提出马克思主义中国化命题时即蕴含着与时代特征相结合的思想。毛泽东没有特别提出与时代特征相结合的问题，但他是把中国问题放在大的时代背景下来考察的。在《新民主主义论》中，毛泽东客观地分析了"无产阶级的社会主义的世界革命"的特点，具体地分析了"处在这种时候"的中国革命的世界意义，得出了"中国革命是世界革命的伟大的一部分"②的科学结论，这就是毛泽东对于时代特征的把握。这实际就是把中国的问题放在宏观时代背景下来看待。推进马克思主义中国化必须有世界眼光，必须把中国纳入整个世界的发展潮流与时代背景中去，用马克思主义的宽广眼界观察世界与中国。毛泽东当年处于帝国主义和无产阶级革命时代，准确把握了战

---

① 江泽民：《论党的建设》，中央文献出版社 2001 年版，第 537 页。
② 《毛泽东选集》第二卷，人民出版社 1991 年版，第 671 页。

争与革命的时代特征，把中国革命放到世界革命的背景下加以考量，强调"全世界无产阶级和被压迫民族联合起来"，强调爱国主义与国际主义的统一，明确指出中国革命是世界无产阶级革命的一部分。邓小平准确把握了和平与发展的时代特征，抓住经济文化落后国家如何建设社会主义这个主题，把中国的建设与发展放到和平与发展的世界背景下加以思考，提出以经济建设为中心，实行改革开放，抓住机遇发展自己的战略方针。这都体现了中国共产党人用马克思主义的宽广眼界观察问题的远见卓识。

由此我们还可以看到，马克思主义中国化是具体的、历史的，其内涵是不断发展的。当今世界处于大变革、大调整之中，政治、经济、科技、文化、军事等都发生了巨大变化，和平与发展成为时代主题。马克思曾经说过："任何真正的哲学都是自己时代的精神上的精华。"① 任何理论都是时代的产物，任何理论的发展都是时代推动的结果。马克思主义具有与时俱进的品格，它要求我们站在时代前列，从时代特征出发，顺应时代潮流，紧跟时代前进的步伐。党的十四大报告在评述中国特色社会主义理论时说："建设有中国特色社会主义的理论，是在和平与发展成为时代主题的历史条件下……逐步形成和发展起来的。它是马克思列宁主义基本原理与当代中国实际和时代特征相结合的产物"②，强调了中国实际和时代特征两个方面。

三、马克思主义中国化既要使马克思主义
基本理论具体化，又要使中国独创性
历史经验马克思主义化

马克思主义中国化就是要从中国国情出发把马克思主义理论应

---

① 《马克思恩格斯选集》第 1 卷，人民出版社 1995 年版，第 220 页。
② 《十四大以来重要文献选编》上卷，人民出版社 1996 年版，第 13 页。

用于中国具体的环境，使马克思主义在中国具体化，使之在其每一表现中带着必须有的中国的特性。也就是说，马克思主义基本原理的实际运用，"随时随地都要以当时的历史条件为转移"①。在马克思主义的经典著作中一方面包括了对时代特征、历史走势等一系列宏观问题的深刻阐发，体现了重要的世界观和方法论的原则，另一方面又反映一定历史条件下的具体问题。因此，在中国应用这些著作中的思想，必须考虑到中国的特殊国情，不能照搬它的某个具体的结论；而是要以其基本原理为指导，深入地了解中国国情，这是实现马克思主义与中国实践相结合的中心环节。毛泽东指出，认识中国社会的性质，这是解决中国一切革命问题的最基本的出发点。正是基于这一认识，毛泽东运用马克思主义基本观点，深刻分析了中国半殖民地半封建社会的性质和特点，在此基础上科学地分析了革命的性质、任务、对象、动力、前途及转变等问题，制定了新民主主义革命的总路线，开辟了一条农村包围城市，武装夺取政权的革命道路，领导中国人民取得了民主革命的伟大胜利，继而创造性地开辟了一条适合中国国情的社会主义改造道路，胜利地实现了由新民主主义到社会主义的过渡，确立了社会主义制度。

换个角度看，马克思主义中国化也就是中国的革命、建设和改革实践经验的马克思主义化，即把中国革命、建设和改革的经验上升到马克思主义的高度来加以总结和概括。毛泽东在1941年提出，"要分清创造性的马克思主义和教条式的马克思主义"，"我们要使中国革命丰富的实际马克思主义化"，"对研究实际问题的文章，要多给稿费。能使马克思主义中国化的教员，才算好教员，要多给津贴"②。中国共产党人将中国革命、建设和改革的实践经验上升为理论，丰富和发展了马克思主义，创立中国化的马克思主义。中国化的马克思主义

---

① 《马克思恩格斯选集》第 1 卷，人民出版社 1995 年版，第 248 页。
② 《毛泽东文集》第二卷，人民出版社 1993 年版，第 373—374 页。

是从实践中来，并在实践中经受检验、被证明为科学的理论，是马克思主义的新发展。

四、马克思主义中国化要坚持马克思主义基本原理和立场、观点、方法，把它们作为行动的指南

马克思主义是一个完整的科学体系，其中的基本观点、基本原理不是孤立的，而是有着内在联系的。在马克思主义中国化过程中，要始终注意从总体上、相互联系上和精神实质上全面地、正确地把握马克思主义基本立场、观点和方法。只有这样才能应用马克思主义去深刻地、科学地分析中国的实际问题，找出它的发展规律。坚持马克思主义才能发展马克思主义，这是基本的前提。

坚持不等于固守，继承不等于教条。马克思主义是"发展着的理论，而不是必须背得烂熟并机械地加以重复的教条"①。"马克思的整个世界观不是教义，而是方法。它提供的不是现成的教条，而是进一步研究的出发点和供这种研究使用的方法。"②单纯了解马克思主义的词句毫无用处，应该把它当成科学来学习和应用。正如毛泽东所指出的："对于马克思主义的理论，要能够精通它、应用它，精通的目的全在于应用。如果你能应用马克思列宁主义的观点，说明一个两个实际问题，那就要受到称赞，就算有了几分成绩。被你说明的东西越多，越普遍，越深刻，你的成绩就越大。"③任何国家民族都需要根据自己国家的特点决定方针、政策，把马克思主义同本国特点结合起来。

---

①　《马克思恩格斯选集》第 4 卷，人民出版社 1995 年版，第 681 页。
②　《马克思恩格斯选集》第 4 卷，人民出版社 1995 年版，第 742—743 页。
③　《毛泽东选集》第三卷，人民出版社 1991 年版，第 815 页。

五、马克思主义中国化要着重处理好
马克思主义与传统文化的关系

批判地总结和继承中国的历史遗产，赋予马克思主义以中国风格和中国气派，这是马克思主义中国化的文化底蕴。马克思主义要为中国人民所掌握和运用，必须与中国的文化相结合。在这方面毛泽东堪称典范，他在运用马克思主义指导中国革命和建设的过程中，善于汲取中国文化的精华，使马克思主义与中国优秀民族文化相结合。他广泛涉猎中国古籍，精通中国历史文化，既不是信而好古，又不是简单否定，而是善于独立思考，去其糟粕，取其精华，以历史唯物主义观点作出科学的评价，为现实斗争服务。他自如地引用古书中的文句和典故，或说明一个深刻的哲理，或借鉴一个历史经验，常给人以新颖而形象的感受，具有很强的感染力和说服力。这就启示我们，要牢牢把握先进文化的前进方向，塑造民族的、科学的、大众的社会主义先进文化。

六、马克思主义中国化要坚持有
"左"反"左"，有右反右，
是什么问题解决什么问题

"左"和右的错误倾向的表现是不同的，但就其世界观和方法论来说，都是主观与客观相分离，都违背了辩证唯物主义的认识论。毛泽东说："什么叫'左'？超过时代，超过当前的情况，在方针政策上、在行动上冒进，在斗争的问题上、在发生争论的问题上乱斗，这是'左'，这个不好。落在时代的后面，落在当前情况的后面，缺乏斗争性，这是右，这个也不好。"① 这些错误倾向之所以产生"都是以

---

① 《毛泽东文集》第六卷，人民出版社1999年版，第403页。

主观和客观相分裂，以认识和实践相脱离为特征的"①。这两种错误本质的一致性，是它们互通互变的根本原因；这种一致性，客观上造成了"左"和右的错误都可以葬送社会主义。

中国革命、建设和改革事业前无古人，没有成型的经验可资借鉴，其过程不可能是一帆风顺的。即使是正确的路线方针政策，也有一个从不同角度认识和理解的问题，难免发生分歧和争执。因此，不能动辄把一般的认识上的分歧扣上"左"或右的帽子。即使有"左"或右的错误，也不能无限上纲。历史经验告诉我们，要具体地、实事求是地分析产生错误的原因和错误的性质，及时地加以纠正，认真地总结经验教训。我们要坚持做到有"左"反"左"，有右反右，是什么错误改正什么错误，是什么问题解决什么问题。邓小平敏锐地抓住两种错误倾向的实质，提出了全面、科学、辩证的反错误倾向的思想，指出，反对和否定四项基本原则，有来自"左"的，也有来自右的，我们"要批判'左'的错误思想，也要批判右的错误思想"。并说："黄克诚同志讲，有'左'就反'左'，有右就反右。我赞成他的意见。"② 这一思想是邓小平在准确把握我们党反对错误倾向的经验教训的基础上提出来的，坚持这一思想，可以做到在反对一种错误倾向的时候，警惕掩盖另一种错误倾向。在马克思主义中国化的过程中，我们要全面、历史地理解邓小平关于反对错误倾向的思想，以顺利推进马克思主义中国化的历史进程。

---

① 《毛泽东选集》第一卷，人民出版社 1991 年版，第 295 页。
② 《邓小平文选》第二卷，人民出版社 1994 年版，第 379 页。

第四章　马克思主义中国化的基本要素

中国共产党领导中国人民艰苦卓绝地奋斗了九十多个春秋，取得了举世瞩目的光辉成就。究其原因，首先是由于实现了马克思主义中国化，用中国化马克思主义指导的结果。马克思主义及其中国化的科学理论，赋予我们前进的智慧和力量，成为中华民族伟大复兴航程中的科学指南和思想保证。九十多年的风雨历程，马克思主义中国化实现了两次历史性飞跃，创立了两大理论成果。提出马克思主义中国化的基本要素概念旨在总结马克思主义中国化的基本经验，揭示马克思主义中国化的基本规律，以便更加自觉地推进马克思主义中国化的伟大工程。马克思主义中国化的基本要素是马克思主义中国化过程中不可或缺的基本构成要件，是彼此联系、相互作用、密不可分的统一整体。但并不是说每一个中国化的马克思主义理论成果同时都具备这些基本要素，而是说从整体上看它们是马克思主义中国化必备的基本要素。

一、马克思列宁主义基本原理和立场观点方法是马克思主义中国化的基本前提和理论基础

马克思列宁主义是世界无产阶级和被压迫民族解放斗争的思想武器。新民主主义理论是马克思列宁主义基本原理和立场观点方法与中国革命实际相结合的成果，它的理论基础和指导思想主要是马克思

列宁主义国家与革命学说、"两个策略"思想以及"民族和殖民地问题理论"。

马克思列宁主义的国家与革命学说认为："一切革命的根本问题是国家政权问题。"① 这是由国家的本质和功能所决定的。国家是阶级矛盾不可调和的产物，历史上一切剥削阶级正是依靠掌握国家政权这个工具，来达到维护自己统治地位的目的的。所以，被剥削被压迫阶级要改变自己的政治和经济地位，就必须首先夺取政权，革命阶级只有掌握了国家政权，才有可能实现革命的最终目的。列宁突出强调："无论从革命这一概念的严格科学意义来讲，或是从实际政治意义来讲，国家政权从一个阶级手里转到另一个阶级手里，都是革命的首要的基本的标志。"② 因此，无产阶级必须用暴力打碎资产阶级国家机器，"不用暴力破坏资产阶级的国家机器并用新的国家机器代替它，无产阶级革命是不可能的"③。这是无产阶级革命的基本原则。

毛泽东运用马克思列宁主义暴力革命的原则，根据中国革命的特殊国情，总结中国革命的独创性经验，形成了农村包围城市的理论。他明确指出："革命的中心任务和最高形式是武装夺取政权，是战争解决问题"④，"在中国，离开了武装斗争，就没有无产阶级的地位，就没有人民的地位，就没有共产党的地位，就没有革命的胜利"，"这个拿血换来的经验，全党同志都不要忘记"⑤。毛泽东之所以把武装斗争作为中国革命的主要形式，是因为中国具有与资本主义国家不同的显著特点。"中国的特点是：不是一个独立的民主的国家，而是一个半殖民地的半封建的国家……无议会可以利用，无组织工人举行罢工的合法权利"，反动统治势力总是凭借强大的武力对人民实行独

---

① 《列宁全集》第 29 卷，人民出版社 1985 年版，第 131 页。
② 《列宁全集》第 29 卷，人民出版社 1985 年版，第 137 页。
③ 《列宁全集》第 35 卷，人民出版社 1985 年版，第 238 页。
④ 《毛泽东选集》第二卷，人民出版社 1991 年版，第 541 页。
⑤ 《毛泽东选集》第二卷，人民出版社 1991 年版，第 610 页。

裁恐怖统治。这种条件就决定了中国"共产党的任务，基本地不是经过长期合法斗争以进入起义和战争"[1]，"主要的和差不多开始就面对着的任务"是"组织武装斗争"[2]。同时，还由于中国是若干帝国主义宰割的半殖民地半封建社会，政治经济发展不平衡，军阀的分裂和战争的存在为在农村实行"工农武装割据"提供了空隙，农民是中国革命的主力军。因此，就必须而且有可能首先在反动统治薄弱的农村建立革命根据地，积蓄壮大革命力量，以农村包围城市，最后夺取全国政权，建立人民民主专政的国家。农村包围城市道路是夺取新民主主义革命胜利的必由之路。

"两个策略"思想主要是针对孟什维克的右倾机会主义策略，阐明了布尔什维克在 1905 年俄国革命中的理论和策略。列宁强调指出：无产阶级应该而且能够掌握民主革命的领导权；农民是无产阶级的可靠的同盟者，无产阶级只有同农民结成联盟，才能夺取民主革命的胜利；民主革命胜利后，必须建立无产阶级和农民的革命民主专政；民主革命和社会主义革命是既有联系又有区别的两个革命阶段，无产阶级在取得民主革命胜利后，应不失时机地向社会主义革命转变。毛泽东结合中国实际创造性地运用了这一基本理论，根据中国革命所处的世界历史时代和中国社会性质，提出了新民主主义革命理论。他指出：中国革命是世界革命的一部分。中国半殖民地半封建社会的性质决定了中国革命的历史进程必须分两步走：第一步是民主主义的革命，第二步是社会主义的革命，这是性质不同的两个革命过程。而所谓民主主义，现在已不是旧民主主义，而是新民主主义，即工人阶级领导的人民大众的反对帝国主义和反对封建主义的革命。中国革命分"两步走"的实质是："第一步，改变这个殖民地、半殖民地、半封建的社会形态，使之变成一个独立的民主主义的社会。第二步，使革命

---

① 《毛泽东选集》第二卷，人民出版社 1991 年版，第 542 页。

② 《毛泽东选集》第二卷，人民出版社 1991 年版，第 544 页。

向前发展，建立一个社会主义的社会。"① 由第一步新民主主义革命转变为第二步社会主义革命的关键是坚持无产阶级领导权。在新民主主义理论的指引下，建立了工人阶级领导的以工农联盟为基础的包括资产阶级在内的广泛的统一战线，开创了中国特色革命道路，取得了新民主主义革命的伟大胜利，建立了中华人民共和国，进而转变为社会主义革命，和平过渡到社会主义。

毛泽东还运用"两个策略"思想和列宁过渡时期理论结合中国革命实际提出了新民主主义社会经济结构：以社会主义国营经济为主导，合作社经济、私人资本主义经济、个体经济和国家资本主义经济为辅助，五种经济成分并存。毛泽东在党的七大作的口头政治报告中引述了《两个策略》的观点，他指出："列宁在《两个策略》中讲：'资产阶级民主革命，与其说对资产阶级有利，不如说对无产阶级更有利。'我们不要怕发展资本主义。俄国在十月革命胜利以后，还有一个时期让资本主义作为部分经济而存在，而且还是很大的一部分，差不多占整个社会经济的百分之五十。"② 毛泽东是从反对党内民粹主义思想的高度来认识这个问题的。在他看来，新民主主义国家制度下资本主义的存在和发展，是建立社会主义社会的必要条件。"没有私人资本主义经济和合作社经济的发展……要想在殖民地半殖民地半封建的废墟上建立起社会主义社会来，那只是完全的空想。"③ 新中国成立初期，党适时地制定过渡时期总路线，规定在一个相当长的时期内，逐步实行对生产资料私有制的社会主义改造。然而，在实践中由于众所周知的原因，留下了历史后遗症。

在"民族和殖民地问题理论"中，列宁指出：被压迫民族的无产阶级革命不是一般的反对本国资产阶级，而是反对国际资产阶级压迫和本国封建主义压迫。因此，无产阶级要联合本国的资产阶级反对共

---

① 《毛泽东选集》第二卷，人民出版社 1991 年版，第 666 页。
② 《毛泽东文集》第三卷，人民出版社 1996 年版，第 323 页。
③ 《毛泽东选集》第三卷，人民出版社 1991 年版，第 1060 页。

同的敌人。"殖民地革命在初期并不是共产主义革命，然而，如果它从一开始就由共产主义先锋队来领导，革命群众就将逐渐获得革命经验，走上达到最终目的的正确道路。"① 在这里，列宁明确指出了被压迫民族和殖民地半殖民地革命的基本道路以及共产党在民族民主革命中应采取的基本方针策略，这些对于中国革命具有直接的指导意义。党的二大在列宁"民族和殖民地问题理论"指引下制定了民主革命纲领。毛泽东的新民主主义理论把"民族和殖民地问题理论"与中国实际相结合，正确地分析了中国革命的性质、对象、任务、动力和前途，认清了资产阶级的两面性，成功地创立了同资产阶级建立统一战线的理论和策略，提出了新民主主义革命的总路线和纲领，完善了党的二大制定的民主革命纲领，大大地丰富发展了"民族和殖民地问题理论"。

二、中国的特殊国情和所处的历史方位是马克思主义中国化的客观依据和基本出发点

国情是指一个国家在一定发展阶段所处的历史方位和国际环境，包括社会情况和自然情况，历史情况和现实情况；包括基本国情即一个国家的社会性质及其历史发展阶段和具体国情即各个领域的基本状况。国情集中到一点就是社会性质。毛泽东指出，"只有认清中国社会的性质，才能认清中国革命的对象、中国革命的任务、中国革命的动力、中国革命的性质、中国革命的前途和转变"②。中国的社会性质是形成新民主主义理论重要的客观依据，是解决中国一切革命问题的最基本的出发点。只有坚持一切从本国实际出发，实事求是，坚持一切从本国所处的外部环境出发，与时俱进，冲破传统习惯的思维定势

---

① 《共产国际第二次代表大会文件》，中国人民大学出版社1988年版，第718—719页。
② 《毛泽东选集》第二卷，人民出版社1991年版，第633页。

的束缚，冲破主观偏见和教条主义的桎梏，才能把握时代脉搏，实现党的理论创新。列宁指出："一切民族都将走向社会主义，这是不可避免的，但是一切民族的走法却不会完全一样，在民主的这种或那种形式上，在无产阶级专政的这种或那种形态上，在社会生活各方面的社会主义改造的速度上，每个民族都会有自己的特点。"①

国情是客观存在的，但是如何认识国情，我们党经历了一个反复的认识过程。1927 年大革命失败以后，中国展开了一场社会性质大论战。各种思想鱼龙混杂，这场大论战基本上以马克思主义者的胜利而告终。通过这场论战，"半殖民地半封建社会"的概念，成为更多人的共识。毛泽东虽然没有参加这场论战，但吸收了这次论战的成果。土地革命战争前期党内连续出现的"左"倾错误是同对国情的错误认识和判断分不开的。毛泽东在与党内的主观主义特别是"左"倾教条主义的斗争中，在丰富的革命实践基础上深化了对中国的特殊国情和中国革命所处的历史方位的认识，指出："马克思列宁主义的伟大力量，就在于它是和各个国家具体的革命实践相联系的……离开中国特点来谈马克思主义，只是抽象的空洞的马克思主义。"② 毛泽东运用马克思列宁主义的立场观点方法准确地认清了中国的社会性质。他指出："帝国主义和中华民族的矛盾，封建主义和人民大众的矛盾，这些就是近代中国社会的主要矛盾。"据此得出明确结论：中国已不是一个封建社会。"自从一八四〇年的鸦片战争以后，中国一步一步地变成了一个半殖民地半封建的社会"③，"这就是现时中国社会的性质，这就是现时中国的国情"④。以毛泽东为代表的中国共产党人，正是从中国特殊国情出发，科学地分析了革命的性质、任务、对象、动力和前途等基本问题，才形成了新民主主义理论，制定了新民主主义

①　《列宁全集》第 28 卷，人民出版社 1990 年版，第 163 页。
②　《毛泽东选集》第二卷，人民出版社 1991 年版，第 534 页。
③　《毛泽东选集》第二卷，人民出版社 1991 年版，第 626 页。
④　《毛泽东选集》第二卷，人民出版社 1991 年版，第 665 页。

革命总路线，领导中国人民取得了新民主主义革命的伟大胜利。

　　国情问题总的看来在相当长时期内是相对稳定的，但也不是绝对静止的，而是有所变化的。比如说，民主革命时期可以分为四个历史阶段，各个历史阶段的实际国情并不是完全一样的。因此，在制定路线方针政策时既要考虑相当长时期的基本国情，也要考虑各个历史阶段变化着的国情现实，要把两者有机结合科学统一起来。只有这样，才能使党的路线方针政策更符合实际，才是真正符合马克思主义的。

三、中国革命独创性经验是马克思主义中国化的实践基础和不竭动力

　　恩格斯指出："每一个时代的理论思维，从而我们时代的理论思维，都是一种历史的产物，它在不同的时代具有完全不同的形式，同时具有完全不同的内容。"① 新民主主义理论是毛泽东创造性地运用马克思列宁主义基本原理和立场观点方法，系统总结中国革命独创性经验，凝聚集体智慧而形成的。正如毛泽东所说的："在抗日战争前夜和抗日战争时期，我写了一些论文，例如《中国革命战争的战略问题》、《论持久战》、《新民主主义论》、《〈共产党人〉发刊词》，替中央起草过一些关于政策、策略的文件，都是革命经验的总结。那些论文和文件，只有在那个时候才能产生，在以前不可能。因为没有经过大风大浪，没有两次胜利和两次失败的比较，还没有充分的经验，还不能充分认识中国革命的规律。"② 中国革命两次胜利两次失败正反两方面历史经验的鲜明对比，使中国共产党对中国革命客观规律的认识更加全面深入，对丰富历史经验的总结更加系统深刻，从而为新民主主

---

① 《马克思恩格斯选集》第4卷，人民出版社1995年版，第284页。
② 《毛泽东文集》第八卷，人民出版社1999年版，第299页。

义理论的形成提供了实践基础和不竭动力。

抗日战争是中国共产党领导的整个新民主主义革命的一个特殊阶段，民族矛盾与阶级矛盾相交织，而以中日民族矛盾为主要矛盾。错综复杂的形势向中国共产党提出了许多新的亟待回答和解决的重大课题，也提供了许多解决这些课题的历史条件。中国共产党要肩负起领导抗战和新民主主义革命取得胜利的历史使命，就必须正确认识和处理民族矛盾和阶级矛盾的关系。抗日战争爆发以后，中国共产党在致力于积极倡导和推动建立以国共合作为基础的全国各阶级、各界广泛参加的抗日民族统一战线的同时，把工作重心放在敌后，建立了抗日民主政权，动员人民抗日力量，策应正面战场，打击日本侵略者。与此同时，国民党实行两面政策，既与共产党合作抗日，又在进入相持阶段以后掀起反共高潮。蒋介石的御用文人肆意歪曲孙中山三民主义，否定以联俄、联共、扶助农工三大政策为基础的新三民主义。妄图用所谓"一个党、一个领袖、一个主义"的叫嚣削弱和取消共产党、共产主义，一时间造成了人们思想上的混乱。共产党人纷纷著文揭露、批判叶青等人的"三民主义"，由此掀起三民主义论战。所有这些，都要求我们党把马克思主义关于社会革命的基本原理同中国的社会历史条件和中国革命的特点结合起来，对整个中国民主革命的历史经验进行系统的总结，从根本上有针对性地回答和解决这些重大课题。毛泽东继发表《中国共产党与中国革命》阐明中国革命的性质、任务、对象、动力及前途等重大问题后，于1940年1月又发表《新民主主义论》，对中国民主革命的丰富经验进行了系统的科学总结。揭示了中国革命发展的客观规律，系统阐述了新民主主义革命的路线、纲领和政策，深刻地、准确地阐明了三民主义与共产主义的异同，从政治上和理论上对国民党鼓吹的谬论进行了有力的批驳，戳穿了国民党的谎言，澄清了革命队伍中一些人的模糊观念，维护了抗日民族统一战线，坚持了团结抗战，指明了实现民族独立人民解放的正确道路，从而使新民主主义理论形成完整的体系。

在新民主主义理论形成的同时，毛泽东还在《〈共产党人〉发刊词》中系统总结了18年的斗争经验，据此总结出"三大法宝"的重要思想和科学论断，并揭示出中国资产阶级民主革命过程中的两个基本特点："（一）无产阶级同资产阶级建立或被迫分裂革命的民族统一战线，（二）主要的革命形式是武装斗争。"[①] 把握中国革命基本特点是中国共产党制定正确政治路线的主要内容和客观依据，也是党的自身建设面临的特殊的规律性问题。18年来党的斗争经验充分证明："党的失败和胜利，党的后退和前进，党的缩小和扩大，党的发展和巩固"都是同"党的政治路线密切地联系着"，也是同"党对于统一战线问题、武装斗争问题之正确处理或不正确处理密切地联系着的"。因此，毛泽东总结出"统一战线问题，武装斗争问题，党的建设问题，是我们党在中国革命中的三个基本问题"[②]，并立足于领导中国革命全局的高度，得出"正确地理解了这三个问题及其相互关系，就等于正确地领导了全部中国革命"[③] 的科学论断。毛泽东深刻形象地揭示了三个基本问题的关系，指出："统一战线和武装斗争，是战胜敌人的两个基本武器"，"而党的组织，则是掌握统一战线和武装斗争这两个武器以实行对敌冲锋陷阵的英勇战士"[④]。由此得出"统一战线，武装斗争，党的建设，是中国共产党在中国革命中战胜敌人的三个法宝"[⑤] 的重要结论。新民主主义理论从广义上讲包括中国革命的"三大法宝"。

---

① 《毛泽东选集》第二卷，人民出版社1991年版，第604页。
② 《毛泽东选集》第二卷，人民出版社1991年版，第605页。
③ 《毛泽东选集》第二卷，人民出版社1991年版，第605—606页。
④ 《毛泽东选集》第二卷，人民出版社1991年版，第613页。
⑤ 《毛泽东选集》第二卷，人民出版社1991年版，第606页。

四、中华民族优秀传统文化是马克思主义中国化的土壤和思想渊源

正如列宁所指出的："每个民族文化，都有一些民主主义的和社会主义的即使是不发达的文化成分，因为每个民族都有被剥削劳动群众，他们的生活条件必然会产生民主主义和社会主义的意识形态。"[①] 毛泽东极为重视吸收中华民族优秀文化，他号召党的干部要认真学习马克思列宁主义的同时，指出："学习我们的历史遗产，用马克思主义的方法给以批判的总结，是我们学习的另一任务……我们是马克思主义的历史主义者，我们不应当割断历史。从孔夫子到孙中山，我们应当给以总结，承继这一份珍贵的遗产。这对于指导当前的伟大的运动，是有重要的帮助的。共产党员是国际主义的马克思主义者，但是马克思主义必须和我国的具体特点相结合并通过一定的民族形式才能实现。"[②] 从毛泽东思想的主要载体毛泽东著作来看，关于中国古典文学的引文就约占引文总量的 13.7%。从引用的古籍、历史人物、成语典故、传说故事、军事战例之多，就可明显看出毛泽东思想充分吸收了中华民族优秀文化。

孙中山是中国民主革命的伟大先驱，他创立的三民主义学说是中国近代资产阶级文化思想的结晶。孙中山领导的辛亥革命，推翻了统治中国几千年的君主专制制度，为中国的进步潮流打开了闸门。但是辛亥革命的胜利果实瞬间就被封建军阀袁世凯所窃取，"孙中山在绝望里，遇到了十月革命和中国共产党"[③]。1924 年 1 月，孙中山主持召开的中国国民党一大通过的以联俄、联共、扶助农工为基础的新三民主义成为第一次国共合作的共同纲领和政治基础。新民主主义理论

[①] 《列宁选集》第 2 卷，人民出版社 1995 年版，第 336 页。

[②] 《毛泽东选集》第二卷，人民出版社 1991 年版，第 533—534 页。

[③] 《毛泽东选集》第四卷，人民出版社 1991 年版，第 1471 页。

的形成是与毛泽东批判地吸取了孙中山新三民主义的精华分不开的。新民主主义政治纲领，吸取了孙中山的民权主义思想，新民主主义的经济纲领，吸取了孙中山的"节制资本"和"平均地权"的思想。

孙中山致力于国民革命40年，在临终前一天的《国事遗嘱》中总结毕生革命经验时指出：积四十年之经验，深知欲达国民革命之胜利，求中国之自由平等，"必须唤起民众及联合世界上以平等待我之民族，共同奋斗"①。毛泽东在民主革命胜利前夕总结中国革命的经验时指出："孙中山死去二十四年了，中国革命的理论和实践，在中国共产党领导之下，都大大地向前发展了，根本上变换了中国的面目。到现在为止，中国人民已经取得的主要的和基本的经验，就是这两件事：（一）在国内，唤起民众……（二）在国外，联合世界上以平等待我的民族和各国人民，共同奋斗。"② 显然，这也是对孙中山积40年奋斗总结的历史经验的汲取和发展。

五、党的思想路线是贯穿马克思主义
中国化始终的生命线

列宁1917年4月在《论策略书》中指出："一个不容置辩的真理"就是"马克思主义者必须考虑生动的实际生活，必须考虑现实的确切事实，而不应当抱住昨天的理论不放"③。毛泽东思想是在中国革命实践中，同那种把马克思主义教条化，把共产国际决议和苏联经验神圣化的错误倾向的斗争中，把马列主义普遍原理与中国革命实际相结合而形成的。毛泽东深入农村进行调查研究，率先吹响"反对本本主义"的号角，明确指出，我们的斗争需要马克思主义，马克思主义的书必须读，但是必须同中国的实际相结合。这是在中国共产党历史

---

① 《孙中山全集》第十一卷，中华书局1986年版，第639页。
② 《毛泽东选集》第四卷，人民出版社1991年版，第1472页。
③ 《列宁选集》第3卷，人民出版社1995年版，第26—27页。

上首次划清马克思主义同教条主义的界线。他还提出：没有调查，就没有发言权，"中国革命斗争的胜利要靠中国同志了解中国情况"①。这里闪烁出从中国实际出发，实事求是和独立自主的光辉思想，对共产党人是一次马克思主义的思想启蒙，成为马克思主义中国化的理论先导。1937 年，在抗日战争爆发的严峻时刻，为了使中国共产党肩负起领导抗日战争的历史重任，需要提出新的理论和政策。毛泽东总结两次国内革命战争的历史经验，从马克思主义哲学高度揭示主观主义特别是教条主义的思想根源，发表了《实践论》和《矛盾论》，根据辩证唯物主义认识论和唯物辩证法基本理论，论证了理论与实践的辩证关系，强调实践在认识过程中的重要地位与作用，并指出普遍性寓于特殊性中，具体问题具体分析是马克思主义活的灵魂。"两论"的发表，表明毛泽东对马克思主义中国化的认识达到了完全自觉的高度。随后于 1938 年他在党的六届六中全会就正式提出了马克思主义中国化的重大崭新命题。延安整风时期，毛泽东尖锐地批评了那种对国际国内各方面情况不作系统周密的调查研究，"闭塞眼睛捉麻雀"，"瞎子摸鱼"，粗枝大叶，夸夸其谈的主观主义作风，明确指出必须理论联系实际，有的放矢，必须用马克思主义之箭，去射中国革命之的。正是在理论联系实际实事求是的思想路线指引下，在革命实践的基础上，毛泽东运用马克思主义列宁主义基本理论，集中全党智慧，创立了新民主主义理论。新民主主义理论既坚持马克思列宁主义暴力革命原则，又从中国实际出发走农村包围城市武装夺取政权的道路。既坚持"两个策略"思想和民族殖民地问题理论，又根据中国具体国情，与资产阶级结成统一战线，共同反对帝国主义、封建主义和官僚资本主义，夺取新民主主义革命的胜利，建立人民民主专政的国家。历史经验证明，能不能解放思想，实事求是，以科学的态度对待马克思主义，是中国共产党在理论上和政治上是

---

① 《毛泽东选集》第一卷，人民出版社 1991 年版，第 115 页。

否成熟的一个重要标志，是关系党的前途和社会主义命运的一个重大问题。党的思想路线是推动马克思主义中国化和理论创新永不衰竭的生命线。

　　纵观建党九十多年来马克思主义中国化的实践历程，新民主主义理论是马克思主义中国化第一次历史性飞跃的集中成果，是第一次历史性飞跃完成的重要标志，在马克思主义中国化的历史进程中具有典型意义。它创立的过程反映了马克思主义中国化的实践规律，对于我们今天站在新的历史起点上，推进马克思主义中国化、时代化、大众化，丰富发展中国特色社会主义理论体系，开拓马克思主义新境界，具有重大的理论价值和现实意义。

第五章　马克思主义中国化的生命线

马克思主义指导中国革命、建设、改革的真谛在于用中国化的马克思主义。马克思主义中国化就是马克思主义基本原理与中国实际和时代特征相结合进行理论创新，而实现结合的关键靠的是党的思想路线。党的思想路线贯穿于马克思主义中国化的始终，是实现马克思主义中国化的灵魂和生命线。

一、实事求是是党的马克思主义思想路线

实事求是是党的思想路线，是以马克思主义认识论和辩证法为理论基础的。认识论是研究人类认识过程及其规律的理论。思想路线是人们认识世界、改造世界所遵循的基本认识原则和方法。认识论是思想路线的理论基础，思想路线是认识论在思想方法上的具体体现。有什么样的认识论就会有什么样的思想路线。列宁就曾在哲学上明确区分了两条截然对立的认识路线："从物到感觉和思想呢？还是从思想和感觉到物？恩格斯坚持第一条路线，即唯物主义路线，马赫坚持第二条路线，即唯心主义路线。"[1] 唯心主义认为人的认识是天赋的或主观自生的，人们的认识活动体现为从观念或想象出发的唯心主义思想路线。唯物主义认识论则认为认识是对客观存在的物质世界的反映，人们的认识活动表现为从实际出发的唯物主义思想路线。在唯物主义

---

① 《列宁选集》第 1 卷，人民出版社 1995 年版，第 37 页。

认识论中，形而上学唯物主义支离物质和意识的辩证关系，忽视人的主观能动作用，把人们的思想引导到孤立、静止、片面地看问题的歧途上去。因此，形而上学唯物主义认识论的局限性导致在思想路线上同唯心主义认识论一样不能真正科学地指导人们认识世界和改造世界。辩证唯物主义认识论认为人的认识的唯一源泉是客观物质世界；人的认识来源于实践，在实践中形成新的理性认识并指导实践；人们的认识活动是从感性认识逐步上升到理性认识进而把握事物发展的规律性；人们获得理性认识后还必须使理性认识回到实践中接受检验。马克思主义将认识论的唯物论和认识论的辩证法有机地统一起来，提出了辩证唯物主义的思想路线，为我们正确地认识客观事物及其规律提供了思想武器，为我们正确地运用和发展马克思主义提供了科学方法。

中国共产党是以马克思主义为指导思想的无产阶级政党，在运用马克思主义解决中国的革命、建设和改革问题时，坚持以辩证唯物主义认识论为指导，从中国特殊国情出发，在反对教条主义、经验主义的过程中形成了一条党的"一切从实际出发，理论联系实际，实事求是，在实践中检验真理和发展真理"①的马克思主义思想路线。我们党的思想路线就其理论本身而言，它来源于马克思主义的辩证唯物主义，"是马克思列宁主义的精髓，是毛泽东思想的精髓，是邓小平理论的精髓"②；就其思想方法而言，它来源于马克思主义的科学方法论，"是我们认识新事物、适应新形势、完成新任务的根本思想武器"③；就其地位作用而言，它"是建设有中国特色社会主义理论的精髓，是保证我们党永葆生机的法宝"④，是"帮助我们在思想上和工作上永远保持蓬勃生机与活力的法宝"⑤，"一切政治路线、军事路线和

---

① 《江泽民文选》第二卷，人民出版社 2006 年版，第 250 页。

② 《江泽民文选》第二卷，人民出版社 2006 年版，第 9 页。

③ 《江泽民文选》第三卷，人民出版社 2006 年版，第 324—325 页。

④ 《江泽民文选》第一卷，人民出版社 2006 年版，第 246 页。

⑤ 《十三大以来重要文献选编》（下），人民出版社 1993 年版，第 2081 页。

组织路线之正确或错误，其思想根源都在于它们是否从马克思列宁主义的辩证唯物论和历史唯物论出发，是否从中国革命的客观实际和中国人民的客观需要出发"①。我们党在理论上的创新和实践上的发展，都是坚持党的马克思主义思想路线的结果。

二、党的思想路线是实现马克思主义中国化的灵魂

马克思主义中国化就是把马克思主义基本原理与中国实际相结合，进行理论创新，创造出中国化的马克思主义。实现马克思主义中国化对中国共产党来说是一项极其艰巨的创新性任务，也是一个永恒的主题。伴随着马克思主义中国化理论成果的形成与发展，中国共产党人已经初步积累了马克思主义中国化的基本经验。坚持马克思主义的基本原理，立足中国特殊国情，总结中国革命、建设、改革历史经验，汲取中国传统文化精华，把握时代的主题构成了实现马克思主义中国化的基本要件，但仅靠这些基本要件，马克思主义中国化还是不能自然而然地实现，关键是靠党的思想路线。党的思想路线是推动马克思主义基本原理与这些基本要件之间彼此联系、相互作用的内在驱动力和灵魂；它是马克思主义中国化永不衰竭的生命线。

第一，只有坚持党的思想路线，才能真正坚持马克思主义。对待马克思主义的态度既是关系党和国家命运的重大政治问题，也是一个重要的理论问题。党内长期存在着教条主义态度和科学态度。教条主义把马克思主义经典作家在特定历史条件下作出的个别结论，当作亘古不变的教条。教条主义对待马克思主义一切从本本出发，或者一切以经验为框框，理论与实践相脱离，主观与客观相脱离，其致命的要害是严重违背党的思想路线，阉割马克思主义精神实质，背离马克思主义基本原理。以科学态度对待马克思主义，就是坚持马克思主义

---

① 《毛泽东选集》第三卷，人民出版社 1991 年版，第 987 页。

基本原理及其立场、方法、观点，运用马克思主义随时随地都要以当时的历史条件为转移，在坚持中发展，在发展中坚持。科学对待马克思主义的核心是坚持党的实事求是的思想路线，一切从中国实际出发，理论联系实际，运用马克思主义基本原理解决中国革命和建设的具体问题，进行理论创新，创立中国化的马克思主义。实现马克思主义中国化的过程，就是一个不断地从教条主义的思想束缚中解放出来的过程。反对教条主义既是党的思想路线的内在要求，同时也是实现马克思主义中国化的一个重要历史特点。

第二，只有坚持党的思想路线，才能从中国的特殊国情出发。国情是一个国家在一定发展阶段的社会情况和自然情况、历史情况和现实情况的统一，它是不以人们的意志为转移的客观存在。其实质是社会性质，是一个国家社会发展的基础和出发点，决定和制约着社会发展道路。国情是动态与静态相结合的客观存在。社会性质是一个相对稳定的相当长的历史阶段，在这个相当长的历史阶段，由于矛盾的变化发展，必然呈现出不同的历史时期或小的历史阶段。这就要求党针对新情况、新问题给以马克思主义的回答。要实现马克思主义中国化就必须把马克思主义基本原理同中国国情结合起来。中国国情是马克思主义中国化的客观依据。而要正确认识中国国情，从中国实际出发，就必须坚持党的思想路线。只有这样，才能准确地把握中国国情的特殊性：在民主革命阶段既不同于马克思所处的欧洲发达资本主义国家，也不同于列宁所处的资本主义尚不发达的俄国，而是另一种类型的半殖民地半封建社会；在社会主义阶段既不同于马克思构想的社会主义理想社会，也不同于世界各国社会主义的发展模式，而是处于社会主义初级阶段。只有坚持党的思想路线，才能根据变化了的新情况，总结新经验，概括出符合中国特殊国情的理论原则，实现马克思主义中国化。

第三，只有坚持党的思想路线，才能科学地总结党的独创性历史经验。任何一种革命思想和理论的诞生都是在实践中孕育，在斗争中发展。马克思主义是通过广泛地吸收西方各种流派思想理论的合理内核，在总结英、法、德等国家的工人革命运动的实践中诞生的。列宁主义是在 20 世纪初揭示帝国主义基本特征及其发展不平衡规律，总结俄国十月革命和苏联社会主义建设初期的实践经验中把马克思主义发展到新阶段的产物。马克思主义中国化的目的和结果就是创立中国化的马克思主义，用中国化的马克思主义指导中国革命和建设。中国化的马克思主义就是运用马克思主义基本原理，总结中国革命、建设和改革的实践经验并进行理论概括。中国共产党领导革命和建设积累的独创性历史经验是马克思主义中国化的实践基础。但这种实践经验如果不上升到理论高度，不进行理论概括与升华，只能是停留在一般经验状态而已。党的思想路线是总结党的独创性历史经验的生命线。只有坚持党的思想路线，从实际出发，实事求是，探索规律，才能科学地总结出被实践证明了的正确的实践经验，并把独创性实践经验进行理论创新，创造出中国化的马克思主义。

第四，只有坚持党的思想路线，才能批判地继承中国传统文化的精华。马克思主义指导中国革命和建设的真谛在于运用中国化的马克思主义。中国化的马克思主义以马克思主义基本原理为理论基础，同时赋予马克思主义以中国作风和中国气派。马克思主义作为外来先进的思想文化要植根于中国，不仅要适应中国经济、政治的现实需要，还必须与中国的历史、文化传统相结合，做到民族化、中国化。中国传统文化精华是马克思主义中国化的文化底蕴。中国的传统文化博大精深，既有推动社会历史向前发展的积极因素，也有阻碍社会历史发展的消极因素。而批判地继承中国传统文化，使马克思主义与中国优秀传统文化相结合，就必须坚持用历史唯物主义观点，实事求是地科学评价中国传统文化，去其糟粕，取其精华，以中国风格、中国特点、中国的民族形式对马克思主义运用和创新，马克思主义在中国才能发挥其认识世界和改造世界的思想武器作用。任何主观臆断的全盘否定，任何一厢情愿的拿来主义都不符合历史唯物主义。毛泽东就是坚持马克思主义认识论和历史唯物主义的立场、观点和方法，把马克思主义认识论和辩证法与中国传统文化精华相结合的光辉典范。《矛盾论》《实践论》就是毛泽东坚持这个思想原则创作的两篇具有中国特色的马克思主义哲学著作，是对中国古代"知行观"和"矛盾观"所作的批判继承和科学总结，真正把马克思主义哲学改造成了中国人民能够掌握和运用的思维方式。为党的实事求是思想路线的形成奠定了坚实的理论基础。

第五，只有坚持党的思想路线，才能正确认识和判断时代主题的演变。对时代特征的正确判断和对时代主题的准确把握是马克思主义中国化和政党制定路线、方针、政策的时代依据。每一个时代都有属于这个时代的主题和表现这个时代特点的基本特征。马克思主义在不同的国家、不同的时代主题、不同的发展阶段都有不同的理论形态。马克思主义在中国的运用和发展必须以时代主题的转换为依据。时代主题的不断发展变化，马克思主义中国化随之也要与时俱进。而要正确认识和判断时代主题的演变，只有坚持党的思想路线。只有坚持一切从本国实际出发，实事求是，坚持一切从本国所处的外部环境出发，与时俱进，我们才能冲破传统习惯和思维定势的束缚，冲破主观偏见和教条主义的桎梏；才能以马克思主义的宽广眼界观察世界，敏锐地把握时代发展的脉搏，深刻地认识世界各种矛盾的变化，对时代主题和基本特征及国际形势发展趋势作出科学判断；才能适应复杂多变的客观世界，跟上时代发展的步伐。只有这样，马克思主义中国化的历史进程才能在适应时代主题的发展变化中不断前进。

三、党的思想路线贯穿于马克思主义
中国化的全过程

中国共产党确立和坚持马克思主义思想路线的过程也是实现马克思主义中国化的过程。毛泽东思想、邓小平理论、"三个代表"重

要思想和科学发展观作为中国化的马克思主义，在形成发展过程中表现出了鲜明的共同特点，这就是始终坚持党的马克思主义思想路线，这条思想路线犹如一条红线贯穿于马克思主义中国化两次历史性飞跃和中国特色社会主义理论体系的全过程。

毛泽东思想之所以形成于土地革命战争时期，成熟于抗日战争时期，就是因为以毛泽东为代表的中国共产党人坚持党的思想路线，不照搬、照抄俄国十月社会主义革命的模式，从中国半殖民地半封建的社会性质出发，总结中国革命独创性历史经验，运用马克思主义无产阶级暴力革命理论、列宁民族殖民地理论和社会民主党"两个策略"理论，提出农村包围城市理论和新民主主义革命理论，开创了中国特色革命道路，实现了马克思主义中国化的第一次历史性飞跃，创立毛泽东思想。而在党的历史上出现的"左"的"右"的错误路线，造成革命的挫折与失败，都是违背党的思想路线，主观与客观相脱离，理论与实际相割裂，犯了教条主义错误的结果。邓小平在思想禁锢与理论僵化、国民经济处于崩溃边缘的严峻形势下，坚持党的思想路线，强调解放思想、实事求是，突破苏联社会主义模式和传统社会主义观念的束缚，运用马克思历史唯物主义和社会主义基本原理，从社会主义初级阶段的实际出发，总结中国社会主义建设和国际共产主义运动的经验教训，揭示了社会主义本质，把握了中国社会主义的历史方位，开创了中国特色社会主义道路，实现了马克思主义中国化的第二次历史性飞跃，创立了邓小平理论。进入新世纪，以江泽民为核心的中国共产党第三代领导集体继承和坚持解放思想、实事求是的优良传统，弘扬与时俱进的创新精神，在建设中国社会主义事业的重大历史关头，在世界社会主义处于低谷的状态下，把中国特色的社会主义的建设事业不断推向前进，把马克思主义中国化不断推向前进，形成了"三个代表"重要思想。党的十六大以来，以胡锦涛为主要代表的中国共产党人，坚持以邓小平理论和"三个代表"重要思想为指导，根据新的发展要求，深刻认识和回答了新形势下实现什么样的发展、怎样发展等重大问题，形成了以人为本、全面协调可持续发展的科学发展观。党的十八大以来，以习近平为总书记的党中央，关注新情况、新问题，紧紧跟上时代发展的步伐，解放思想、实事求是、与时俱进、求真务实，在改革开放的关键时刻，继续推进马克思主义中国化不断前进，有针对性地提出中国梦、社会主义核心价值观和依法治国等重大战略思想，用发展的马克思主义指导中国社会主义建设，为我们树立了开创马克思主义中国化新境界的光辉典范。

　　值得重视的是毛泽东在晚年探索中国特色社会主义建设的过程中，由于背离了党的马克思主义思想路线，没能从中国客观实际出发，没能认识到时代主题的转换，致使中国社会主义建设事业出现重大曲折。而邓小平正是总结了毛泽东思想的科学理论和毛泽东晚年的错误理论，吸取中国长期建设社会主义的正反两方面的历史经验，主持工作的第一件事就是恢复和重新确立党的解放思想、实事求是的马克思主义思想路线，从而开创了一条中国特色社会主义的崭新道路，开启了社会主义现代化建设新的历史时期，实现了中国历史的伟大转折。由此可见，中国革命和建设的几次重大失误，从世界观和方法论说来，都源于当时违背或没能够坚持党的马克思主义思想路线的结果。

　　历史表明，马克思主义理论的每一个重大发展，社会主义实践的每一次巨大进步都是坚持党的思想路线的结果。中国共产党正是由于运用辩证唯物主义和历史唯物主义的世界观、方法论，从对历史规律的不断认识和把握中找到了指导我们前进的正确方向。

　　"实践是无止境的，认识真理不是一次完成的。一切从实际出发，解放思想，实事求是，也要一以贯之。"[1] 在任何时候任何情况下，只要我们党始终不渝地坚持、发展和丰富这条马克思主义的思想路线，我们党就能持续不断地推进马克思主义中国化的历史进程，不断地开创马克思主义中国化的新境界，推动中国社会主义事业不断向前发展。

---

[1]　《江泽民文选》第二卷，人民出版社 2006 年版，第 251 页。

第六章　马克思主义中国化的
历史特点与规律

　　深刻认识毛泽东把马克思主义中国化的历史特点，进而分析马克思主义中国化的几个规律性问题，对于完整地、准确地掌握毛泽东思想的科学体系，对于在新的历史时期，坚持和发展毛泽东思想，建设有中国特色的社会主义，不断推进马克思主义中国化的伟大事业，都具有重要的意义。

一、反对教条主义是马克思主义
中国化的重要历史特点

（一）马克思主义中国化进程中这一独特历史特点产生的因素

　　唯物辩证法告诉我们，任何事物都是在矛盾斗争中生存和发展的。作为社会意识形态的马克思主义理论来说，它的产生和发展，也是如此。如果说马克思主义是在19世纪中叶，是在批判黑格尔的辩证法、亚当·斯密的经济学，欧文的空想社会主义的斗争吸取了他们理论的某些合理内核，总结工人运动的经验，从而创造了马克思主义科学体系的话，那么列宁主义则是在19世纪末和20世纪初期同第二国际伯恩斯坦修正主义斗争中，把马克思主义推进到一个新的阶段，即帝国主义和无产阶级革命时代的马克思主义——列宁主义。而毛泽东思想则是在中国革命实践中，同那种把马克思主义教条化，把共产国际决议和苏联经验神圣化的错误倾向的斗争中，把马列主义普遍原理与中国革命实际相结合而形成的。可见毛泽东思想形成发展的历史，和马列主义诞生的历史相比，既有相同的基本方面，又有各自不同的特点。它们都是在同反马克思主义的思潮和非无产阶级的思想的斗争中产生的；毛泽东思想形成发展独特的历史特点主要的不是同资产阶级思潮、修正主义作斗争，而是在半殖民地半封建的中国新的历史条件下，同把马克思主义教条化的错误倾向作斗争。

毛泽东思想形成的这一独特的历史特点，主要是由下列几个原因决定的：

第一，毛泽东思想的形成与马克思主义诞生时期的国际背景不同。马克思主义诞生在资本主义上升时期，它自诞生之日起，就是迎着资产阶级的各种诽谤和咒骂而存在和发展的，并且从一种科学的学说，发展成为亿万人民参加的革命运动，表现出无限强大的生命力；列宁主义诞生时正值第二国际伯恩斯坦修正主义盛行时期，俄国共产党人和马克思主义者，进行革命斗争所面临的主要危险是修正主义；而毛泽东思想则是在第二国际已经破产、修正主义已经败阵，十月革命已经取得胜利，并且共产国际指导路线在中国革命中已经产生重大作用，而中国共产党又出现了"左"倾教条主义错误的背景下形成的。

十月革命的胜利是马列主义的伟大胜利。它给全世界无产阶级和被压迫民族解放斗争指明了方向。用无产阶级世界观作为观察国家命运的工具，这就是中国先进分子得出的结论。马克思列宁主义传入中国以后，虽曾遇到各色各样资产阶级思潮的抵制、阻挠和破坏，然而经过几个回合的斗争，马克思列宁主义很快就成为不可抗拒的历史洪流，并为中国先进分子所接受。中国共产党从它诞生之日起，就是以马克思列宁主义为指导思想，按照共产主义思想体系，领导中国人民的革命斗争。因此，在中国共产党的思想建设上，主要的不是要不要用马列主义指导中国革命的问题，而是能不能把马列主义的普遍原理与中国革命实际相结合，总结出符合中国实际的理论原则和新的结论；它面临的主要任务，主要的不是反对资产阶级思潮和修正主义，而是反对那种脱离中国实际专门迷信本本的教条主义。这种教条主义，在 20 世纪 20 年代末和 30 年代初，主要表现在把共产国际决议、苏联经验神圣化的错误倾向。

中国共产党自二大决定加入共产国际成为它的一个支部以后，在政治上、组织上就受着它的领导和制约。从此以后，一直到遵义会议，中国共产党的路线和政策始终是同共产国际有着重要关系的。如果说第一次大革命时期陈独秀的右倾投降主义是与共产国际代表有直接关系的话，那么土地革命战争时期党内产生的教条主义则与共产国际有着更为密切的关系。共产国际没有全面地、客观地分析中国第一次大革命失败的原因，而是推卸责任，简单地把它归咎于共产国际代表和陈独秀个人（当然陈独秀有不可推卸的责任）。因此，在土地革命战争时期，又通过中共驻共产国际代表的形式进一步加强了对中共的集权领导。与此同时，在联共（布）和国际共产主义运动中，开展了反对布哈林的所谓右倾的斗争中，并在这种反右倾的政治声势的压力之下，强制推行它的"左"的指导路线。这就使已经在中共党内发生的、把共产国际决议、苏联经验神圣化的错误倾向进一步走向极端，致使中国革命几乎陷入绝境。在这种情况下，敢不敢同党内的教条主义作斗争，能不能把马列主义的普遍原理同中国革命具体实践相结合，科学地总结中国革命经验，提出符合中国革命实际的理论原则，就成为关系中国革命能否克服逆境，打开新局面的关键，正是在这种形势下，以毛泽东为代表的中国共产党人，坚持马列主义的立场、观点，分析和研究中国革命的实际问题，同教条主义的错误倾向进行了坚决的斗争。

第二，中国的国情与马克思主义诞生的故乡德国、列宁主义诞生的故乡俄国截然不同。旧中国是一个人口众多，贫困落后并受着帝国主义宰割的半殖民地半封建的大国。从政治上看，对外没有民族独立，对内没有民主；从经济上看，资本主义虽有某些发展但很微弱，封建主义经济虽遭受严重打击仍占据明显优势，政治经济发展极不平衡。在这样一个特殊的国度里，革命对象不是一般的资产阶级，而是帝国主义、封建主义和官僚资产阶级。革命性质不是社会主义，而是资产阶级民主革命。革命动力不仅有工人阶级，农民、小资产阶级，而且还有民族资产阶级。革命的道路和主要斗争形式，不是城市武装起义，而是在农村建立革命根据地走农村包围城市的道路，主要斗争形式不是议会斗争而是武装斗争。所有这些特殊而复杂问题的解决，正如列宁所指出的，是"一个全世界共产主义者所没有遇到过的任务"，是"无论在哪一部共产主义书本里都找不到的""困难而特殊的任务"[1]。这就是说，在中国这样一个特殊国度里进行的革命，仅靠背诵马列主义的一般原理是不能解决的，机械地照搬共产国际的决议和苏联的经验也是行不通的。

第三，毛泽东思想的本质特征和它的思想核心，决定了它的形成发展也必然要同教条主义作斗争。毛泽东思想不是独立于马列主义之外的另一个思想体系，不是马克思主义发展史上所谓的"第三个里程碑"，而是马克思主义普遍原理与中国革命实际相结合的产物，是马列主义在中国的运用和发展。因此，它的形成和发展必然要与把马克思主义教条化的错误倾向作斗争。

（二）以教条主义为基本特征的三次"左"倾错误的主要表现

土地革命战争时期，中国共产党内连续出现三次"左"倾错误。三次"左"倾错误，就其思想理论体系来讲基本上都是来自共产国际的，特别是以教条主义为主要特征的王明"左"倾错误，更突出地表现为把马克思主义教条化、把共产国际决议和苏联经验神圣化的错误倾向。这样，反对教条主义和反对把共产国际决议和苏联经验神圣化错误倾向的斗争，就成为中国共产党人在把马克思主义中国化的伟大

---

[1]　《列宁选集》第4卷，人民出版社1995年版，第79页。

事业中，所面临的艰苦而复杂的历史任务。

从 20 世纪 20 年代末到 30 年代初，共产国际在对中国革命的指导上，脱离中国的实际，犯了主观主义的"左"的指导路线错误，中国共产党的"左"倾领导者，又把国际决议和苏联经验奉若神明，机械地搬用，犯了教条主义的错误，这主要表现在以下几个问题上。

第一，关于中国革命的形势和任务问题。

1928 年 8 月，共产国际六大提出了一个所谓"第三时期"的理论。这个理论认为，世界形势从 1928 年即进入了"第三时期"，即资本主义总危机进一步尖锐化、"大规模阶级搏斗"时期，或谓世界革命已进入新的高潮时期。据此，共产国际在指导各国无产阶级革命工作中制定了全世界范围的所谓"进攻路线"。在这一总的思想指导下，共产国际对中国革命的形势和任务也作出了"左"的估计和判断。

本来在 1928 年共产国际执委第九次全会关于中国问题的决议中，承认中国"革命运动的发展极不平衡"，"目前，在全国范围内还没有出现群众革命的新高潮"①。中共六大时，斯大林也曾指出中国革命的形势是处在两个革命高潮之间的低潮。但是由于共产国际和斯大林对中国革命的长期性、复杂性认识不足，加之"第三时期"理论的指导，对形势"左"的估计很快就出现了。

1929 年，共产国际十月来信就夸大了国民党统治的危机，认为"中国已进入深刻的全民族危机的时期"，要求中国共产党"现在就可以而且应该开始让群众做好准备，以便用革命的手段推翻资产阶级和地主联盟的政权，建立苏维埃形式的工人阶级和农民的专政"②。1930 年 6 月，国际来信又进一步断定"中国革命运动的新高潮，已成为无可争辩的事实"，而且"近期的革命形势即使不能席卷中国，无论如

---

① 《共产国际有关中国革命的文献资料》第一辑，中国社会科学出版社 1981 年版，第 351 页。
② 《共产国际有关中国革命的文献资料》第二辑，中国社会科学出版社 1982 年版，第 82 页。

何也会涉及许多关键性的省份"①。这就是说，中国革命已经存在取得一省或数省首先胜利的可能了。

不久，共产国际执委主席团又进一步分析了中国社会的阶级矛盾和由此造成的"空前的全面经济危险"，指出在这种形势下，"除非革命，除非推翻帝国主义和国民党的统治，除非苏维埃取得胜利，其他是没有出路，也是不可能有出路的"②。

1932 年 8 月，共产国际执委第十二次全会，认为"资本主义的相对稳定已经终结"，目前，"正在向革命与战争的新时期过渡"，而在"中国，已出现革命的形势"，为此，给中共提出了六项"特殊任务"，要求中国共产党把"推翻国民党政权"，作为直接的革命行动。

由此可见，共产国际自六大提出"第三时期"理论、制定"进攻路线"以后，对于形势和任务的"左"的估计越来越严重。

中共的"左"倾领导者，对于形势的分析，完全脱离了中国的实际，按照国际的基调，犯了教条主义错误。

共产国际"第三时期"的理论和它的"进攻路线"，实际上成为立三中央"左"倾冒险主义的战略总方针的理论依据。李立三在1930 年上半年发表的许多文章中，系统地阐述了"第三时期"的理论，强调目前世界的形势要发展成为世界直接革命形势——世界武装暴动的形势，是必然的，并不只是可能的。8 月 6 日，他在中央行动委员会的报告中，又进一步阐述了"第三时期"理论及其对中国革命的影响，指出在"全世界普遍的逼进于直接革命的形势"之下，"国际上矛盾都集中于中国，所以造成中国之一切政治与经济的危机"，从而决定了中国革命的必然"大爆发"。正是由于对形势作了错误地估计，立三中央便制定了武汉、南京武装暴动和上海总同盟罢工，实

---

① 《共产国际有关中国革命的文献资料》第二辑，中国社会科学出版社 1982 年版，第 92—93 页。

② 《共产国际有关中国革命的文献资料》第二辑，中国社会科学出版社 1982 年版，第 146 页。

现一省或数省的首先胜利的战略总方针。

王明"左"倾教条主义者对形势的分析，更是完全照搬国际决议"左"的基调。他们完全接受了共产国际执委第十一次全会关于中国革命已到危机的观点，在赣南和宁都会议上排挤了毛泽东的正确领导。他们在中共六届五中全会的《政治决议案》中，又"毫无保留"地接受共产国际执委第十二次全会关于世界革命形势的分析，错误地断定中国已存在"直接革命形势"，第五次反"围剿""即是争取中国革命完全胜利的斗争"，是中国"革命道路与殖民地道路之间谁战胜谁的问题"，使"左"倾教条主义的错误发展到顶点。

第二，关于中国革命的道路问题。

共产国际把俄国城市武装起义的经验绝对化，要求各国党都要像俄国一样地走城市武装起义夺取政权的道路。早在1928年，共产国际第九次全会《关于中国问题的决议》中，就已经提出了"城市中心"的思想。翌年，共产国际连续对中共发来三封指示信，都是反复强调了城市中心的思想，要求把党的工作"首先要集中注意力于工业区、大城市和重要工会团体"[1]；指出"农民群众的斗争应当同城市无产阶级的革命斗争紧密结合起来"[2]；并且认为"最正确的最重要的，日益生长的高潮的象征，还是工人运动的复兴"[3]。1930年，《共产国际执委会关于中国问题的决议》尽管也指出要把建立中国红军的任务作为"一项头等的任务"，但建立红军的目的也是为了夺取中心城市。该《决议》指出："必须集中精力组建和加强红军，以期将来根据军事和政治形势，去夺取一个或数个工业中心和行政中心。"共产国际就是这样，一直按照城市武装起义的模式来指导中国革命的。因此，

① 《共产国际有关中国革命的文献资料》第二辑，中国社会科学出版社1982年版，第16页。
② 《共产国际有关中国革命的文献资料》第二辑，中国社会科学出版社1982年版，第25页。
③ 《中共中央文件选集》第五册，中共中央党校出版社1990年版，第795页。

对于中国革命必须走农村包围城市最后夺取全国胜利的道路问题，在很长时间内不认识、不理解。甚至直到 1940 年，还担心中国革命在农村建立根据地离开工人阶级太远了，怀疑中国共产党在农村的环境中，能否保持无产阶级政党的先进性。

中国共产党的"左"倾领导者，在中国革命道路问题上，完全是依样画葫芦地按照共产国际的城市中心思想和俄国革命的模式行事的。

早在 1930 年 3 月，李立三就指出："忽视组织工人的斗争，忽视准备工人阶级的武装暴动，不只是策略上的严重错误，而且会成为不可饶恕的罪过。"① 同年 6 月 11 日决议中，更进一步提出了"组织全国武装暴动夺取政权的任务"，并规定了"以武汉为中心的附近省区的首先胜利，是目前党的策略总路线"。立三中央所制定的城市暴动和总同盟罢工的冒险计划，就是共产国际的"城市中心"思想和俄国城市武装起义的模式在中国的重要体现。

王明"左"倾教条主义者，在中国革命道路问题上，对国际的指示和决议更是唯命是从，照抄照搬。他在《两条路线》的小册子里明确指出，要"真正准备和创造武装起义的一切必要前提"，"以便将来依照军事政治的环境，进而能够占领一个或几个工业的行政的中心城市"②。1932 年，《中央关于争取革命在一省与数省首先胜利的决议》中，又进一步把"占取一二个重要中心城市，以开始革命在一省数省的首先胜利"作为党的"全部工作"和"总任务"③。

第三，关于阶级关系的策略问题。

共产国际和斯大林由于不了解中国半殖民地半封建社会的特殊国情，或出于一国中心思想的需要，在对中国革命的一系列指示中，存在许多教条主义的"左"的错误。

---

① 《准备建立革命政权与无产阶级的领导》，《红旗》1930 年第 88 期。

② 《中共党史教学参考资料》（一），人民出版社 1957 年版，第 353 页。

③ 《中共党史教学参考资料》（一），人民出版社 1957 年版，第 492 页。

首先，不能把大资产阶级和民族资产阶级区别开来，以致竟把反对资本主义和反对帝国主义、封建主义并列起来。最早见之于文件的，是斯大林在 1927 年关于中国革命三个阶段的论述。由于斯大林把蒋介石看作是民族资产阶级的代表，把汪精卫看作是小资产阶级的代表，因此，在蒋介石、汪精卫相继叛变革命以后，就不能正确指出中国社会阶级关系的基本格局和中国革命的任务、对象和动力，从而导致了革命性质的混淆。斯大林的这种"左"的观点，与中共的第一次"左"倾盲动主义的错误有密切关系，并且成为共产国际从 1928 年到"九一八"以后一段时期内指导中国革命的一个基本观点。

1928 年 9 月，共产国际六大通过的关于《殖民地和半殖民地国家的革命运动》的报告提纲中就曾提出：中国"资产阶级民主革命能把自己的全部基本任务实现到什么程度，以及其中哪些任务只能由社会主义革命来实现，这些都取决于工农革命运动的进程，取决于他们反对帝国主义者、封建主义和资产阶级斗争的成败"[1]。对于两种革命的不同性质和任务没有规定明确的界限。到 1930 年 6 月时，《共产国际执行委员会关于中国问题的决议》更明确提出了"中国革命不仅要同封建制度进行残酷的斗争，而且要同中外资本家进行残酷的斗争"[2] 之后，在共产国际的许多文件中，还规定了，"没收他们的企业"，"然后实行国有化"的政策。

共产国际和斯大林对于中国阶级关系所作出的"左"的分析和判断，导致了中国资产阶级民主革命只有在反帝反封建的同时反对资本主义的斗争中才能取得胜利的错误结论。

其次，否认中间营垒和第三党的存在，否认他们和国民党反动

---

[1] 《共产国际有关中国革命的文献资料》第一辑，中国社会科学出版社 1981 年版，第 591 页。

[2] 《共产国际有关中国革命的文献资料》第二辑，中国社会科学出版社 1982 年版，第 100 页。

派之间的矛盾和差别。早在 1928 年 2 月，共产国际执委第九次全会《关于中国问题的决议》中，就曾指示中共要"进行无情的斗争"，打击那种"想要建立所谓的'真正共产党'、'工农党'新党而实际上是资产阶级改良主义政党的企图"，认为"这种政党实质上是孟什维克党，是反对工人和农民的党，是蒋介石和其他屠杀工人阶级和农民的刽子手的驯服工具。"翌年 10 月，共产国际执委给中共中央的信，把"代表着中国民族资产阶级中等阶层利益的资产阶级民族改良主义的中派，即一部分工商业资本家"，和以汪精卫、陈公博等人为代表的"国民党改组派"不加区别地都看成"是一个反革命集团，是工农革命运动的死对头"，要求中共"必须立即开展一个最坚决的、尽可能有更多群众参加的运动，以消除'改组派'的一切影响，揭露他们的反革命本质"①。

最后，与这种对阶级关系的错误分析相适应，共产国际执委第十二次全会，不顾"九一八"事变发生后中国阶级关系的新变化，仍然指示中共要继续"采用下层统一战线"政策，把中间势力排除在抗日民族统一战线之外。

中共的"左"倾教条主义者，在阶级关系和策略问题上，完全推行了共产国际上述"左"的指示。三次"左"倾冒险主义共同的错误是：他们都不懂得把大资产阶级和民族资产阶级区别开来，而是把反帝反封建和反对资产阶级并列。这条"左"的路线，就是博古在党的七大发言中指出的，是"无产阶级领导的反帝反封建反资产阶级的革命"的路线，他们都把中间势力作为"最危险的敌人"加以反对；在"九一八"事变发生之后，阶级关系发生新变化的情况下，他们仍然按照国际的基调，继续推行"下层统一战线"的政策，严重地影响了革命形势的发展，犯了关门主义的错误。

---

① 《共产国际有关中国革命的文献资料》第二辑，中国社会科学出版社 1982 年版，第 82、83、86 页。

第四，关于党内反倾向斗争问题。

1929 年，联共（布）党内开展了反对布哈林所谓右倾的斗争，与此同时，在国际共产主义运动中也掀起了反右倾的强大政治声势。从此以后，共产国际对各国党的指导都把右倾作为主要危险。1929 年，共产国际给中共的三次指示信，都要求中共开展反右倾的斗争。指出"盲动主义的错误在大体上已经纠正过来"，"党内主要的危险，现在是右倾的机会主义情绪和倾向"[①]。

中共的三次"左"倾的领导人，他们的共同点，都是在的反右倾的旗帜（或口号）下上台的，而且反右倾的调门一次比一次更高。立三中央认为，推行他们进攻路线的最大障碍"便是与这一点路线绝不相容的右倾观念"，并且在这一旗号下，排斥和打击了许多批评和抵制立三错误的同志。

王明"左"倾冒险主义与立三"左"倾冒险主义相比，在反右倾问题上气焰更加嚣张，王明声言"如果谁要在现时中国形势下，主张退守的策略，谁便就是公开地跑进托洛茨基、陈独秀取消派的反革命营垒去"[②]。他们甚至把"左"倾冒险主义的立三错误说成是"左倾词句掩盖的右倾机会主义的路线"。[③]

可见，以教条主义为主要特征的王明路线的一切方面，完全是照搬国际决议而来的，完全脱离了中国革命的特点和中国革命战争的规律，因而给革命事业造成了极其严重的危害，使中国革命几乎陷于绝境。

（三）毛泽东把马克思主义中国化的重要历史特点——反对教条主义

早在瞿秋白"左"倾盲动主义在党内出现时，毛泽东就冷静地

① 《中共中央文件选集》第五册，中共中央党校出版社 1990 年版，第 798—799 页。
② 《中共党史教学参考资料》（一），人民出版社 1957 年版，第 377 页。
③ 《中共党史教学参考资料》（一），人民出版社 1957 年版，第 394 页。

分析了大革命失败后的形势，适时地把革命力量引向敌人统治薄弱的农村，第一个把红旗插在井冈山上，在全党探索中国革命道路的征途中树立了光辉的典范。

在立三中央推行"国际路线"，一味要求攻打大城市的情况下，毛泽东虽然不得不执行立三中央命令，但在执行过程中有怀疑、有抵制，因而遭到立三中央的批评和指责。

在王明教条主义者统治党中央的年代里，毛泽东虽屡遭打击，但仍始终坚持马列主义与中国革命实际相结合的原则，从中国国情出发，总结中国革命独特经验，提出符合中国革命实际的理论原则和新的结论，最早鲜明地举起了反对教条主义的旗帜。

1930 年 5 月，毛泽东写了《反对本本主义》（原名《调查工作》）一文，这是我党第一篇反对教条主义的重要文献。在这一著作中，毛泽东针对教条主义者"唯上""唯书""不唯实"的特点，尖锐地批评了那种轻视中国革命实践，轻视群众斗争经验，开口"拿本本来"，动辄照抄照搬国际经验的错误倾向，指出这种作风"完全不是共产党人从斗争中创造新局面的思想路线，完全是一种保守路线"。毛泽东指出："我们说马克思主义是对的，决不是因为马克思这个人是什么'先哲'，而是因为他的理论，在我们的实践上，在我们的斗争中，证明了是对的"。"我们说上级领导机关的指示是正确的，绝不是因为它出于'上级领导机关'，而是因为它的'指示内容'是适合于斗争中客观和主观情势的，是斗争所需要的"。因此，"单纯建立在'上级'观念上的形式主义的态度是很不对的"。

毛泽东还从思想路线的高度，揭露了教条主义者对于中国革命的危害，指出："离开实践调查就要产生唯心的阶级估量和唯心的工作指导，那么，它的结果，不是机会主义，便是盲动主义。"并且提出了"没有调查，没有发言权"的著名论断。从而得出"中国革命斗争的胜利要靠中国同志了解中国情况"的重要理论。这实际上也是对共产国际那种不顾各国革命实际情况，滥发号令，指挥一切作风的一种批评。

这样，毛泽东不但在中国共产党内第一次提出了一切从实际出发，把马列主义普遍原理和中国革命实际相结合的思想路线，而且为中国共产党人从教条主义的束缚中、从对共产国际和苏联经验的盲目迷信中解放出来，为坚持马列主义与中国革命实际相结合的原则，从实际出发，独立自主地解决中国革命问题指明了方向。并在实际上反映出实事求是、群众路线、独立自主这些毛泽东思想的灵魂。

正是在这一思想理论方向的指导下，毛泽东在革命实践的基础上，集中全党的智慧，创造性地提出在中国的条件下引导革命走向胜利的理论。这主要是在无产阶级领导下，以农村为主要阵地，以农民为主要群众（主力军），经过长期武装斗争，以农村包围城市最后夺取全国胜利的革命道路。这是一条中国式的独特道路，是马列主义与中国革命实际相结合的光辉典范。这是因为这既遵循了从巴黎公社到十月革命所提供的武装夺取政权的普遍规律，又是从中国的国情出发，开创了与十月革命相反的道路，即不是先占领城市后占领农村，而是走农村包围城市，然后夺取全国政权的新道路，它是在马列主义的指导下，从中国的国情出发，反映中国革命特点和规律的引导革命走向胜利的新道路。中国新民主主义革命正是沿着这条道路取得胜利的。

这样，在20世纪20年代末到30年代初，在中国民主革命的第一次历史性转变时期，在我们党已经积累了正反两个方面历史经验的基础上，毛泽东对中国革命在理论上的升华和概括，提出了以农村包围城市的革命道路为主要内容，以实事求是、群众路线和独立自主三个基本思想为核心，以马列主义和中国革命具体实践相结合的原则为方向，这就表明了中国化的马克思主义——毛泽东思想的形成。

党的遵义会议，结束了王明"左"倾教条主义对中央的统治，确立了以毛泽东为代表的新的中央的正确领导，成为我党历史上一个生死攸关的转折点。正是由于这个转变，中国革命才从"左"倾教条主义造成的危局中绝路逢生，并由此重新打开了中国革命胜利发展的新局面。然而遵义会议在当时只是在最紧迫的军事问题和组织问题上否定了"左"倾教条主义在中央的统治，进一步在政治上和思想上清算教条主义的任务，只有在长征胜利到达陕北以后才有可能。特别在华北事变以后，民族矛盾上升为主要矛盾，中国阶级关系发生了深刻变化，新的形势迫切需要进一步清算教条主义在党内的影响，以便使党能够根据变化了的情况，制定新的革命战略和策略。正是在这一形势下，毛泽东从事了巨大的理论工作，系统地总结了党在两次革命战争中的胜利和失败的经验教训，在清算教条主义的斗争中，把马克思主义中国化的伟大事业又大大地向前推进了一步。

1930年12月，毛泽东在陕北瓦窑堡党的活动分子会议上所作的《论反对日本帝国主义的策略》的报告中，从政治策略上批判了党内教条主义者在新形势下所表现的关门主义的错误，而1936年12月，他在红军大学所作的《中国革命战争的战略问题》的讲演，则着重从军事路线上，对"左"倾教条主义进行了批判。之后，在1937年7月和8月，毛泽东在抗日军政大学先后作过《实践论》和《矛盾论》的讲演，又从马克思主义的认识论和方法论的高度，进一步批判了"左"倾教条主义。《实践论》和《矛盾论》在清算教条主义的同时深刻的阐述、精辟地概括了马克思主义辩证唯物主义的基本原理，成为我党在新的形势下制定正确路线、方针和政策的思想理论基础。从这个意义上讲，它也为毛泽东思想的科学理论体系，充实和奠定了坚实的思想理论基础。这就表明，在第五次反"围剿"失败到抗日战争兴起的第二个转变时期，在总结中国革命两次胜利和两次失败的经验教训基础上，随着革命不断地胜利和发展，毛泽东思想也在斗争中逐步完善并走向成熟。

中国共产党全面清算教条主义的任务是由党的延安整风运动完成的。整风运动是一次全党范围的普遍的马克思主义教育运动，也是一次总结历史经验全面清算教条主义的运动。因此，贯穿在整个整风运动中，一方面全党同志特别是高级干部认真地学习和总结党的历史，另一方面，对党内长期存在的主观主义特别是王明"左"倾教条主义，进行了严肃的清算和批判。这次运动，在毛泽东思想发展史上作出了巨大贡献。

第一，整风运动使广大干部和党员第一次真正从教条主义的精神枷锁中解放出来，第一次划清了马克思主义与教条主义的界限，从而在思想上解决了马列主义普遍原理与中国革命具体实践相结合的这一根本性、方向性的问题。这是在中国革命经过了两次胜利和失败的经验教训之后，经过党内两条路线的对比取得的。马列主义理论必须与中国革命具体实践相结合这一原则的解决，对于推动马克思主义中国化的历史进程，对于中国革命的胜利具有决定性的意义。

第二，整风运动使全党同志特别是高级干部，对党的历史进行学习讨论、总结经验的基础上，真正认清了教条主义的危害和毛泽东领导的正确，从而使毛泽东在批判主观主义特别是教条主义的斗争中，所阐述的关于中国民主革命的一系列理论路线、方针和政策为全党所认识和接受。这对于提高全党的认识能力和理论水平，对于进一步推进马克思主义中国化具有重要意义。

第三，整风运动中，毛泽东倡导的"实事求是"的科学态度，理论联系实际、密切联系群众和批评与自我批评的作风开始树立起来。毛泽东所倡导、通过整风运动所形成的这些具有中国共产党人特色的党的三大优良作风，不仅是区别任何其他资产阶级政党的显著标志，而且对丰富和发展马列主义的建党学说也作出了重要贡献。

所有这些，都表明了毛泽东关于马克思主义中国化的事业，经过整风运动有了巨大的新的发展。以马克思主义的理论与中国革命的实际之统一的思想——毛泽东思想，在土地革命战争后期和抗日战争时期得到系统总结和多方面展开而达到成熟。党的七大正式确定毛泽东思想作为全党的指导思想，这是马列主义在中国的巨大胜利，这是以毛泽东为代表的中国共产党人把马列主义运用于东方大国的艰巨复杂的斗争中所取得的最伟大的思想理论成果。

新中国成立后，毛泽东把马列主义的普遍原理运用于中国社会主义革命和建设的伟大实践，不拘泥于马列主义的"本本"和苏联的经验，创造性地提出了在中国情况下，正确进行生产资料私有制的社会主义改造的道路，并取得了社会主义建设的许多新鲜经验。但是，此后不久，由于对马列主义的某些扭曲、教条化认识，也由于对国内外局势的错误判断，毛泽东犯下了长达十几年的，政治上"以阶级斗争为纲"和经济上急躁冒进的"左"倾错误，致使我国社会主义建设事业和马克思主义中国化事业遭到严重挫折，甚至几近中断。

"文化大革命"结束之后，以邓小平为核心的第二代党中央领导集体，批判了"两个凡是"的错误方针，冲破了"左"倾教条主义思想禁锢，重新确立了毛泽东一贯倡导的实事求是、理论联系实际的马克思主义思想路线，并且紧密结合当代中国的具体国情和时代特征，开辟了一条建设有中国特色社会主义道路，实现了马克思主义与中国实际相结合的第二次历史性飞跃。

二、马克思主义中国化的几个规律性问题

纵观马克思主义中国化的历史：毛泽东为此作出过历史性的贡献，也有晚年言行上的偏颇；邓小平拨正航向树立新的历史丰碑。中国共产党不断总结马克思主义中国化的经验，探索规律性问题。这对于正确认识深刻理解建设中国特色社会主义理论和不断丰富发展这一理论，有着重要的现实意义。

首先，解放思想，实事求是，反对教条主义，以唯物辩证法观点去认识马克思主义的基本特征和属性。毛泽东所以能够成为马克思主义中国化的伟大旗手和奠基人，是由于他在20世纪30年代初及40年代里，针对把马克思主义教条化的倾向，提出"反对本本主义"，清理轻视实践、把理论与实践相割裂的主观主义错误，正确认

识和对待马克思主义，他指出："我们说马克思是对的，决不是因为马克思这个人是什么'先哲'，而是因为他的理论，在我们的实践中，在我们的斗争中，证明了是对的；我们的斗争需要马克思主义。"① 所以学习马克思主义，不但要学习那些从实践中总结出来的"关于一般规律的结论"，也要学习"他们观察问题和解决问题的立场和方法，用来指导中国革命"。毛泽东本人就是坚持马克思主义基本原理与中国实际相结合，从中国特殊国情出发，总结中国革命独创性经验，提出一系列理论原理，着力于马克思主义中国化，把坚持和发展马克思主义结合起来的杰出代表。遗憾的是他晚年也陷于主观主义的迷雾中。以王明为代表的"左"倾教条主义者可谓对马克思主义经典著作的本本滚瓜烂熟，但是他们不是着力于理解和掌握马克思主义的精神实质，而是依据背诵马克思主义经典著作的词句，把本本视为圣经来指导革命。邓小平汲取了"文化大革命"期间林彪、"四人帮"对待马列主义、毛泽东思想的历史教训，大力倡导解放思想、实事求是，坚持实践是检验真理的标准，强调完整准确地掌握毛泽东思想体系，反对阉割马列主义、毛泽东思想的精神实质，断章取义的"句句是真理"的本本主义。把坚持与发展结合起来，从而才能在马克思主义中国化的进程中树立新的里程碑。

其次，正确认识中国的特殊国情，坚持一切从实际出发。国情是共产党人制定路线、政策的客观依据和出发点，也是以毛泽东思想为代表的中国共产党人，坚持以马克思主义为指导，使马克思主义中国化的基本的客观依据。毛泽东领导中国革命的一个重要特点就是重视了解国情，深入社会调查研究。在他的著作中，有相当篇幅是论述中国特殊国情的文章和对现实进行调查研究的报告。他对中国特殊国情的了解和重视，是他能够把马克思主义与中国实际相结合，作出理论创造的一个基本条件。他晚年偏离了正确的航向，一个根本原因也

---

① 《毛泽东选集》第一卷，人民出版社 1991 年版，第 111 页。

在于脱离实际。邓小平所以能够拨正马克思主义中国化的航向，创造性地提出建设有中国特色社会主义的理论，为马克思主义中国化树立新的历史丰碑，一个根本原因和经验，也是由于他抓住了我国现阶段的特殊国情，考虑到我们的社会主义不是马克思主义经典作家当年构想的从发达资本主义过渡而来的社会主义，而是在一个生产力水平低下，经济不发达的社会历史条件为起点的政治、经济、文化现状。从而才能对我国现阶段的历史方位作出科学的论断——社会主义初级阶段，并提出建设中国特色社会主义的理论。

再次，尊重群众实践，集中集体智慧。党在领导各族人民进行革命的斗争中，增强了对中国国情和社会实际的了解，提高了对中国革命基本问题的认识，积累了中国革命的经验。这些群众革命斗争的实践和集体智慧，构成实现马克思主义中国化的物质基础和精神财富。没有群众革命实践，漠视集体智慧，单凭个人钻研本本，冥想苦思，不可能把马克思主义中国化。深入群众调查研究，重视中国革命的实践经验，实质上就是尊重群众实践，集中集体智慧。马克思主义与中国革命实践相结合产生的两次历史性飞跃，正是毛泽东、邓小平在不同历史时期，尊重群众实践，集中集体智慧的丰硕成果。

最后，有革命家的胆略和马克思主义的理论勇气。认清中国国情，正确对待群众的经验和智慧，不等于就自然地能够把马克思主义中国化，还离不开主观条件，主要是要具备革命家的胆略和马克思主义理论勇气，这样的品格和思想素质。解放思想、实事求是在不同的政治环境和背景下，会得到不同的社会效应。今天，它是党所极力提倡的作风，自然受到社会的称赞。然而，在那把马克思主义教条下，把共产国际决议和苏联经验神圣化的年代里，人们往往把是否按照"本本"办事当作衡量是非，判断是否是马克思主义者的标准。毛泽东则逆反潮流敢于冲破教条主义的禁锢，大胆提出反对"唯上""唯书"的本本主义，强调没有调查就没有发言权，要取得中国革命的胜利，只有靠中国的同志了解中国情况，并且指明了与俄国革命相反的以农村包围城市的革命道路。在把毛泽东偶像、神圣化，"两个凡是"盛行的氛围中，是邓小平敢冒政治风险，大胆地提出解放思想、实事求是，肯定实践是检验真理的标准，并且把毛泽东提出而没有做好的做好，做错的纠正过来，没有遇到的新课题给予马克思主义的回答，把坚持与发展毛泽东思想结合起来，创造出中国当代的马克思主义理论体系。成为建设有中国特色社会主义理论的创立者和改革开放与社会主义现代化的总设计师。

第七章　马克思主义中国化的基本经验

马克思主义中国化经历了两次历史性飞跃，第一次历史性飞跃的理论成果形成毛泽东思想，共产国际、联共（布）与马克思主义中国化第一次历史性飞跃关系密切，从共产国际、联共（布）与马克思主义中国化第一次历史性飞跃视角总结，可以从中发现马克思主义中国化的基本经验。马克思主义中国化的前提和主体是要有一个坚强的党的领导核心和卓越领导人；马克思主义中国化的主要途径是要对中国国情进行深入调查研究；马克思主义中国化的实践基础是要在实践过程中及时总结经验、修正错误；马克思主义中国化的主要历史特点是要反对教条主义；马克思主义中国化的思想路线和指导方针是要树立理论联系实际、实事求是的学风；马克思主义中国化的最高境界是要走自己的路。

一、要有一个坚强的党的领导核心和卓越领导人独立自主地坚持和发展马克思主义，这是实现马克思主义中国化的主体

毛泽东思想是马克思主义中国化第一次历史性飞跃的集中成果，是以毛泽东为核心的第一代中国共产党领导人集体智慧的结晶。我们把它称作毛泽东思想，既不是否定领导集体的作用，也不是忽略人民创造历史的作用。而是因为毛泽东本人在毛泽东思想形成过程中发挥

了重要作用。我们是人民历史观，但也不否认领袖的历史作用。正如邓小平同志在评价毛泽东时所说，如果没有毛泽东同志，中国人民不知道还要在黑暗中摸索多少年。拥有坚强的领导核心是一个政党走向成熟的重要标志。这就是一个坚强的党的领导核心和卓越的领导人的重要价值。这个坚强的党的领导核心和卓越的领导人要具备两个条件：一是要有马克思主义的坚定信仰和共产主义的理想信念，毫不动摇地坚持马克思主义；二是要运用马克思主义的立场观点和方法，结合革命和建设实际，独立自主地、创造性地发展马克思主义。

在这方面，毛泽东堪称典范。毛泽东一经信仰马克思主义后，便结合中国革命的需要，深入地学习和钻研马列主义，理论结合实际，学以致用，用以指导中国革命实践。学习和钻研马列主义是坚持马列主义的前提，但是不止于此，还要结合中国革命的实践创造出中国的主义。毛泽东认为："马克思这些老祖宗的书，必须读，这是第一。但是，任何国家的共产党，任何国家的思想界，都要创造新的理论，写出新的著作，产出自己的理论家，来为当前的政治服务，单靠老祖宗是不行的。只有马克思和恩格斯，没有列宁，不写出《两个策略》等著作，就不能解决 1905 年和以后出现的新问题。单有 1908 年的《唯物主义和经验批判主义》，还不足以应对十月革命前后发生的新问题。适应这个时期革命的需要，列宁就写了《帝国主义论》《国家与革命》等著作。列宁死了，又需要斯大林写出《论列宁主义基础》和《论列宁主义的几个问题》这样的著作，来对付反对派，保卫列宁主义。"① 毛泽东在延安的时候就多次表示过，中国的革命实践这么丰富，一定会出理论家，中国不但要有马克思主义、列宁主义，还要有自己的主义。在这方面他是身体力行的。他在领导中国共产党和中国革命的实践斗争中，以马克思列宁主义为理论基础，创造性地运用马克思主义的世界观及其基本原理，从中国特殊国情和中国革命实

① 《毛泽东文集》第八卷，人民出版社 1999 年版，第 109 页。

际出发，总结中国革命独创性经验，发表了一系列重要著作，形成了一套符合中国革命的理论体系，创立了毛泽东思想，完成了马克思主义同中国实际相结合的第一次历史性的飞跃。

二、要对中国国情进行深入调查研究、把握变化动态，把马克思主义基本原理与中国特殊国情紧密结合，这是马克思主义中国化的客观依据

马克思列宁主义到中国来，基本原理不变，但个别结论可以改变。改变的根据就是中国的特殊国情。一方面是马克思主义的基本原理，一方面是中国的特殊国情，只懂前者而不懂后者就会成为下车伊始叽里呱啦的钦差大臣，只懂后者而不懂前者就会成为没有方向到处乱撞的无头苍蝇。只有把两者有机地结合起来，才能够既解决实际问题，又明确旗帜方向。这个问题在建党时期就为一些党的领导者和理论工作者认识到了，大家都在思考和探寻"一个适合国情，而又合于共产主义的方针"①。就像过河需要搭桥一样，两者的结合也要找到一个合适的途径，这个重要途径就是调查研究。

毛泽东关于中国国情的许多正确认识，无一不是在调查研究基础上形成的。毛泽东多次论述过调查研究的重要性。他说："只有蠢人，才是他一个人，或者邀集一堆人，不作调查，而只是冥思苦索地'想办法'，'打主意'。须知这是一定不能想出什么好办法，打出什么好主意的。"② 只有深入实际，深入群众，调查研究，掌握各种必要材料，弄清问题的来龙去脉，方能取得正确的认识，从而找到解决问题的正确措施和办法。在《关于农村调查》一文中，毛泽东进一步指

---

① 《恽代英文集》上卷，人民出版社1984年版，第258页。
② 《毛泽东农村调查文集》，人民出版社1982年版，第2页。

出："认识世界，不是一件容易的事。马克思、恩格斯努力终生，作了许多调查研究工作，方完成了科学的共产主义。列宁、斯大林也同样作了许多调查。""中国革命也需要作调查研究工作。""我们的调查工作要面向下层，而不是幻想。同时，我们又相信事物是运动的、变化着的、进步着的。因此，我们的调查，也是长期的。今天需要我们调查，将来我们的儿子、孙子，也要作调查，然后，才能不断地认识新事物，获得新的知识。"①

对中国的国情进行深入细致的调查研究，这是对中国革命负责任的表现，是与主观主义者粗枝大叶，满足于一知半解的做法截然不同的。毛泽东号召全党必须"学会应用马克思列宁主义的立场、观点和方法，认真地研究中国的历史，研究中国的经济、政治、军事和文化，对每一问题要根据详细的材料加以具体的分析，然后引出理论性的结论来。这个责任是担在我们的身上"②，国情处在不断变化之中，对国情的调查也就不可能有终结。毛泽东指出："任何过程，不论是属于自然界的和属于社会的，由于内部的矛盾和斗争，都是向前推移向前发展的，人们的认识运动也应跟着推移和发展。"③ 正是因为有了调查研究，才有了对中国特殊国情的基本把握，根据这些特殊的实际情况，毛泽东对中国革命道路作出了不同于十月革命道路的独特设计，农村包围城市的革命道路就是在坚持武装斗争夺取政权基本原理的前提下，对斗争方式、斗争道路的中国式解读和设计。

三、要在实践过程中及时总结经验、修正错误，这是马克思主义中国化的实践基础

共产国际、联共（布）指导中国革命过程中犯了一些错误，如

---

① 《毛泽东农村调查文集》，人民出版社 1982 年版，第 2 页。

② 《毛泽东选集》第三卷，人民出版社 1991 年版，第 814 页。

③ 《毛泽东选集》第一卷，人民出版社 1991 年版，第 294 页。

何看待这些错误呢？毛泽东认为："错误有两重性。错误一方面损害党，损害人民；另一方面是好教员，很好地教育了党，教育了人民，对革命有好处。"① 这就是对待错误的正确态度，他把错误看成是"好教员"用来教育党员和人民大众。"帝国主义是我们的教员，蒋介石是我们的教员，犯错误的同志也是我们的教员。没有他们，我们就学不会办事。"② 实际上，中国革命经历了失败、胜利，再失败、再胜利的艰难曲折，正是从大革命失败到土地革命战争的兴起，从第五次反"围剿"失败到抗日战争的兴起，两次胜利、两次失败的重大历史性转折，正反两方面沉痛的历史经验，深刻地唤醒和教育了广大党员和领导干部。

正反两方面历史经验是最宝贵的，特别是那些错误，使那些"超级理论家"和"百分之百的布尔什维克"充分地暴露了照搬照抄马克思主义本本的严重危害。三次"左"倾冒险主义错误的共同特点是对待马克思主义教条化，照抄共产国际决议和苏联经验。"照抄是很危险的，成功的经验，在这个国家是成功的，但在另一个国家如果不同本国的情况相结合而一模一样地照抄就会导致失败。照抄别国的经验是要吃亏的，照抄一定会上当的。这是一条重要的国际经验。"③ 照抄照搬的最大问题是没有掌握马克思主义的灵魂和精髓之所在，没有看到马克思主义的生命力不在于它得出了什么结论，而在它分析问题的立场、观点和方法，只有掌握了这些才找到了打开中国革命问题的钥匙。对马克思主义的忠诚不是表现在对个别词句的坚守，而是表现在对基本原理的坚持和灵活运用。

对待党内同志所犯错误必须全面地、实事求是地进行分析，找到错误产生的主客观原因，根据实际情况开展反对错误倾向的斗争，以极大的注意力去防止和克服错误以不同形式再次发生。要把对待党

① 《毛泽东文集》第七卷，人民出版社 1999 年版，第 136 页。
② 《毛泽东文集》第七卷，人民出版社 1999 年版，第 65 页。
③ 《毛泽东文集》第七卷，人民出版社 1999 年版，第 64 页。

内犯错误同志和对待敌人的方式区别开来，不能在党内搞什么"残酷斗争""无情打击"，搞打击、惩办、戴帽子那一套，更不能大开杀戒，从肉体上彻底消灭。"既要弄清思想，又要团结同志"，"惩前毖后，治病救人"，正确开展批评与自我批评，着重于政治上、思想上对错误进行批判和改正。不要把错误原因全部归结于某个人，单纯追求个人责任，以对个人的批判掩盖错误的实质。在反右时，要注意防"左"；反"左"时又要注意防右。把纠正错误的过程与真正从政治上、思想上吸取教训紧密结合，只有这样，才能使党不断走向成熟。正如列宁所说的："无论过去和现在，我们的力量就在于我们对惨重的失败也能给以十分冷静的估计，从失败的经验中学习应该改变我们的活动方式。因而就应当直言不讳。这一点，不仅从理论的真理来看，而且从实践方面来看，都是重要的和值得注意的。如果昨天的经验教训没有使我们看到旧方法的不正确，那么我们今天就决不能学会用新方法来解决自己的任务。"[1]

四、要反对教条主义，这是马克思主义中国化的主要历史特点

中国共产党是在列宁首创的共产国际指导和帮助下创立的，诞生之日起就是以马克思列宁主义为指导思想，没有受到修正主义影响。这是中国共产党的优势所在。但是"由于我们党在创立以前没有足够的马克思列宁主义思想上的准备，在创立以后又立即全部投入轰轰烈烈的实际革命斗争中，没有很多时间来进行理论宣传工作，因而使我们党在很长时期内，马克思列宁主义的思想建设不够"[2]。所以建党以后很长一段时期内，基层的党员并不知道马克思列宁主义的真谛

---

[1]　《列宁全集》第 33 卷，人民出版社 1957 年版，第 71 页。
[2]　《刘少奇选集》上卷，人民出版社 1981 年版，第 327 页。

是什么，这就使得以王明为代表的"左"倾教条主义者因为对马克思主义经典著作的"本本"滚瓜烂熟，而迷惑了很多人。甚至当有人反对王明的时候，共产国际东方部的部长米夫还出来保护王明，说他是党内理论水平最高的，反对王明就是反对共产国际。但是恰恰是王明这些奉共产国际、联共（布）指示为圭臬的所谓"百分之百的布尔什维克"不是着力于理解和掌握马克思主义的精神实质，而是依据背诵马克思主义经典著作的词句，把"本本"视为圣经来指导革命。教条主义者看不到在中国这个特殊国度里，革命对象不是一般的资产阶级，而是帝国主义、封建主义和官僚资产阶级；革命性质不是社会主义而是资产阶级民主革命；革命动力不仅有工人阶级，农民、小资产阶级，而且还有民族资产阶级；革命的道路不是城市武装起义，而是在农村建立革命根据地走农村包围城市的道路；主要斗争形式不是议会斗争而是武装斗争。所有这些特殊而复杂问题的解决，正如列宁所指出的，是"一个全世界共产主义者所没有遇到过的任务"，是"无论在哪一部共产主义书本里都找不到的""困难而特殊的任务"①。也就是说，在中国这样一个特殊国度里进行革命，仅靠马列主义一般原理是不行的，机械地照搬共产国际决议和苏联经验也是行不通的。因此，在中国共产党的思想建设上，主要的不是要不要用马列主义指导中国革命的问题，而是能不能把马列主义的普遍原理与中国革命实际相结合，总结出符合中国实际的理论原则和新的结论。面临的主要任务不是反对资产阶级思潮和修正主义，而是反对那种脱离中国实际专门迷信"本本"的教条主义。

这种情况下，敢不敢同党内的教条主义作斗争，能不能把马列主义普遍原理同中国革命具体实践相结合，科学地总结中国革命经验，提出符合中国革命实际的理论原则，就成为关系中国革命能否克服逆境，打开新局面的关键。在反教条主义过程中形成了毛泽东思想

---

① 《列宁选集》第 4 卷，人民出版社 1995 年版，第 79 页。

活的灵魂，即实事求是、群众路线、独立自主。实事求是就是要有的放矢，用马列主义之矢，射中国革命之的，这是与把马列主义理论与中国革命实际相分离的教条主义针锋相对的；群众路线要求尊重群众的革命实践和集体智慧，这是与教条主义的个人崇拜和迷信"本本"的思想禁锢针锋相对的；独立自主就是要求中国共产党人运用马列主义的立场、观点和方法，主要依靠本国的力量，独立自主地解决中国革命问题，这是与教条主义整天高喊着国际主义至上，武装保卫苏联，把自己的命运寄托在遥远的国际针锋相对的。历史的实践反复证明，凡是教条主义盛行的时候，马克思主义中国化的历史进程就受到阻碍；凡是中国共产党贯彻实事求是、群众路线、独立自主的思想路线时，就会极大地推动和促进马克思主义中国化历史进程。

五、要树立理论联系实际、实事求是的学风，这是马克思主义中国化的思想路线和指导方针

共产国际、联共（布）确立了高度集中的领导体制和组织制度，共产国际执委会对各个支部有着至高无上的权力，它"不只决定'主要的策略路线'，它还密切检查这些路线在实践中应用的情况"①。使各国党只能对共产国际、联共（布）唯命是从。中国共产党作为共产国际的下属支部，只能被动地接受和执行共产国际、联共（布）的指示、决议。因为"共产国际在一九二七年提供给中国共产党的不是什么'意见'，而是干脆发的命令，中国共产党显然甚至无权不接受"②。这实际上是增长了中国共产党的被动性和盲目性，使得党内严重缺乏理论联系实际的工作作风。正是对此种情况的强烈反感，1930

---

① ［西班牙］费南德·克劳丁：《共产主义运动——从共产国际到共产党情报局》第1卷，福建人民出版社1982年版，第288页。

② ［美］埃德加·斯诺：《西行漫记》，董乐山译，生活·读书·新知三联书店1979年版，第139页。

年年初，毛泽东率先吹响了"反对本本主义"的号角，有针对性地提出了富有哲理的两句话："没有调查，没有发言权"①，"中国革命斗争的胜利要靠中国同志了解中国情况"。② 这一精辟论断是中国共产党人正确对待马克思主义的理论觉醒。但是这种个人的抗争是无济于事的，在四年"左"倾路线期间，毛泽东"成了王明'左'倾机会主义者经常打击的对象，被他们骂为'右倾机会主义者'，'丝毫马克思主义也没有'的'庸俗的保守主义者'，并在 1931 年 11 月的赣南会议和 1932 年 10 月的宁都会议上被排挤出中央苏区和红军的领导岗位"③，成了党内的"少数"。

延安整风运动集中开展了对主观主义的批判，在党内树立了理论联系实际，实事求是的学风。使这一马克思主义的优良学风由以毛泽东为代表的少数人的行为发展成为多数人的自觉行动。毛泽东尖锐地批评了那种对国内国际各方面情况不作系统周密调查研究，"闭塞眼睛捉麻雀"，"瞎子摸鱼"，粗枝大叶，夸夸其谈的主观主义作风，明确提出理论与实际相结合是马克思列宁主义的基本原则，指出："中国共产党人只有在他们善于应用马克思列宁主义的立场、观点和方法，善于应用列宁、斯大林关于中国革命的学说，进一步地从中国的历史实际和革命实际的认真研究中，在各方面作出合乎中国需要的历史的理论性的创造，才叫做理论和实际相联系。"④ 这就是"有的放矢"。他说："马克思列宁主义之箭，必须用了去射中国革命之的。这个问题不讲明白，我们党的理论水平永远不会提高，中国革命也永远不会胜利。"⑤ 毛泽东把理论联系实际，实事求是作为提高马列主义水平，关系革命成败的关键而加以强调，从而引起全党高度重视。那种

① 《毛泽东选集》第一卷，人民出版社 1991 年版，第 109 页。
② 《毛泽东选集》第一卷，人民出版社 1991 年版，第 115 页。
③ 《胡乔木回忆毛泽东》（增订本），人民出版社 2003 年版，第 214 页。
④ 《毛泽东选集》第三卷，人民出版社 1991 年版，第 820 页。
⑤ 《毛泽东选集》第三卷，人民出版社 1991 年版，第 820 页。

轻视实践的教条主义遭到众多人的反对，被人们所唾弃。从此，理论联系实际，实事求是成为中国共产党人的风尚。

六、要走自己的路，这是马克思主义中国化的归结点

　　走什么道路是中国革命最基本的问题，也是具有战略意义的重大问题。这个问题贯穿于中国共产党领导新民主主义革命的整个历史过程。中国革命道路主体上是"城市中心"道路与"农村中心"道路之争，它是 20 世纪 20 年代末 30 年代初党内诸多矛盾的焦点。共产国际、联共（布）的"城市中心"论曾长期地影响中共领导人，李立三就曾形象地表述了他的城市中心思想，认为"乡村是统治阶级的四肢，城市才是他的头脑与心腹，单只斩断了他的四肢，而没有斩断他的头脑，炸裂他的心腹，还不能致他的最后的死命"，而"斩断统治阶级的头脑，炸裂他的心腹的残酷的斗争，主要是靠工人阶级最后的激烈斗争——武装暴动。所以忽视组织工人的斗争，忽视准备工人阶级的武装暴动，不只是策略上的严重错误，而且会成为不可饶恕的罪过"①。在那些犯了"左"倾错误的中央领导人看来，既然要走俄国革命的路，自然就要先占城市后取农村，这是中国革命胜利的正路；他们认为山沟里出不了马克思主义，一度将毛泽东在实际革命斗争过程中探索形成的农村包围城市的道路视为错误的道路加以批评。

　　早在建党之初，中国共产党就面临着中国社会向何处去的抉择问题。当时有两条路摆在共产党面前，一条是资产阶级民主主义的道路，一条是俄式革命的道路。1921 年 1 月，毛泽东在新民学会长沙会员大会上发言，明确表示自己赞成仿效俄国革命，"因俄式系诸路

① 李立三：《准备建立革命政权与无产阶级的领导》，《红旗》1930 年第 88 期。

皆走不通了新发明的一条道路"①。后来毛泽东在论及这段历史时说：鸦片战争后的先进中国人总是想学西方国家走现代化道路，但总是行不通，十月革命后，迫使他们"重新考虑自己的问题。走俄国人的路——这就是结论"，"康有为写了《大同书》，他没有也不可能找到一条到达大同的路。资产阶级的共和国，外国有过的，中国不可能有，因为中国是受帝国主义压迫的国家。唯一的路是经过工人阶级领导的人民共和国"②。建党初期开始的对中国革命道路的探索，一直持续地进行着，直到毛泽东发表《新民主主义论》，找到了中国特色革命道路之后才得到了完满的解决。在这部著作中，毛泽东找到了一条既不走资产阶级共和国道路，又非立即进行社会主义革命建立无产阶级专政社会主义国家的革命道路，而是经过民主主义革命，在农村建立根据地，农村包围城市、武装夺取全国政权，建立各革命阶级联合的人民民主共和国，然后再逐步过渡到社会主义的崭新道路，这是马克思主义发展史上的一个伟大创举。

实际上，在新民主主义革命过程中，毛泽东从深入社会脚踏实地进行调查研究考察中国国情做起，不拘泥于马克思主义本本的词句，不为共产国际决议和苏联模式所束缚，坚持实事求是，富于开拓，勇于探索。不断提高革命觉悟和理论水平，在党内及早醒悟到对待马克思主义本本和共产国际决议不能教条式地照搬照抄，必须使之与中国革命实际相结合，并且在实践中逐步地在各个领域里自如地运用和发展马克思主义，走出了一条新路。如创立了把以贫苦农民为主要构成成分的中国工农红军建设成新型的人民军队，把以贫苦农民为主要成分且基层组织长期生活在农村环境里的党建设成无产阶级先锋队的马克思主义建军原则和建党原则；高度灵活地运用马克思主义策略思想，创立了抗日民族统一战线的理论以及统一战线中的独立自主

①　《毛泽东文集》第一卷，人民出版社 1993 年版，第 1 页。

②　《毛泽东选集》第四卷，人民出版社 1991 年版，第 1471 页。

原则和又团结又斗争的策略；灵活地运用历史唯物主义和辩证法揭示了中国革命战争的特殊规律，创立了一系列中国革命战争的战略战术原则；把统一战线、武装斗争和党的建设总结为中国革命三大法宝，深刻地论述了三者的关系。特别是这些马克思主义的新创造的集大成——新民主主义理论的问世，使近代无数志士仁人苦苦求索而始终不得其解的问题迎刃而解，也使他们救国救民的夙愿成为现实。

走什么道路的本质是如何科学地对待马克思主义的问题。民主革命时期，党在战胜了把马克思主义教条化的错误之后，才对科学对待马克思主义产生了一次觉醒，提高了党对如何科学对待马克思主义的认识，那就是坚持马克思主义中国化，着眼于马克思主义理论的运用，着眼于对中国革命实际问题的理论思考，着眼于马克思主义的新创造和新发展，用中国化的马克思主义指导中国革命实践，才能取得革命的胜利。邓小平在对毛泽东探索"走自己的道路"理论完整准确认识的基础上，继承并发展了这一思想。他指出："过去的成功是我们的财富，过去的错误也是我们的财富。"①在这里，邓小平所说的"过去的成功"就是指以毛泽东为首的中国共产党人独立思考，把马列主义的普遍原理同中国的具体情况相结合，探索出来的新民主主义道路，这道路既包括农村包围城市最后取得全国政权的新民主主义革命道路，也包括进行社会主义改造，从新民主主义社会向社会主义社会过渡的道路。毛泽东在社会主义建设道路探索上，以苏为鉴，主张马列主义与中国实际的"二次结合"。这些都是成功的探索。"过去的错误"主要是"左"的错误，以"文化大革命"的错误为甚，对于这些错误，邓小平也是从总结历史经验的高度来认识的。他说："毛泽东同志从一九五七年开始犯了'左'的错误，最'左'是'文化大革命'的十年"，但"'文化大革命'也有一'功'，它提供了反面教训。没有'文化大革命'的教训，就不可能制定十一届三中全会以来的思

① 《邓小平文选》第三卷，人民出版社1993年版，第272页。

想、政治、组织路线和一系列政策。"① 正是因为有正反两方面经验的科学总结，才有中国特色社会主义道路的探索与实践。改革开放 30 多年的历史已经充分证明了这条道路的正确性，也正是有了这条正确的道路，才使我们党既没有走封闭僵化的老路，也没有走改旗易帜的邪路，而是坚定不移地走出了一条中国特色社会主义道路。

---

① 《邓小平文选》第三卷，人民出版社 1993 年版，第 271—272 页。

历程篇

第八章　共产国际对马克思主义中国化的"双效应"

　　作为一种外来的思想文化和中国共产党用以指导中国革命和社会主义建设的理论武器，马克思主义在中国的运用、发展和胜利，是伴随着这样一个毋庸置疑的客观历史过程发生、发展的。这个客观历史过程便是马克思主义中国化的过程。贯穿这一过程的核心，是将马克思主义基本原理与中国革命具体实践相结合，"结合"的成果即是毛泽东思想。从这个意义上说，少数接受共产主义思想的先进分子开始运用马克思主义作为观察国家命运的工具，力图得出中国革命的新结论之日，马克思主义中国化的客观历史过程便在实际上已经开始。随着中国共产党领导的革命斗争实践在各个方面的展开和不断深化，马克思主义中国化的历程不断推进。至 20 世纪 40 年代初，毛泽东把新民主主义理论系统化、完整化。发表《新民主主义论》等重要的马克思主义著作，使以此为主体的毛泽东思想形成完整的科学体系，实现了马克思主义与中国实践相结合的第一次历史性飞跃。这标志着马克思主义中国化的进程达到了新的历史阶段；而到 1945 年中国共产党七大确立"中国的马克思主义"——毛泽东思想作为党的指导思想，则表明马克思主义中国化的思想原则及其成果已为全党所公认。

　　长期以来，人们往往有这样一个认识，即共产国际作为中国共产党独立自主的对立物，在对马克思主义的中国化问题上自然是障碍，起消极作用。其实，当我们历史地审视马克思主义中国化的过程，不难看出，共产国际对此具有消极的和积极的双重效应。这双重效应，有时同时并存，有时以某个方面为主，各个时期有所不同。马克思主义中国化既吸取了共产国际关于中国革命的有益思想，并得到过它的帮助，又是在同它把马克思主义教条化及其对中国共产党的禁锢作斗争中得以发展和实现的。

一、党的创立和国民革命时期，共产国际基本上 正确地指导中共制定政策与策略，在实际上 对马克思主义中国化起到了启蒙作用

在中国共产党的创立暨大革命时期，虽然共产国际没有自觉认识到要把马克思主义中国化，但它在指导中国革命斗争的实践中，为了制定出既符合马列主义原理又符合中国国情的正确的方针政策，势必要努力以马列主义观点观察中国革命实际，在某种程度上使马列主义与中国实际相结合。这在客观上对马克思主义中国化的历史进程起了积极的推动作用。这种推动作用体现在以下几个方面。

首先，应该承认，在中国共产党的婴幼时期，共产国际帮助、指导制定重大政策与策略，实际上是对中国共产党以马克思主义指导中国革命的一种必要的有益扶植。

中国的共产主义运动发生在十月革命的巨大影响下，当时传入中国的马克思主义主要是以强调暴力革命和实现无产阶级专政，消灭阶级，消灭私有制，建立社会主义为显著特征的帝国主义与无产阶级革命时代的马克思主义——列宁主义。这样的背景对于正在向西方寻求救国方案又屡屡碰壁的中国先进分子，是一个深刻的启迪和巨大的鼓舞。他们一旦学到了马克思主义基本原理后，便即刻以此作为观察国家命运的工具，分析中国社会历史状况，指导实际斗争。当时，尽管他们还不懂要把马克思主义中国化的道理，但是在实践中他们却已开始了把马克思主义中国化的客观历史过程。

中国共产党的诞生，便是中国的先进分子把刚刚学到的马克思

主义基本原理拿来与中国实际相结合的最初成果，是马克思主义给中国的先进分子以慧眼，使他们能够透过无产阶级弱小的表象，看到它已成为独立的政治力量的无限潜力，并几乎同时得出要建立"俄式共产党"的结论。中国共产党的成立，同时又为马克思主义与中国实际相结合，最终实现马克思主义中国化提供了认识和实践的主体。这个主体的诞生，从一开始就得到了刚成立不久的共产国际的帮助，作为中国共产党诞生的助产士，共产国际的贡献是明显的。但是，具有持久意义和决定性影响的贡献则是帮助中国共产党建立伊始就确立了马克思列宁主义的指导思想，使其接受的是真正马克思主义的完整科学的世界观和科学社会主义，而不是社会改良主义，从而避免了受各种非马克思主义思潮的侵蚀。这是中国共产党产生的一个历史特点，同时，也为党的健康成长和以后完成马克思主义中国化的历史任务打下了先天的良好思想基础。

在共产国际帮助下建立起来的中国共产党，理所当然地很快成了共产国际的一个下属支部。按照共产国际的组织原则，中国共产党必须无条件地遵守最严格的国际纪律，执行共产国际的决议，并接受共产国际派出的具有广泛权利的全权代表的监督和指导。这种关系，虽在以后产生了种种为人诟病的消极作用，但对处于婴幼期的中国共产党来说却是需要的。这是由于中国共产党人缺少理论准备，他们只是在较短时间内受到马克思主义关于社会革命理论的影响，便立即投入轰轰烈烈的革命斗争，既没有领导革命的经验又不懂得马克思主义与中国实际相结合的原则，这种情况下由共产国际帮助中国共产党制定政策策略，是无可非议的。人们往往以早期中国共产党人几乎是完全按照俄国人的方式理解马克思主义为例，来作为这时候共产国际与中国共产党的上下级关系使中国革命丧失自身独立性的证据。其实，这时候无论有无共产国际和中国共产党的上下级关系，中国共产党人头脑中的马克思主义充满俄国的味道是合乎逻辑的。原因就在于"中国人找到马克思主义，是经过俄国人介绍的"①。"以俄为师"的心理定势从马克思主义一传入中国就先入为主地形成了。"世界上只有两个国家：一是资本家的国家，一是劳动者的国家……不必妄生分别。"② 要救中国，非"跟着俄国的共产党一同试验新的生产方法不可"③。这些就是中国共产党人当时的认识水平。党的 一大通过的"以无产阶级革命军队推翻资产阶级"，"采用无产阶级专政，以达到阶级斗争的目的——消灭阶级"，"废除资本私有制"的纲领表明，初生的中国共产党对国情的了解实在不够。如何以共产主义思想指导中国革命，中国是个什么性质的社会，能否立刻实行社会主义革命，经过什么步骤才能达到社会主义等问题，他们都还认识不清。这种时候根本不可能奢谈独立地把马克思主义与中国实际相结合的问题。

其次，共产国际承认各国党的独立性和列宁关于东方各国党要善于把共产主义一般理论与实践用于本国条件的号召，对中国共产党把马克思主义中国化具有重要的启蒙作用。

共产国际在其成立最初的几年，即列宁健在时期，虽然也强调各国党对其具有服从指导和执行决议的义务，但它承认各国党的相对独立性，允许根据本国国情制定策略的差异性。在《致法国独立社会民主党的呼吁书》中，列宁和其他领导人联合宣布："共产国际完全承认每一个党的独立性"，"承认每个党在本国健康发展所必需的范围内的自治"。在指导各国党的革命斗争时，列宁强调，共产国际"只是在可能的情况下，才对某些问题作出全体成员都应当执行的决议"，而且在作决议时"必须考虑到各党斗争和活动中的条件"④。特别值得指出的是，列宁还鼓励东方各国共产党人"必须以一般共产主义的理论和实践为依据"，"善于把这种理论和实践应用于主要群众是农

---

① 《毛泽东选集》第四卷，人民出版社 1991 年版，第 1470 页。

② 陈独秀：《对于时局之我见》，《新青年》1920 年第 8 期。

③ 《短言》，《共产党》1920 年第 1 期。

④ 《列宁选集》第 4 卷，人民出版社 1995 年版，第 254 页。

民，需要解决的斗争任务不是反对资本而是反对中世纪残余这样的条件"①。共产国际承认各国党的独立性和列宁的鼓励，无疑促进中国共产党产生了把马克思主义与本国实际相结合的意识。因而，它也是列宁和共产国际帮助中国共产党人把马克思主义中国化的重要启蒙。于是，1922年年初，中国共产党人才能够提出"努力研究中国的客观的实际情形，而求得一最合宜的解决中国问题的方案"的结论，并认识到中国还处于"封建社会的状态"②，"我们当信共产主义真理和阶级革命与无产阶级专政两大原则，而实行的手段当因时制宜"③。这些认识说明，中国共产党人在应用马克思主义分析和解决中国革命问题方面有了一定进步。

再次，共产国际将列宁民族殖民地理论介绍给中国共产党，并帮助分析中国国情。制定民主革命纲领和国共合作政策，这在客观上推进了马克思主义中国化的进程。

1922年召开的远东各国共产党及民族革命团体第一次代表大会传达了列宁民族殖民地理论，并用以分析中国国情，指出中国革命的首要任务"是把中国从外国的压迫下解放出来"，"把督军推翻，土地收回国有"；在共产党和各民族革命政党之间的关系问题上，阐明了"我们是帮助无论哪种民族革命运动"④的思想。受这次大会启发，在共产国际的帮助下，中国共产党人运用列宁的民族殖民地理论提供的观点和方法，研究中国革命的实际问题，在短短几个月时间里就得出了中国革命"应分两步去做"，第一步是反对帝国主义和封建主义，"促成中国真正独立"，第二步是"推翻有产阶级的统治"⑤的结

---

① 《列宁全集》第4卷，人民出版社1995年版，第79页。

② 《先驱》创刊号《发刊词》，1922年1月25日。

③ 《"一大"前后》（一），人民出版社1980年版，第360页。

④ 《共产国际与中国革命资料选辑》（1919—1923），人民出版社1985年版，第156—157页。

⑤ 《关于中国少年运动的纲要》，《先驱》第5号，1922年4月。

论。随后召开的党的二大，放弃了曾经一度高举的直接进行社会主义革命的大旗，而打出了先进行反帝反封建革命，第二步再进行社会主义革命的旗帜。党的二大纲领尽管对于两个革命阶段的关系还不甚清楚，但毕竟是中国共产党人把马克思主义与中国革命实践进一步结合的重大成果，它表明党运用马克思主义的能力有了迅速的提高。为对新民主主义革命的探索，在思想理论上创造了有利条件。列宁民族殖民地理论不仅为中共二大制定民主革命纲领指明了方向，而且也为以后毛泽东新民主主义学说的形成奠定了马克思主义的理论基础。

共产国际不仅帮助中国共产党确立了反帝反封建的革命任务，它还运用马克思列宁主义民族殖民地理论和统一战线的策略，从中国的实际出发，提出了与孙中山领导的国民党建立民族民主革命联合战线的主张，并找到了合乎实际的国共两党党内合作的具体形式，特别是帮助孙中山重新解释三民主义，赋予它以新的含义，成为国共合作的政治基础。中国共产党人正是在共产国际的帮助、指导下，在第一次国共合作的大革命中逐步懂得了要把马克思主义与中国实际相结合的道理，并锻炼了使这两者相结合的能力。这表现在他们中优秀的代表毛泽东等人学会运用马克思主义理论分析中国国情和具体的革命实践，对统一战线、无产阶级领导权、农民问题等新民主主义革命的基本问题提出了卓越的独到见解。特别是毛泽东在大革命失败前后提出农民自卫队"上山"和"政权是由枪杆子中取得"的思想，并在秋收起义失利后自觉地将队伍引向反动统治薄弱的农村，表明中国共产党人运用马克思主义于中国实际的能力已有了很大提高。

这里应当指出的是，共产国际在大革命时期具体实施统战政策的指导上，对资产阶级右翼势力的反共倾向只强调团结不主张斗争，甚至到了1927年革命危急关头仍缺乏随机处置，僵化地实行大致是1924年对国民党的政策，其中要害的又是武装国民党而不武装共产党和放弃共产党对统一战线的领导权，其结果则是导致了大革命的惨重失败。这说明仅仅依靠一个远离中国实际的国际中心和它派出的全权代表，要认真做到把马克思主义与中国实际正确结合是不可能的。要做到这一点，还得靠中国共产党人自己。可惜，这一认识在当时是不可能轻易得出的，马克思主义中国化只能在曲折和矛盾中开辟自己的道路。

二、20 世纪 20 年代后期和 30 年代前期，共产国际在帮助中共转变政治战略的同时，实行思想禁锢和组织控制，严重阻碍了马克思主义中国化的历史进程

土地革命战争时期，共产国际及时地帮助中国共产党实行了政治战略的转变，在客观上为红军创建和农村根据地的建立指明了方向。这对于马克思主义中国化是起了一定积极作用的。另外，这一时期共产国际的主要倾向，则是对中国共产党实行思想禁锢和组织控制，反映在马克思主义中国化的问题上，无疑主要起了消极作用。

积极作用主要是就共产国际帮助中国共产党制定了实行土地革命、武装反抗国民党反动派的总方针，为红军和农村根据地的建立创造了前提而言。

众所周知，对于中国革命，斯大林有两个著名论断："武装的革命反对武装的反革命"是"中国革命的特点和优点之一"[1]；土地革命"是中国革命新阶段基本的、内在的社会经济内容"[2]。尽管斯大林这里所说的革命武装意在指国民党的武装，但他在实际上承认了中国革命有不同于俄国十月革命的自己的内容和特点，是属于另一种类型的革命。这就既为大革命失败后共产国际及时帮助中国共产党制定武装

---

[1] 斯大林：《中国革命的前途》（1926 年 11 月），《共产国际有关中国革命的文献资料》第 1 辑，中国社会科学出版社 1981 年版，第 267 页。

[2] 《共产国际有关中国革命的文献资料》第 1 辑，中国社会科学出版社 1981 年版，第 325 页。

斗争和土地革命方针提供了理论依据，也为中国共产党人自觉地实行革命转变、探索具有本国特色的革命道路提供了思想武器。实行土地革命，开展武装斗争的方针，确实把握住了中国革命的实质和基本特点，是把马克思主义基本原理与中国实际相结合得出的正确结论，它实际上包容和肯定了毛泽东在大革命失败前后关于农民自卫队"上山"和"政权是由枪杆子中取得"的思想探索，并在客观上为红军和农村根据地的建立创造了前提。而一旦有了农村根据地这个新生事物，便必然要或早或迟地产生关于中国革命的新的观念。正是在实行土地革命，开展武装斗争的战略前提下，毛泽东才得以在秋收起义失利之际，自觉地将队伍引向敌人力量薄弱的农村，实行"工农武装割据"，迈出了在探索革命道路问题上真正将马克思主义原理与中国实际紧密结合的关键一步。并由此取得了在农村这片广大的基地上从事把马克思主义与中国实际相结合的实践和理论，对于培养中国共产党人把马克思主义中国化的思想意识和能力是一个必不可少的重要条件。

但是，就土地革命战争时期的总体情况而言，对于马克思主义中国化的历史进程，共产国际主要起的还是消极、障碍作用。这种消极、障碍作用集中表现在斯大林、共产国际对中国共产党实行思想禁锢和组织控制方面。

斯大林和共产国际虽然帮助中国共产党制定了实行土地革命，开展武装斗争的总方针，但在对革命道路的认识和选择上，却又脱离了中国国情，陷入了对十月革命模式和经验的迷信。他们将马克思主义教条化，将十月革命的经验模式化，将想当然的类比和推论结论化，并且对中国共产党在组织上实行控制化，自以为是，迷而不醒。在对待马克思主义的问题上，斯大林和共产国际生搬硬套书本上的结论，对这些结论进行俄国化的解释，并使苏联党垄断了对马克思主义的解释权。他们显然相信，并强迫各国共产党人不得不信，只有由他们解释的这种马克思主义才是正宗的马克思主义。在他们看来，马克思主义的具体表现便是苏联十月革命的模式和经验，而这个模式和经验又是具有世界普遍意义的。因而，他们要求各国共产党人无条件地照搬俄共在俄国三次革命中所取得的经验。为了把俄国的经验应用于中国，斯大林将中国革命与俄国革命机械地进行类比，推导出一个与俄国1905年革命、1917年二月革命和十月革命相对应的中国革命的"三阶段论"：广州时期四个阶级联盟；武汉时期资产阶级叛变，只有无产阶级联盟；苏维埃时期小资产阶级叛变，只有工农两级联盟。"三阶段论"和关于世界资本主义进入"第三时期"的理论结合在一起，成了中共一次比一次更"左"的三次"左"倾错误的理论根源。为了使各国党崇尚共产国际的权威，随着苏联党的指挥棒转，共产国际还对各国党加紧了控制。早在1925年3月，斯大林就宣称：否认或缩小共产国际的干预权利，"那就是为共产主义的敌人效劳"[1]。

共产国际六大使这种控制进一步加强。斯大林更干脆以苏联利益为标准衡量各国党是否革命，他宣布："谁绝对地、无条件地、公开地和忠实地捍卫苏联，谁就是革命者"，反之，"谁就必然要滚到革命敌人的阵营里去"[2]。这些以我画线、自以为是的做法和想法，不但使得依靠斯大林和共产国际把马克思主义与中国革命实践相结合、解决中国革命道路问题成为不可能，而且从思想上禁锢了中共很大一部分人的头脑，窒息了马克思主义的思想作风，助长了教条主义的盛行；从组织上则培养了一批唯苏联和共产国际之命是从，自我标榜为"百分之百的布尔什维克"，不懂得把马克思主义和中国实际相结合，却又要对从事这种结合的探索动辄进行"残酷斗争、无情打击"的宗派主义者。所有这些，极大地阻碍了马克思主义中国化的历史进程。

还需要指出，以毛泽东为代表的中国共产党人对共产国际的思想禁锢进行了坚决的斗争（这时期主要是反对思想禁锢，至于反对组

---

[1]　《斯大林全集》第7卷，人民出版社1958年版，第58页。

[2]　《共产国际有关中国革命的文献资料》第1辑，中国社会科学出版社1981年版，第353页。

织控制的斗争则主要是在遵义会议以后才逐渐展开）。由于共产国际的思想禁锢主要变现为将马克思主义教条化，将共产国际决议和苏联经验神圣化，因而中国共产党反对思想禁锢的斗争便主要表现为反对教条主义的斗争。反对教条主义既是马克思主义中国化的必然要求，也是贯穿马克思主义中国化历史过程的一个特点。

还在大革命失败后不久，城市武装起义正作为武装反抗国民党反动派的主要形式被共产国际和党的领导机关奉为金科玉律之时，中国共产党内便有人对将中国革命与十月革命进行简单模仿和机械类比提出了疑问，并初步认识到必须实行区别于俄国革命模式的中国革命自己的形式。毛泽东在领导秋收起义攻打中心城市失利后，毅然地将部队引向井冈山，就在于他心里已明确无疑："上山"可以造成割据。蔡和森也旗帜鲜明地反对在中国照着十月革命的葫芦画瓢，他在1928年年初即明确指出：俄国1905年到1917年的革命是资产阶级民权革命的一种历史模型。中国的国际地位与俄国完全不同，中国革命将成为殖民地资产阶级民主革命模型。因此，不能"机械地利用俄国革命的经验"①。

由于有了"上山"可以造成割据和不能机械地利用俄国革命经验的思想基础，毛泽东才得以在四周是白色恐怖的腥风血雨中坚信边区的红旗将始终不倒，进而撰写出《中国的红色政权为什么能够存在？》《井冈山的斗争》等符合国情而又具有反教条主义精神的文章，提出"工农武装割据"的思想。到1930年上半年，当毛泽东等人正确解决了党的六大和共产国际六大所没有解决的红军的建设、游击战争的战略战术、红色政权的建立、扩大和巩固根据地的方法、红军和根据地党的建设等问题后，实际上便提出了一系列有关中国革命的新的概念，并且无疑对把马克思主义与中国实际相结合有了深刻的感受和认识。旧的模式已经打破——毛泽东在《星星之火、可以燎原》中

---

① 《蔡和森文集》（下），湖南人民出版社1979年版，第194—212页。

明确指出共产国际的首先争取群众，然后在中心城市武装起义夺取政权的模式是不适合中国国情的——随之产生的便是对共产国际权威的动摇和自觉地起来同当时国际共产主义运动及中共内盛行的把马克思主义教条化、把共产国际决议和苏联经验神圣化的错误倾向进行严肃的斗争。毛泽东为此写了《调查工作》（即《反对本本主义》）一文，文章既肯定必须读马克思主义的本本，又旗帜鲜明地反对本本主义，强调必须用马克思主义的立场、观点、方法分析中国革命实际。其中，"没有调查、就没有发言权"，"中国革命斗争的胜利要靠中国同志了解中国情况"的论断，既是自觉也是自信，表明中国共产党人不但已明确认识到必须反对教条主义、把马克思主义与中国革命实践相结合，实事求是，而且认识到不能单纯依靠共产国际远离中国革命来实现马克思主义与中国实际的结合，只能依靠中国共产党人自己独立自主。这种情况说明，在中国共产党内部，马克思主义中国化的思想要求俨然是呼之欲出，它所面临的只是如何从中国革命的全局和党的整体上来打破共产国际思想禁锢及组织控制的束缚问题了。

正是共产国际的思想禁锢和组织控制导致了第五次反围剿的失败，从而亦宣告了这种思想禁锢和组织控制的瓦解。随着红军和农村根据地的顺利发展，共产国际一方面承认苏维埃和红军是当前中国革命高涨的决定性因素，将中国共产党的工作重心转移到了建立红军和农村根据地上来；另一方面则又从其根深蒂固的城市中心观念出发，认为红军和苏维埃没有由工人干部所掌握，由此得出土地革命的最重要任务还没有解决的结论，为了使中国革命不脱离俄国式的轨道，使中共更忠实彻底地执行共产国际的路线，共产国际还从莫斯科将一批所谓坚定的布尔什维克直接派往各个革命根据地去"改造"党的各级领导机关。毛泽东等人靠边站了，他们在实践中提出的关于中国革命的理论被污蔑为"狭隘经验主义""左倾机会主义"。在教条主义者的眼中，"山沟沟里出不了马克思主义"，因而毛泽东所代表的马克思主义与中国革命实践相结合的思想作风遭到了批判和抑制。如果说20

世纪 20 年代末和 30 年代初共产国际及其代表在军事上没有参与指导和干预，是毛泽东等人领导的根据地和红军能够生存发展的一个重要条件。那么现在，共产国际派出的亲信们在各根据地推行了一套"教条有功、钦差弹冠相庆；正确有罪，右倾遍于国中"的政策，并直接控制了军事指挥权，推行"左"倾冒险主义的军事方针，则给中国革命带来了几乎灭顶之灾，同时也最终宣告了在中国照搬俄国革命模式的破产。

三、土地革命战争后期和抗日战争时期，共产　国际转变政治战略和工作方式，为马克思　主义中国化提供了积极有利的外部环境

遵义会议以后及抗日战争时期，共产国际在马克思主义中国化的进程中，虽然有所干扰，但总的来说还是为中国共产党提出和实现"马克思主义中国化"这一历史任务提供了重要的外部有利条件。

第五次反"围剿"的失败，对共产国际关于中国革命的教条主义概念和毛泽东等人把马克思主义与中国实际相结合提出的中国革命新概念进行了鲜明对比和有说服力的检验。随着俄国革命模式在中国的破产，这种模式对人们思想的禁锢也随之有所松动。同时，由于教条主义的领导使中国革命陷入危机，为了挽回革命，通过更换领导人以打破共产国际控制的要求便迫切地提了出来。

在中国共产党打破控制的问题上，共产国际采取了比较现实而积极的态度，如对遵义会议，它的态度更是值得肯定的。遵义会议对于马克思主义中国化的历史进程具有特殊重要的意义。首先，这次会议第一次以党中央政治局的名义肯定了毛泽东从中国革命战争特点出发提出的战略战术原则，实际上肯定了毛泽东把马克思主义与中国革命实践相结合的成果。从而表明，党已在很大程度上摆脱了把马克思主义教条化，把共产国际决议和苏联经验神圣化的思想束缚。其

次，遵义会议实际上确立了毛泽东的领导地位，使他所代表的新鲜活泼的、富有创造性的马克思主义学风能够在全党范围内得到广泛的提倡并逐渐在党内占统治地位。再次，遵义会议基本理顺了中国共产党和共产国际的关系。这次会议是在没有共产国际及其代表干预的情况下召开的。中国共产党独立自主地应用马克思主义基本原理总结中国革命经验，解决中国革命问题，批判和纠正了教条主义在军事上的错误。会议以后，中国共产党对共产国际和斯大林的指示，采取了正确的就执行，错误的就抵制的态度，实际上使党摆脱了对共产国际的依赖，挣脱了共产国际的控制。可以说，遵义会议既是毛泽东思想从形成走向成熟的新起点，同时也是马克思主义中国化历史进程中的转折点。

共产国际对遵义会议及其成果，并没有强烈地反对，而是采取了默认的态度。所以采取这一态度，固然与教条主义的领导确实导致了中国革命的失败，共产国际不得不承认中国共产党的选择有关，但更主要的，还在于共产国际正在准备实现策略转变和工作方式转变。共产国际七大便是这种策略转变和工作方式转变实现的标志。这次大会的主要成果有二：一是共产国际改变了它长期以来对世界形势认识的"左"倾而彻底纠正了自身关门主义的错误，制定了反法西斯统一战线的策略。季米特洛夫在解释这一策略时始终强调了一个精神，即在解决无产阶级统一战线和人民阵线问题的时候，不能对于一切情况、一切国家和一切民族，都给一个万应的药方，各国共产党人应该根据本国的具体情况来运用马克思主义原则和实施共产国际的策略。二是共产国际随着策略改变而改变了工作方法和领导方法。它宣布，共产国际在解决一切问题时要根据每个国家的具体情形和特点，一般地不要干涉各国共产党内部组织上的事宜。不要机械地把一国经验搬到别国去，不要用呆板格式和笼统公式去替代具体的马克思列宁主义分析。

如果说，遵义会议从中国共产党内部在组织上、作风上为全党最终走上把马克思主义中国化的道路准备了条件。那么，共产国际七大则从外部放松了组织控制、解脱了思想束缚，为中国共产党人独立自主地、创造地实践把马克思主义与中国实践相结合的原则提供了重要条件。正是在这一基础上，当时的中共主要负责人张闻天才得以顺理成章地提出，对于共产国际的决议，"我们应该使之民族化，使之适合于我们的具体环境"①的思想和任务。西班牙人弗尔南多·克劳丁所著《共产国际、苏联与中国革命》正确指出，中国共产党使共产国际决议"民族化"取得了重大成果。它不但提出抗日民族统一战线问题，而且在经过一系列相应的政策调整后，确确实实地把这个统一战线建立了起来。它不像欧洲的人民阵线那样，接受的是共产国际反法西斯统一战线的具体内容，而是只接受共产国际反法西斯统一战线的思想和各国党根据国情自己解决问题的原则。从实践的结果看，同是一个反法西斯统一战线政策，在欧洲，这个政策事实上使革命力量服从于资产阶级民主；在中国，国共合作不仅没有妨碍革命力量的独立发展，而且还使革命力量成功地扩大了政治潜力和军事实力。有了把共产国际决议"民族化"的成功实践，加之共产国际也强调必须用马克思主义对每个国家的具体情况和特点进行具体分析，中国共产党人即使是出于简单的联想也必然想到了把马克思主义"民族化"的问题。

但是，共产国际七大关于必须对每个国家的具体情况进行马克思主义的分析和反对公式化的规定，还只是作为对自身工作的原则提出来，并没有提高到作为各国党的思想路线的高度来要求。同时，共产国际并未真正放弃它在政治上和组织上对各国党的监控权力，它仍然坚信只有通过它根据每个国家的情况和特点为各国党制定的政治路线和策略路线才是真正的马克思主义路线。因此，当中国共产党在抗日民族统一路线上执行了坚持独立自主原则，放手发动群众，开展游

---

① 《张闻天选集》，人民出版社 1985 年版，第 82 页。

击战争，建立敌后根据地的政策时，共产国际便认为中共的方针、原则和某些做法不能贯彻国际意图，必须派出"熟悉国际形势的新生力量"去帮助中共中央"纠正错误"。结果派回了一个王明新右倾投降主义分子。这样，共产国际便陷入了既反对公式化又强使各国共产党要按照反法西斯统一战线的公式制定方针政策的矛盾之中。

1938年下半年召开的党的六届六中全会，按毛泽东的话说，是决定命运的。共产国际终于承认朱、毛等领导八路军执行了党的新政策，中共的政治路线是正确的，中共在复杂的环境及困难条件下真正运用了马列主义，并明确表态中国共产党要在毛泽东为首领导下实现全党的团结和统一，"王明不要再争了"[①]。共产国际所以表这个态，其实并不说明它对中国共产党以毛泽东为代表的正确路线已经有了深刻认识，只是由于遵义会议以后中国共产党已经确立毛泽东正确路线的领导地位，形成了新的局面，而这个局面已经不是他们能轻易改变的，他们不得不采取现实的态度，表示支持毛泽东为首来解决中共的领导问题。不管怎么说，共产国际的这一表态对中共克服王明右倾错误还是有利的，并且为"马克思主义中国化"任务的提出提供了契机。

毛泽东抓住这一有利时机，立即向全党提出"使马克思主义在中国具体化"的任务。所谓马克思主义在中国具体化，内容有两个方面：首先是作为思想原则。"使之在其每一表现中带着必须有的中国的特性，即是说，按照中国的特点去应用它"，其次是使之具有一定的民族形式，"洋八股必须废止，空洞抽象的调头必须少唱，教条主义必须休息，而代之以新鲜活泼的，为中国老百姓所喜闻乐见的中国作风和中国气派"[②]。毛泽东这时候将"马克思主义在中国具体化"提上议事日程，一方面固然是共产国际的表态在组织上提供了有利条

---

① 王稼祥：《共产国际指示报告》（1938年9月），《文献和研究》1986年第4期。
② 《毛泽东选集》第二卷，人民出版社1991年版，第534页。

件，但更主要的直接的动因还在于肃清教条主义的影响确实已成为紧迫的任务：遵义会议后一直没有来得及对教条主义的政治路线进行思想理论上的清算；王明"左""右"逢源，打着共产国际旗号、喊着空洞的马克思主义口号，在党内还有一定影响。这种影响给毛泽东等人根据中国革命实际，提出有别于苏联式马克思主义书本知识的思想理论和实际工作带来了困难和不应有的妨碍。

鉴于此，"使马克思主义在中国具体化"的任务提出后，毛泽东等人从各个方面做了大量的艰巨工作，有效地推进这一任务的实现：在实践上，一改教条主义者以所谓"国际利益"实际是以苏联利益为出发点考虑问题的做法，立足于中国实际，从中国革命的实际需要和客观可能出发，将民族利益和中国革命利益放在第一位，正确处理国际主义和爱国主义的关系，以此为基点来制定和完善党的各项方针政策；在理论上系统地总结了党成立以来在统一战线、武装斗争、党的建设三个基本问题以及中国革命的发展方向和历史地位，即民主革命和社会主义革命两者关系方面的经验，提出了完整的新民主主义革命的理论和政策，使马克思主义中国化的理论成果——毛泽东思想达到成熟；在组织上，从1941年9月开始在党的最高层展开对党内教条主义领导人王明等人的思想斗争；在学风上，通过延安整风，对全党进行马克思主义教育，批判教条主义、宗派主义和党八股，树立起马克思列宁主义必须与中国实际相结合即实事求是的思想原则。

对中国共产党把马克思列宁主义中国化，共产国际是怀疑的、不满意的。他们认为中国共产党依靠农民，对工人估计不足，这给党的意识形态、口号及对革命政治任务的理解打下了烙印，民族主义倾向相当严重，国际主义团结感发挥得不够。他们担心中共以乡村为中心，远离工人阶级，不能够使党布尔什维克化。对于延安整风运动，他们将其理解为"反对周恩来和王明的运动"，认为"教条主义者这个叫法，体现出中共领导对苏联、马克思列宁主义和国际主义的公开厌恶"。到了抗日战争胜利前夕，苏联领导人甚至否认中国共产党是真正的共产党,说中共虽自称共产党人,但与共产主义不发生任何关系。所有这些,说明共产国际对中国共产党把马克思主义中国化抱有根深蒂固的偏见。但是,中国共产党早已经是个成熟的党,这些偏见已不可能对它推进马克思主义中国化的历史进程造成多大阻碍和干扰了。通过延安整风运动和党的六届七中全会《关于若干历史问题的决议》的制定,特别是1945年中国共产党七大确立"中国的马克思主义"——毛泽东思想为党的指导思想,表明:马克思主义已真正赋予了一种鲜明的中国民族形式;马克思主义中国化的思想原则已得到全党的承认和肯定,马克思主义中国化已实现了历史性的飞跃。

综上所述,共产国际对马克思主义中国化的历史进程起了积极的和消极的双重作用。在马克思主义中国化的过程中,以毛泽东为代表的中国共产党人,既汲取其经验和有益思想,又逐渐摆脱其控制,独立自主地把马列主义与中国实际相结合,探索中国特色的革命道路从而逐步地实现了马克思主义中国化,形成和发展了毛泽东思想。作为中国革命的内在要求,马克思主义中国化在矛盾和曲折中开辟着自己的道路,其发生、发展和胜利是历史的必然。

第九章　马克思主义中国化的最初标志

毛泽东把马克思主义中国化的伟大成果——毛泽东思想，萌芽于大革命时期，形成于从大革命失败到土地革命战争兴起的历史性转变时期。第一次国共合作的建立开创了中国革命的新局面，以"五卅"运动为起点掀起了全国革命风暴，以两湖为中心的农民运动和北伐战争的发展，显示了各阶级在中国革命中的地位作用及其对待中国革命的立场和态度。党的四大关于坚持无产阶级在民主革命中的领导权和工农联盟（对农民缺乏科学分析）观点，以毛泽东思想为代表的中国共产党的马克思主义者，根据列宁的民族殖民地问题提纲的基本原理，结合中国实际，先后发表的有关工人阶级的领导作用、农民问题等中国革命基本问题的论述，构成了中国新民民主主义革命的基本思想，它们集中总结在毛泽东所著的《中国社会各阶级的分析》及《湖南农民运动考察报告》中，表明了作为指导中国革命的科学思想毛泽东思想有了萌芽。

大革命失败以后，20世纪20年代后期和30年代前期，毛泽东率先觉醒，着手倡导马克思主义中国化事业。毛泽东把马克思主义中国化的最初标志包括以下几个方面。

一、《反对本本主义》的发表

1930年5月，毛泽东所著《反对本本主义》一文，冲破了教条主义的束缚，实际上第一次大胆地提出了中国共产党人所应坚持的思想路线。它对于农村包围城市革命道路理论的形成及对毛泽东开始把马克思主义中国化具有极为重要的历史意义。过去在党史学界，这篇著作的历史意义没有引起足够重视，值得注意。当时在国际共产主义运动中，在中国共产党内盛行着把马克思主义教条化，把共产国际决议和苏联经验神圣化的错误倾向。共产国际滥用职权，从主观主义愿望出发，一味地推行他们的进攻路线，在党内反倾向斗争问题上，不问中国革命实际，一味地按照联共反布哈林的调子，一味地指示中共开展反右倾的斗争。在这种政治气氛笼罩下，毛泽东基于他坚定的马克思主义原则精神和他对中国国情的深刻了解、突破政治上的压力和习惯势力，勇敢地提出反对本本主义。一是批评"唯上"思想，深刻指出，不根据实际情况，对上级指示一味盲目执行，单纯建立在"上级"观念上的形式主义的态度是很不对的。二是批评"唯书"思想，深刻指出，本本主义的社会科学的研究方法是危险的，强调读马列的书，必须坚持理论与实际结合的原则，明确指出，"没有调查，没有发言权"，否则就要产生唯心的阶级估量和唯心的工作指导，就要犯机会主义或盲动主义错误。当时中国共产党的"上级"，指导中国革命的"本本"是什么呢？显然就是共产国际的指示和马列的"本本"。毛泽东以辩证唯物主义与历史唯物主义观点，深刻指出：共产党的正确而不动摇的斗争策略，决不是少数人坐在屋子里能够产生的，它是要在群众的斗争过程中才能产生的，这就是说要在实际经验中才能产生。因此，不能以为只要遵守六大"本本"研究办法就无往而不胜。那是一成不变的保守的形式的空洞乐观的头脑，完全是一种保守路线，这是同共产党人从斗争中创造新局面的思想路线不相容的。这种保守路线如不根本丢掉，将会给革命造成很大损失，也会害了这些同志自己。他明确指出中国革命斗争的胜利要靠中国同志了解中国情况，从中国实际出发，总结中国革命斗争经验，得出符合中国革命实际的科学结论去指导中国革命。毛泽东在这篇文章中所提出的观点是极其可贵的，一是实际上有了实事求是、群众路线、独立自主自力更生的重要思想；二是表明了中国共产党人已经开始从迷信"本本"，照搬国际指示的束缚中有所觉悟，主张坚持马列主义与中国革命实际相结合的原则，独立自主地解决中国革命实际问题，这是马克思主义的觉悟，是产生马列主义与中国实际相结合的毛泽东的极其重要的思想条件。有了这种觉悟才有可能把马列主义普遍原理运用于中国革命实际，提出新的科学结论，形成符合中国革命需要的科学思想，很难设想，把马克思、列宁的书和共产国际的指示教条化、神圣化就会产生符合中国革命实际的科学理论。毛泽东集中全党智慧，提出关于农村包围城市，最后夺取全国胜利的理论，以及在一个落后的农业国里，以农民为主要成分，长期生活于游击战争环境里的共产党如何建设成为无产阶级先锋队，建设一支共产党领导下的人民军队的重要思想。

因此，《反对本本主义》成为以毛泽东为代表的中国共产党人把马克思主义中国化的奠基石。

二、农村包围城市、武装夺取政权理论的形成

1928 年 10 月，毛泽东在为湘赣边界党的第二次代表大会写的决议的一部分《政治问题和边界党的任务》（即《中国的红色政权为什么能够存在?》）中，提出了"工农武装割据"的思想，着重阐述了在四周白色政权包围之中，一块或若干小块红色政权能够存在的原因和条件。1930 年 1 月，毛泽东为批判当时党内以林彪为代表的悲观思想和主张流动游击的观点而写的通信（即《星星之火，可以燎原》），着重阐述了建立红色政权的重要性和历史意义，概括了建立红色政权的正确路线和政策。它的正确路线和政策是："朱德毛泽东式、方志敏式之有根据地的，有计划地建设政权的、深入土地革命的，扩大人民武装的路线"，"政权发展是波浪式的向前扩大的"，要区分统治政权发展及稳定时期和分裂时期。它的作用和意义是"半殖民地中国在

无产阶级领导之下的农民斗争的最高形式，和半殖民地农民斗争发展的必然结果；并且无疑义的是促进全国革命高潮的最重要因素"，"成为将来大革命的主要工具"。这里把红军和小块红色政权的建立同将来夺取全国胜利联系起来，并把它当作取得革命胜利的中心和重点。这就基本上具备了农村包围城市，最后夺取全国胜利道路的思想。这条中国式的独特道路，是马列主义普遍原理和中国革命实际相结合的光辉典范，它既遵循了从巴黎公社到十月革命所提供的武装夺取政权的普遍规律，又是从中国的国情出发，开创了与十月革命不同的道路，中国新民主主义革命正是沿着毛泽东所指引的这条道路取得最后胜利的。因此，可以把这一理论的提出作为毛泽东开始把马克思主义中国化的一个重要标志。1936 年 12 月毛泽东在《中国革命战争的战略问题》中总结了中国革命战争的特点，阐述了半殖民地中国政治经济发展不平衡的规律，并由此而指出中国革命战争有发展和胜利的可能性。到了 1938 年 11 月 6 日，毛泽东在党的六届六中全会上为了批评党内的右倾机会主义，根据中国社会的特点，指出在如何实现武装夺取政权的道路上，中国与俄国不同。他指出，由于中国是半殖民地半封建社会，对内没有民主，无议会可以利用；对外没有独立，"在这里，共产党的任务，基本的不是经过长期合法斗争以进入起义和战争，也不是先占城市后取乡村，而是走相反的道路"。这就明确概括了中国革命道路的问题。翌年 12 月，毛泽东亲自写的《中国革命和中国共产党》第二章第二节，在分析中国革命的对象和国情时，又进一步论述了首先在农村建立根据地的必要性、可能性，提出必须将落后的农村造成先进的巩固的根据地，才能在长期战争中逐步争取革命的全部胜利。这样，使农村包围城市的理论更加系统化、完整化，并且有了发展。

由此可见，作为农村包围城市的这一理论的初步（或曰基本）形成是 1930 年上半年；系统化、完整化则是 1938 年。

人们对于农村包围城市革命道路理论形成的时间之所以有不同

的看法，主要是由于对构成这一理论内容的《中国的红色政权为什么能够存在?》《星星之火，可以燎原》两篇著作的理解和评价不同，对于"工农武装割据"思想与农村包围城市、最后夺取全国革命胜利的两个概念的理解不同及其关系不清的结果。因此，必须对两篇著作作出恰如其分的评价，对于"工农武装割据"与农村包围城市两个概念的含义作出科学严谨的说明。

《中国的红色政权为什么能够存在?》写作的背景是针对井冈山时期红军内都存在着的红旗能够打得多久的疑问。1928年10月，毛泽东在中共湘赣边界第二次代表大会决议中，集中回答了在四周白色政权包围中小块红色政权能够存在的原因和条件。当时根据地仅仅局限于井冈山地区而且遭到三月失败和八月失败。在强敌包围、敌我力量极为悬殊的环境下，毛泽东深刻分析了半殖民地半封建中国的社会特点，提出"实行工农武装割据"的思想，从理论上说明红色政权能够存在和发展的原因与条件，这在马克思主义发展史上是一个新的突破，为农村包围城市革命道路理论的形成，创造了前提，奠定了基础。从这个意义上说来，它本身即构成农村包围城市理论的重要组成部分。然而，这并不等于说已经形成农村包围城市这个理论。因为它还没有把局部的小块红色政权的建立同夺取全国胜利联系在一起；没有解决党的工作重点要以农村为中心。由于受着当时历史条件的限制和革命实践的局限，仅仅是把小块红色政权作为配合全国革命形势和城市斗争，取得全国胜利的许多力量中间的一个力量而已。而到了1930年1月所写的《星星之火，可以燎原》一文，则大不相同。该文虽然也没有概括出农村包围城市的概念，但在阐述红军、游击队和红色区域的建立与发展的意义和作用时却初步解决了以农村斗争为中心，把局部政权与取得全国胜利联系起来。正如周恩来在《关于党的"六大"研究》中评价《星星之火，可以燎原》一文说，这封信明确指出"要创造红色区域，实行割据，认为这是促进全国革命高潮的重要因素，也就是要以乡村为中心"。当然作为农村包围城市，最后取得全国胜利的科学理论的概括，它的内涵应当包括，四周白色政权包围之中小块红色政权能够存在的原因和条件、在半殖民地半封建的中国建立红色政权的必要性和它的历史意义，以及这条路线所必须具备的内容即武装斗争、政权、根据地、土地革命相结合。如果按照这样的理解，那则是到了 1938 年才得到完满地解决。这不等于说在 1930 年还基本上没有形成。正如新民主主义革命总路线的形成一样，作为它的基本思想和内容，实际上早已逐步形成，然而作为公式化的概括则一直到解放战争时期。显然不能因此而说一直到解放战争时期，才有了新民主主义革命总路线。

由此可见，"工农武装割据"与农村包围城市两者内涵不完全相同，习惯上常常是混用，这当然不能说错，但严格说起来是不够确切的。

三、建党建军思想和红军战略战术原则

1929 年 12 月，在福建上杭古田镇召开了中国共产党红四军第九次代表大会。毛泽东根据中央九月来信的指示精神，经过充分的调查研究，为大会起草了决议案，阐明了关于党和军队建设的一些原则问题。毛泽东强调了把党建设成为一个无产阶级政党的重要性。他进一步指出，要着重于从思想上建设党，加强马克思列宁主义教育，改造和克服各种非无产阶级思想，同时，要加强党的组织建设，建立健全民主集中制，正确处理领导和被领导的关系。毛泽东还提出关于人民军队建设的重要思想：红军必须以全心全意为人民服务为宗旨；除了打仗之外，还必须担负起宣传群众、组织群众、武装群众、帮助群众建立革命政权以至于建立共产党组织等项重大任务；必须实行官兵一致、军民一致、军政一致的军内外关系；必须加强政治思想工作。毛泽东初步地解决了在长期处于分散的农村游击战争环境里，以农民和其他小资产阶级为主要成分的党和军队中，如何保持党的无产阶级先

锋队性质，以及如何建设党领导下的新型人民军队这样一个根本性问题。这是对马克思列宁主义的重大发展。

与此同时，毛泽东总结了红军作战的实践经验，逐步形成了一整套符合中国战争规律的战略战术原则。井冈山斗争时期，他概括了"敌进我退，敌驻我扰，敌疲我打，敌退我追"的游击战争原则，为我军战略战术原则的形成与发展奠定了基础。自 1930 年到 1931 年 9 月间，毛泽东提出诱敌深入、集中兵力、歼灭战、速决战、运动战等各种有效战法，指挥红军粉碎了蒋介石连续发动的三次反革命"围剿"。事实上，1936 年 12 月，毛泽东在《中国革命战争的战略问题》一书中系统总结的红军战略战术原则，早在 1931 年便已基本形成。

四、土地革命路线和农村革命根据地建设思想

解决农民的土地问题是民主革命的基本内容。毛泽东善于把马克思主义中国化，立足于中国革命实际，克服来自"左"右的干扰，总结中国革命斗争的经验，集中全党的智慧，逐步形成了一套符合中国情况的土地革命理论和路线。毛泽东在 1934 年 1 月召开的中华苏维埃共和国第二次全国苏维埃代表大会上的报告中指出："土地斗争的阶级路线，是依靠雇农贫农，联合中农，限制富农，与消灭地主。这一路线的正确应用，是保证土地斗争胜利发展的关键，是苏维埃每一对于农村的具体政策的基础。"[1] 分配土地的正确方法是：以乡为单位，按人口平均分配土地；以农民原有耕地为基础，实行抽多补少，抽肥补瘦。毛泽东领导制定的土地分配方法和土地革命路线，符合中国的实际情况，体现了马克思主义的策略原则。

无论在井冈山革命根据地创建时期，还是在 1931 年中华苏维埃共和国临时中央政府成立之后，毛泽东都十分重视农村革命根据地建

---

① 《中央革命根据地史料选编》下册，江西人民出版社 1982 年版，第 320 页。

设问题。关于经济建设，他阐述了如下可贵思想：第一，要充分认识根据地经济建设的重要性，正确处理经济建设和革命战争的关系；第二，经济建设要以保证战争供给、改善人民生活为目的；第三，要坚持发展国营经济和合作经济，奖励私人经济的发展；第四，要把农业生产摆在首要位置，发展工业生产，发展对外贸易，发展合作社；第五，大力发展国民经济，以增加财政收入，在财政支出上，要厉行节约，反对贪污和浪费行为。关于政权建设，毛泽东认为，一方面，要坚持民主集中制度，充分发扬人民民主，具体而言，就是要做好选举工作，发挥人民代表作用并且保证人民的民主和自由权利；另一方面，要加强对反动阶级的专政，不给反动阶级自由民主权利，镇压一切反革命活动。关于文化教育建设，毛泽东指出：我们的文化教育方针"在于以共产主义的精神来教育广大的劳苦民众，在于使文化教育为革命战争与阶级斗争服务，在于使教育与劳动联系起来"，在于使广大中国民众都成为享受文明幸福的人。[①] 为此，革命根据地文化教育的中心任务是厉行全部的义务教育，发展广泛的社会教育，努力扫除文盲，造就大批领导革命和建设的干部，发挥现有知识分子的积极作用。

上述表明，毛泽东关于建党建军思想，关于红军战略战术的原则，关于土地革命的理论以及关于农村革命根据地建设的思想，是毛泽东运用马列主义普遍原理，探索中国革命基本问题的初步成果，是毛泽东开始自觉地把马克思主义中国化的重要标志。

总之，20世纪20年代后期和30年代前期，以毛泽东为代表的中国共产党人，在同党内出现的那种把马克思主义教条化、把共产国际决议和苏联经验神圣化的错误倾向的斗争中，坚持马列主义暴力革命的原则，总结中国革命的独特经验，创造性地提出了具有中国特色的农村包围城市、武装夺取政权的理论，阐明了关于中国革命基本问

---

① 参见《中央革命根据地史料选编》下册，江西人民出版社1982年版，第331页。

题的理论和政策。与此同时，毛泽东还发表了《调查工作》（即《反对本本主义》），实际上初步阐述了党的思想路线和马克思主义中国化的原则。在这种历史条件下，马克思主义中国化的科学思想——毛泽东思想产生了。毫无疑问，农村包围城市、武装夺取政权理论的提出以及《反对本本主义》的发表，是毛泽东初步实现马克思主义中国化的最主要标志。

第十章 抗日战争与马克思主义中国化的历史进程

抗日战争是近百年来中国历次反侵略战争第一次赢得彻底胜利的伟大民族解放战争，是中国共产党历史上的一个关键发展时期。抗日战争的重大历史转折，既要求中国共产党对一系列重大的新课题给以马克思主义的回答和解决，也为马克思主义中国化提供了丰富的经验和有利条件。为适应党肩负起领导抗日战争的伟大历史重任，毛泽东适时地向全党提出了马克思主义中国化的历史任务。全面贯彻马克思主义中国化的要求，既"使马克思主义中国化"，又"使中国革命丰富的实际马克思主义化"①。毛泽东思想在各方面展开而达到成熟，实现了马克思主义中国化的第一次历史性飞跃，极大地推动和促进了马克思主义中国化的历史进程。

一、抗日战争的重大历史转折要求提出马克思主义中国化的历史命题

马克思主义中国化命题是马克思主义发展史上一个崭新的课题。马克思主义指导中国革命的真谛在于用中国化的马克思主义，这一方面是由马克思主义理论与时俱进的理论品质决定的，另一方面是从中国特殊国情出发进行革命斗争的需要。马克思主义中国化命题在中国

---

① 《毛泽东文集》第二卷，人民出版社1993年版，第372—374页。

形成并提出经历了"三部曲"：反对本本主义是马克思主义中国化命题提出的思想先导；《实践论》《矛盾论》的发表奠定了马克思主义中国化的哲学理论基础；1938年9月到11月召开的中共六届六中全会上，毛泽东正式提出马克思主义中国化命题。马克思主义中国化命题是在抗日战争历史转折关头明确提出的，同伟大的抗日民族解放战争的壮观史篇密不可分。

抗日战争的重大转折提出一系列新的重大问题，需要把马克思主义中国化，以中国化的马克思主义来指导。抗日战争爆发后，中国社会的主要矛盾已经由国内阶级矛盾变为日本帝国主义与中华民族的矛盾，阶级矛盾成为次要矛盾。最大的特点是民族矛盾与阶级矛盾两个矛盾并存，民族解放与民主革命两个任务并存，国民党和共产党两个领导中心并存。这些新特点给中国共产党提出了一系列崭新的重大课题。

首先，在军事上，面对的敌人不是一般的帝国主义而是带有浓厚封建色彩的军事法西斯主义，它们拥有现代化装备武装到牙齿的军队，其特点是野蛮、凶恶、残暴、顽固。中国方面抗战的军事力量绝大部分又掌握在国民党手里，而它又推行片面抗战路线。共产党领导下的人民军队数量既少装备又差，物质供应匮乏。从战争性质说来中国是正义的，具有绝对优势。这就为如何以弱胜强，实行什么样的军事方针和战略与战术原则，提出崭新的重大课题。

其次，在政治上，抗日战争内部营垒、民族统一战线内部存在着左、中、右三种势力和两条路线的矛盾与斗争。由于国民党在"战必败、和必乱，战而后和、和而后安"的思想动机下勉强联共抗日，因而它推行片面路线和两面政策。这种复杂的阶级关系，对中国共产党如何以马克思主义为指导，正确处理民族矛盾与阶级矛盾的关系，坚持统一战线，完成民族大业，提出崭新的重大课题。

再次，在党的建设上，中国共产党的组织规模在抗日战争中发展迅猛，由近三万人发展到百余万人，从在狭小的农村革命根据地和白区的地下组织，发展为全国范围的广大群众性的大党。由于新党员猛增，他们虽然具有强烈的爱国热忱、抗日救国勇于献身的精神和对共产党的依赖与拥护，然而不少人对共产党的指导思想、奋斗目标不甚了解，主观主义、自由主义、个人主义等非无产阶级思想还大量存在。这就对如何加强党的建设，如何正确处理党内矛盾，开展党内斗争，把共产党真正建设成为能够肩负起领导抗日战争的历史重任，成为各族人民的领导核心的坚强的马克思主义政党，提出崭新的重大课题。

马克思主义中国化命题是彻底克服共产党内部对待抗日战争的教条主义倾向的现实需要。王明回国之前，以毛泽东为代表的中国共产党人根据抗日战争的实际斗争情况提出了一整套正确的军事战略策略思想。但是，1937年11月底，共产国际执行委员会委员和主席团委员王明从苏联回国后，秉承共产国际意旨，鼓吹"一切服从统一战线"，"一切经过统一战线"，反对独立自主原则，忽视无产阶级在抗日民族统一战线中的领导地位，和毛泽东的正确方针相对抗，在中共领导层内部曾一度引起波动。由于王明以共产国际派来的"钦差大臣"自居，把自己凌驾于中共中央之上，重犯脱离中国实际，照搬外国经验和共产国际指示的错误，对国民党只讲团结，放弃斗争，一味退让，由土地革命战争时期"左"的教条主义转为右的教条主义，形成了新的投降主义。王明所犯的错误表明，在中国共产党内，仍然存在着对马克思列宁主义的两种态度、两种思想方法。一种是教条主义的态度和思想方法，一种是实事求是的态度和思想方法。如何克服教条主义，坚持从中国实际出发，特别是结合抗日战争错综复杂的情况，使马克思列宁主义的基本原理和中国革命的实际相结合，总结中国革命独创性经验，概括出新的理论原则，推进马克思主义中国化的历史进程，这是摆在中国共产党人面前的艰巨而伟大的历史任务。

1938年9月到11月召开的中共六届六中全会，明确提出了马克思主义中国化的历史命题。毛泽东在《论新阶段》的政治报告和会议总结中针对党内存在的右的和"左"的错误，明确提出中国共产党人要学会把马克思列宁主义的理论应用于中国的具体环境，指出："共产党员是国际主义的马克思主义者，但马克思主义必须通过民族形式才能实现。没有抽象的马克思主义，只有具体的马克思主义，所谓具体的马克思主义，就是通过民族形式的马克思主义，就是把马克思主义应用到中国具体环境的具体斗争中去，而不是抽象地应用它。成为伟大中华民族之一部分而与这个民族血肉相连的共产党员，离开中国特点来谈马克思主义，只是抽象的空洞的马克思主义。因此，马克思主义的中国化，使之在其每一表现中带着中国的特性，即是说，按照中国的特点去应用它，成为全党亟待了解并亟须解决的问题。"① 特别是在民族危亡的紧急关头，中国共产党如果不能实现马克思主义中国化，就无法领导中国人民打败日本侵略者。

马克思主义中国化命题内涵丰富，寓意深邃，它的提出具有重大的历史意义。马克思主义中国化命题内涵丰富：马克思主义中国化是一个长期发展的历史过程；要坚持运用马克思主义基本原理和它的立场、观点、方法；要使马克思主义同中国的具体实际相结合，与时俱进，进行理论创新；要总结中国革命的正反两方面的历史经验；要批判地吸收中国传统文化，赋予马克思主义以中国作风和中国气派。马克思主义中国化的实质是中国共产党人对马克思主义的理论创新，理论创新的成果是中国化的马克思主义，中国化的马克思主义是马克思主义指导中国革命、建设的真谛。

马克思主义中国化命题的提出具有重大意义。第一，它是在半殖民地半封建社会开展共产主义运动，进行革命斗争的实际需要，是马克思主义理论在中国革命斗争中的鲜明体现。第二，命题的提出在中国共产党历史和马克思主义在中国的发展史上具有里程碑意义，有了这个命题才能促进马克思主义与中国革命建设实践的结合，实现马

---

① 《中共中央文件选集》第十一册，中共中央党校出版社1991年版，第658—659页。

克思主义中国化历史性的飞跃,创造中国化的马克思主义。在它的指引下,中国共产党才能领导人民在艰难险阻中,开创中国特色革命道路,取得新民主主义革命胜利。第三,命题的提出促使中国共产党人不断进行理论创新,永葆党的先进性。第四,命题的提出是马克思主义发展史和国际共运史上突破性的论断和崭新的课题。命题为马列主义基本原理赋予新的生命力,真正成为中国和类似国家进行民族解放斗争和社会主义现代化建设的理论指南。在马克思主义中国化的进程中具有极其重要的历史地位。

二、抗日战争的伟大实践使毛泽东思想 在各方面展开而达到成熟

全国范围的革命性质的抗日战争,使中国共产党的发展面临着新的国际国内政治格局。如何处理民族矛盾与阶级矛盾的关系?如何处理国民党和共产党的关系?如何掌握中国革命的前途和命运,把抗战、民主、建国紧密结合起来,将抗战的胜利变成人民的胜利?如何在抗日战争中进行党的建设?这些问题现实地摆在中国共产党的面前。不解决这些问题,就不能取得抗日战争的胜利。以毛泽东为代表的中国共产党人,结合抗日战争爆发后民族矛盾和阶级矛盾发生重大变化的斗争实际,深刻地揭示了中国革命的特殊规律,完成了中国革命三大法宝的完整概括,完整地论述了新民主主义理论,形成了毛泽东思想的科学体系,确立了毛泽东思想在全党的指导地位,使毛泽东思想在各方面展开而达到成熟。

完成了中国革命三大法宝的完整概括。抗日战争时期,毛泽东在正确总结两次国内革命战争正反两方面经验的基础上,根据新的形势、新的情况和现实斗争的新经验,进一步丰富和发展了关于统一战线、武装斗争和党的建设的理论和政策。在此基础上,毛泽东于1939年10月发表的《〈共产党人〉发刊词》等文章中,对中国革

命的三个基本问题从整体上及其相互关系给予了完整的概括。他指出："在十八年党的历史中，凭借我们丰富的经验，我们已经能够对这三个问题作出正确的结论来了。就是说，我们已经能够正确地处理统一战线问题，又正确地处理武装斗争问题，又正确地处理党的建设问题。也就是说，十八年的经验，已使我们懂得：统一战线，武装斗争，党的建设，是中国共产党在中国革命中战胜敌人的三个法宝，三个主要的法宝。这是中国共产党的伟大成绩，也是中国革命的伟大成绩。"[①]

关于抗日民族统一战线。抗日战争是在中国共产党倡导的以国共合作为基础的抗日民族统一战线旗帜下进行的。由于抗日民族统一战线是国共两党有政权有军队的合作，没有一个国共两党合作的具体组织形式，也"没有一个为两党所共同承认和正式公布的政治纲领"[②]，这就决定了抗日民族统一战线"不同于任何外国的统一战线，人民阵线等，也不同于中国历史上的统一战线，如第一次国共合作等，有它今天的中国的特点"[③]。共产党在抗日民族统一战线问题上，创造性地实现了马克思主义基本原理与中国抗日战争实际的紧密结合。坚持独立自主原则，坚持无产阶级对统一战线的领导权，坚持抗战、反对投降，坚持团结、反对分裂，坚持进步、反对倒退，并实行了发展进步势力、争取中间势力、孤立顽固势力的策略总方针和有理、有利、有节的斗争原则。总结了中国革命的新鲜经验，进行了理论创新。

关于武装斗争。抗日战争的主要特点是敌强我弱，日本小而强，中国大而弱，强敌入侵面前如何以弱胜强是个大问题。正如毛泽东所指出的，日本"是一个强的帝国主义国家，它的军力、经济力和政治组织力在东方是一等的，在世界也是五六个著名帝国主义国家中的

---

① 《毛泽东选集》第二卷，人民出版社 1991 年版，第 606 页。

② 《毛泽东选集》第二卷，人民出版社 1991 年版，第 366 页。

③ 《中共中央文件选集》第十一册，中共中央党校出版社 1991 年版，第 600 页。

一个"。而中国"是一个半殖民地半封建国家","是一个弱国，我们在军力、经济力和政治组织力各方面都显得不如敌人"①。为了战胜敌人，毛泽东创造性地运用军事辩证法，提出并深刻地阐述了持久战和"兵民是胜利之本"思想，提出实行正规军、地方武装与民众三结合的人民战争方针及战略与战役战术上的内线与外线、持久与速决、以少胜多与以多胜少，集中优势兵力，各个歼灭敌人等重要军事思想。他深刻地指出，中国必胜，日本必败，但战争有一个过程，要在抗日战争过程中改变敌我力量对比。随着时间推移，中国的优势越加显著，日本劣势日益暴露，双方的优劣势朝着有利于中国方向发展。毛泽东还在正确分析敌、友、我三方面具体情况的基础上，提出实行党的军事战略的转变，即从国内正规战争向抗日游击战争的转变。把抗日游击战争提高到战略的高度是一个大创造，是具有独创性的马克思主义军事理论。

关于党的建设。抗日战争时期是中国共产党从幼年走上成熟的时期。抗日战争时期，中国共产党开展了整风运动，经过整风，党员素质普遍提高，形成了理论联系实际，密切联系群众，批评与自我批评的优良作风；通过领导抗日战争，培养和锻炼了一大批干部，极大地提高了党驾驭领导反侵略战争和正确处理民族矛盾和阶级矛盾关系的能力；特别是在党的思想理论建设方面，清算了主观主义，确立马克思主义基本原则，重视调查研究，党的指导思想走向成熟；中国共产党得到迅速发展，党员由 3 万余人增加到 121 万余人。"我们的党，已经是一个全范围的，广大群众性的，在思想上、政治上、组织上巩固的，有了自己领袖的马克思列宁主义的党。它在今天，就已经成为中国政治生活中的决定因素了。"②

形成了毛泽东思想的科学体系。抗日战争时期，毛泽东把在土

---

① 《毛泽东选集》第二卷，人民出版社 1991 年版，第 447、449 页。

② 《刘少奇选集》上卷，人民出版社 1981 年版，第 320 页。

地革命战争后期和抗日战争前期得到发展和多方面展开的革命理论，加以总结、提炼与升华，概括了中国革命的三大法宝，揭示了中国革命的规律，使农村包围城市理论更加系统化，完整地论述了新民主主义理论，标志着马克思列宁主义同中国革命实践相结合，实现了历史性的飞跃，毛泽东思想有了进一步的发展，已经达到成熟，并形成了较完备的科学体系。这种体系化、科学化的革命理论，极大地鼓舞了中国共产党和全国人民的必胜信心，有力地指导和促进了抗日战争和中国革命的胜利发展。

农村包围城市理论更加系统化。伟大的抗日战争开始后，中国革命在新的基点上得到进一步展开。为了指导这一革命并推进其历史进程，毛泽东写了《中国革命战争的战略问题》《抗日游击战争的战略问题》《战争和战略问题》《中国革命和中国共产党》等一系列文章，揭示了中国国情的特点，凝聚和升华了以往革命斗争的经验，全面而深刻地论述了中国革命必须走农村包围城市道路的理论，使其系统化。

完整地论述了新民主主义理论。抗日战争时期，毛泽东思想在各方面展开达到成熟，集中成果是新民主主义革命理论。毛泽东通过对中国历史与现状的考察，精辟分析了中国的基本国情及其特点，揭示了中国近现代产生伟大的革命运动的深刻根源；在对中国社会的"特殊性质"和"特殊国情"进行深刻分析的基础上，毛泽东对中国革命的历史进程提出了新民主主义革命和社会主义革命"两步走"的论断；在完整论述中国革命的历史进程及其内在规律的基础上，毛泽东科学地描绘了新民主主义社会制度的蓝图，明确回答了中国社会发展的前途以及如何实现这一前途的问题，使新民主主义理论更加具有科学性、合理性、现实性和完整性。

确立了毛泽东思想在全党的指导地位。抗日战争时期毛泽东创立了完整的新民主主义理论，毛泽东思想形成了科学的体系；毛泽东思想指导的抗日战争不断取得胜利，其指导作用得到了充分的发挥；

经过整风运动，全党对毛泽东思想的认识发生了突破性的进展，达到了一个新的高度。党的六届七中全会通过的《关于若干历史问题的决议》科学地评价了毛泽东的历史地位和毛泽东思想，《决议》的通过，表明毛泽东思想被公认为正确思想，是指导中国革命走向胜利的思想，这就为党的七大确立毛泽东思想为指导思想做好了思想上的准备。在中国共产党第七次全国代表大会上，刘少奇科学地阐述了毛泽东思想，指出："毛泽东思想，就是马克思列宁主义的理论与中国革命的实践之统一的思想，就是中国的共产主义，中国的马克思主义。"① 党的七大把毛泽东思想作为全党的一切工作的指导思想，写入了党章。毛泽东思想确立为党的指导思想，在马克思主义中国化的历史进程中具有重大的政治意义和实践意义，从此，全党更加团结统一在毛泽东思想旗帜下，取得了抗日战争的伟大胜利。

三、抗日战争的伟大实践实现了马克思主义中国化的历史性飞跃

抗日战争是中国共产党领导的整个新民主主义革命史的一个特殊阶段，也是至关重要的历史阶段。抗日战争时期，以毛泽东为代表的中国共产党人从事了大量的理论研究工作，先后发表了《〈共产党人〉发刊词》《中国革命和中国共产党》《新民主主义论》等重要著作，对新民主主义理论进行了完整的论述。新民主主义理论的提出有很强的针对性。首先，有力地驳斥了国民党顽固派在思想文化战线上的挑战。抗战进入相持阶段以后，国民党在思想政治战线上对中国共产党发动进攻，鼓吹"一个主义、一个政党、一个领袖"，妄图迫使共产党解除武装投降国民党，造成人们思想上的混乱，严重地破坏和干扰了团结抗日民族大业。为了驳斥国民党顽固派在思想文化战线上

---

① 《刘少奇选集》上卷，人民出版社 1981 年版，第 333 页。

的挑战，毛泽东对新三民主义和旧三民主义、革命三民主义与伪三民主义进行了区分，对三民主义和共产主义进行了比较，论述了三民主义与共产主义是可以相容的，驳斥了国民党假借三民主义之名攻击共产主义的陈词滥调，有力地回击了国民党顽固派在思想文化上对共产党的挑战。其次，指明了中国革命的前进方向和历史方位。毛泽东在《新民主主义论》中开宗明义地指出："近来的妥协空气，反共声浪，忽又甚嚣尘上，又把全国人民打入闷葫芦里了。特别是文化和青年学生，感觉敏锐，首当其冲，于是怎么办，中国向何处去，又成为问题了。"① 新民主主义理论解决了中国特色的革命道路问题，为建立新中国并由新民主主义转变为社会主义，勾画了宏伟蓝图。

抗日战争时期实现了马克思主义中国化的第一次历史性飞跃。毛泽东思想是马克思主义中国化第一次历史性飞跃的理论成果，作为中国化的马克思主义，毛泽东思想开拓了马克思主义发展的新领域。马克思主义是欧洲 19 世纪整个历史科学、经济学和哲学科学的最高发展，是人类文明的结晶和升华。但马克思主义给各国工人运动和共产主义运动提供的只是总的指导原理，不可能创造关于中国历史、中国社会和中国革命的系统理论；列宁主义也是如此，在俄国取得成功的理论和实践也不应该原封不动地照搬到中国。中国革命需要自己的理论。以毛泽东为代表的中国共产党人承担并且实现了这项艰巨的任务。六届六中全会上，中国共产党提出了把马克思主义中国化的问题，在此前后，毛泽东提出了"我们要出主义"的论点。他在 1938 年 8 月 5 日给抗日军政大学的学员作报告时指出：马克思主义是马克思出的。我们从抗大出去，要虚心学习，我们要出主义。在另一次会议上，他又指出，在民族压迫的时候，就有了政治，要达到政治的目的就要提出政党，提出主张，建立主义。毛泽东的目的非常明确，就是要强调马克思主义与中国革命的具体实际相结合，以马克思主义的

---

① 《毛泽东选集》第二卷，人民出版社 1991 年版，第 707 页。

基本原理为指导，把中国革命的经验加以总结，创造一种适合中国国情和革命迫切需要的新的"主义"、新的理论。《新民主主义论》等重要著作的问世就是这个新的"主义"、新的理论正式诞生的标志。毛泽东思想，特别是它的新民主主义革命理论，系统地回答了旧中国这样一个半殖民地半封建的东方大国革命的对象、任务、动力、性质、斗争形式、目标、前途等一系列基本问题，这表明中国共产党认识了整个中国革命的规律，找到了中国自己的革命道路。它反映了中国共产党人政治思想上的成熟和创新精神，它属于马克思主义的思想体系，更是中国共产党从中国国情出发，以中国革命的经验对马克思主义的丰富和发展。使马克思主义适合中国社会的需要，把马克思主义与中国革命的实践结合起来，进行重大的理论创新，并且为中国人民所掌握，这正是毛泽东思想对马克思主义发展的伟大贡献。

恩格斯曾经说过，每一时代的理论思维，都是一种历史的产物，在不同的时代具有非常不同的形式和内容。毛泽东思想作为一种具有独特形式和内容的理论思维，同样是一种历史的产物。毛泽东思想在抗日战争时期成熟，主要是由抗日战争特定的历史条件所决定的。正是在抗日战争时期，马克思主义在中国更加牢固地扎下了根基并得到极大发展，抗日战争的伟大实践实现了马克思主义中国化的第一次历史性飞跃，极大地促进和推动了马克思主义中国化的历史进程。

第十一章　马克思主义中国化 航向的偏离与拨正

一、毛泽东晚年对马克思主义的误解与 马克思主义中国化航向的偏离

（一）探索建设中国特色社会主义道路的理论先导

20 世纪 50 年代中期，中国社会刚刚由新民主主义过渡到社会主义的重大历史时刻，毛泽东既兴奋于中国由落后的农业国转变为工业化奠定初步基础并实现了对农业、手工业和资本主义工商业社会主义改造的伟大成果，同时又开始觉察到苏联社会主义工业化模式的弊端，便亲自对我国社会主义建设的经验与问题进行调查研究，听取国务院有关部门的汇报，集中集体智慧，于 1955 年提出社会主义建设中要正确处理十个问题，发表《论十大关系》。这是探索我国建设社会主义道路突破苏联模式的最初尝试，告诫全党要从中国实际出发，总结独创性经验，探索符合中国实际的建设道路。接着，1957 年 4 月在最高国务会议上又以"关于正确处理人民内部矛盾的问题"为主题作长篇报告。这是一篇具有开拓性的马克思主义光辉篇章，表明了毛泽东探索中国社会主义建设道路伊始，运用马列基本原理，提出一些重要的有益思想，主要的有如下几点：

第一，关于社会主义社会基本矛盾原理。社会基本矛盾是马克思主义历史唯物主义的基本原理。然而，社会主义社会剥削阶级基本

不存在，是否还存在社会基本矛盾，斯大林曾有形而上学观点。毛泽东以彻底的历史唯物主义观点明确地肯定了社会主义社会仍然存在社会基本矛盾。同时，也指出它与资本主义社会的社会基本矛盾的性质、情况迥然不同。前者是在生产关系与生产力、上层建筑与经济基础又适应又矛盾，而基本上是在相适应情况下的矛盾运动。社会主要矛盾由资产阶级同工人阶级、资本主义同社会主义两个阶级两条道路的阶级矛盾，转变为人民日益增长的文化物质需要同生产力落后之间的矛盾。这种矛盾可以在社会主义制度下，对那些不适应生产力发展的旧的体制不断地进行改革，使社会主义制度在自我完善过程中推动社会发展。这就澄清了斯大林对社会主义社会矛盾认识上的形而上学观点和人们在思想认识上的迷津，深刻地指明了阶级基本消灭以后，我国社会主义社会历史发展的原动力。而资本主义社会的社会基本矛盾则表现为阶级的对抗与激烈的冲突，从根本上解决基本经济制度及其上层建筑，乃是社会基本矛盾运动发展的历史必然。毛泽东基于对社会主义社会基本矛盾的科学分析提出了两类矛盾学说。提出正确处理人民内部矛盾的问题是社会主义社会政治生活的主题这一著名论断。这是由社会主义社会基本矛盾的性质及由此而呈现的社会主要矛盾所决定的。

正确处理人民内部矛盾的根本目的与作用是为了调动一切积极因素，集中力量进行社会主义现代化建设，实质是解放与发展生产力。在政治上、思想上，创造一个"既有民主又有集中，既有自由又有纪律生动活泼的政治局面"。

毛泽东还提出正确处理人民内部矛盾的一系列行之有效的方针、方法。当然，毋庸讳言，严格说来，毛泽东对社会主义社会基本矛盾不完全适应部分的认识还有一定局限性。主要是过分看重生产关系对生产力的反作用；生产资料所有制这一经济基本制度同管理体制尚未明晰分清，对弊端认识不够深刻。

历史实践表明，毛泽东关于社会主义社会基本矛盾和正确处理人民内部矛盾的理论，极大地调动了亿万人民的社会主义积极性，变成巨大的物资力量，闪烁耀眼光辉；背离这一理论原则，必然酿成思想禁锢和人为的紧张政治氛围，挫伤群众的积极性，给社会主义建设事业带来阻滞与挫折。这一重大理论是对马克思主义科学社会主义理论的重大突破，为社会主义改革和维护改革、发展、稳定的大局奠定了坚实的理论基础。

第二，产业结构的调整。毛泽东鉴于苏联片面强调优先发展重工业的弊端，从中国农业大国和农民占人口大多数的实际出发，把正确处理农业、轻工业与重工业的关系作为中国工业化的道路，提出可贵的思想，进而提出按农轻重顺序安排国民经济，形成农业为基础，工业为主导的国民经济方针。

第三，在管理体制上，初步提出调整中央同地方、政府同企业的关系，要适当放权给地方和企业。

第四，一系列正确处理人民内部矛盾的方针。主要有：从团结的愿望出发，经过批评与自我批评达到团结的目的；在意识形态领域百花齐放、百家争鸣；在党派关系上，长期共存，互相监督；在分配原则上，统筹兼顾，全面安排，兼顾国家、集体、个人三方面利益。

（二）对马克思主义原理有误解，偏离了马克思主义中国化的航向

从 1957 年及其以后，毛泽东在探索中国式的社会主义现代化建设道路上，逐步陷入误区。对马克思列宁主义原理有误解，偏离了马克思主义中国化正确航向，也违背了他一贯强调的马列主义同中国实际相结合的原则，理论上的失误导致实践上的失误，给党和人民在精神上、物质上都带来极其严重的损失。归纳起来，主要有如下几点：

第一，阶级斗争的扩大化。马克思主义对阶级与阶级斗争有明确的界定。列宁指出："所谓阶级，就是这样一些大的集团，这些集团在历史上一定的社会生产体系中所处的地位不同，同生产资料的关系（这种关系大部分是在法律上明文规定了的）不同，在社会劳动组

织中所起的作用不同，因而取得归自己支配的那份社会财富的方式和多寡也不同。所谓阶级，就是这样一些集团，由于他们在一定社会经济结构中所处的地位不同，其中一个集团能够占有另一个集团的劳动。"[1] 被剥削阶级与剥削阶级之间必然存在对抗与冲突，呈现为阶级斗争。阶级仅仅同生产发展的一定历史阶段相联系，阶级是一个历史范畴，有它的发生、发展和消灭的历史过程。毛泽东在民主革命时期，依据马克思主义的阶级概念和阶级观点，对中国社会各阶级特别是农村阶级作出科学分析，成为中国共产党制定土地改革路线和成功地完成土改任务的依据。我国生产资料社会主义改造基本完成，进入社会主义社会以后，作为剥削阶级的阶级基本上已不复存在，阶级斗争不再是社会主要矛盾，大规模的疾风骤雨式的阶级斗争基本结束，作为特殊形式的阶级斗争，还将在一定范围内长期存在，并且在一定条件下还可能激化。但是，1957年夏季，毛泽东由于对极少数资产阶级右派分子向党和社会主义进攻的政治形势估计过于严重，并强调从政治上、思想上观察划分阶级，从而提出只有经济战线上的社会主义革命不够，还必须彻底进行政治战线、思想战线上的社会主义革命。1957年9月20日至10月9日，党的八届三中全会肯定了中共中央和毛泽东对我国政治形势不恰当的估计和关于政治战线上、思想战线上进行社会主义革命的意见。毛泽东还明确提出：无产阶级和资产阶级的矛盾，社会主义道路和资本主义道路的矛盾，毫无疑问，这是当前我国社会的主要矛盾。这就完全改变了党的八大对我国社会主要矛盾的正确论断。1958年5月5日至23日在北京举行的中共第八次全国代表大会第二次会议，把社会主义社会主要矛盾的提法更加完整化，认为在整个过渡时期，也就是说，在社会主义社会建成以前，无产阶级同资产阶级的斗争，社会主义道路同资本主义道路的斗争，始终是我国社会的主要矛盾。基于这一"左"的思想，毛泽东还对社

---

① 《列宁选集》第4卷，人民出版社1995年版，第11页。

会主义阶级结构作出新的概括：我国现在有两个剥削阶级和两个劳动阶级。这里所说的两个剥削阶级有被打倒的地主买办阶级和一切反动派资产阶级右派，还有民族资产阶级。1959 年庐山会议的"反右倾"，在政治上造成严重后果，把阶级斗争引入党内乃至党的高级领导层。毛泽东把 1957 年反对资产阶级右派及其以后关于社会主义时期阶级斗争的理论扩大化。这不仅混淆了党内斗争和社会阶级斗争的界限，而且也违反了他关于社会主义时期中国民族资产阶级同无产阶级矛盾既有对抗性一面，又有非对抗性一面的正确论断。同时，也埋下了把阶级斗争的主要战场引向党内的种子。1962 年 9 月，党的八届十中全会上，毛泽东多次讲话，联系对苏联赫鲁晓夫观点的批评，讨论国内的阶级和阶级斗争问题。他把党内一些认识上的分歧，把一些实际上比较符合客观情况而同他有分歧的意见，当成修正主义的所谓"黑暗风""单干风""翻案风"。他强调了阶级斗争和资本主义复辟的危险性，并进一步断言以阶级斗争为主要矛盾的过渡时期应该延伸到共产主义的高级阶段到来以前。后来这个论断被称作党的"基本理论和基本实践"，在"文化大革命"中发展为"无产阶级专政下继续革命"的理论。

第二，社会主义与资本主义从"左"的方面严重混淆。毛泽东发动"文化大革命"的出发点从主观上说是为了防止资本主义复辟，维护党的纯洁性和寻求中国自己的社会主义道路。他的指导思想则是"无产阶级专政下继续革命理论"。这场革命斗争的对象重点是"党内走资本主义道路当权派"，以解决所谓反革命修正主义路线。这场悲剧的产生，归根结底，首先是由于没有搞清什么是社会主义，什么是资本主义，并且把本来不属于资本主义的误认为资本主义，从而加以否定和打击，把对于自己意见，持有疑义或反对的人，当作坚持修正主义，走资本主义道路当权派加以打击为：

一是把社会主义社会同社会主义公有制经济完全等同。在毛泽东的观念里，把社会主义看得纯而又纯，主张单一的社会主义公有制形式，严重忽视中国社会是从一个曾经是十分落后的半殖民地半封建社会脱胎不久，仅仅是经过短暂的新民主主义社会过渡而来的社会主义。虽然经过社会主义改造基本上实现了生产资料社会主义公有制，但是生产力水平还较低，经济发展还很不平衡，势必允许非社会主义经济形式的存在。这是初级阶段社会主义历史的必然现象，是符合马克思主义关于生产力与生产关系的基本原理的。然而在毛泽东的视野里，既然是社会主义社会，就不能允许有非社会主义所有制形式存在，而急欲实现纯粹的社会主义。

二是在社会主义公有制的形式上急欲单一化，大力提倡和赞美"一大二公"是人民公社的优越性。事实上，在我国社会主义公有制形式将在很长的历史时期仍然存在全民所有制和集体所有制两种。而集体所有制的规模范围，也将长期存在大小不等的规模形式。

三是社会主义基本经济制度同经济管理体制的混同。在经济管理体制上，集体经济经营方式、经营模式上，都应从实际出发，以有利于调动农民生产积极性，尊重群众的创造性，有利于发展生产力为标准而采取灵活多样的方式方法。采取恰当的合理政策、措施加以正确引导。然而，毛泽东却自以为是坚持社会主义，对从实际出发，提出有利于生产发展的意见和主张的同志进行斥责与打击。1962 年，刘少奇、邓小平、陈云、邓子恢等提出或支持过的实行生产到户等多种农业生产责任制的主张，实际上是 1978 年后中国农村改革的先声。但是，却被毛泽东视为修正主义纲领而加以打击。

四是关于生产力与生产关系的某些倒置。生产力决定生产关系，生产关系符合生产力水平并积极反作用于生产力。这是马克思主义历史唯物主义的基本原理。但毛泽东在理论实践上过多强调生产关系的反作用，甚至有某些倒置。这是导致急欲求纯、"一大二公"、经营体制的单一化上偏离马克思主义观点的认识和理论根源。

五是对社会主义社会目标模式的理想化。毛泽东关于社会主义的基本思路总的说来，是遵循马克思主义的科学社会主义基本原理的。但由于马克思主义创始人，只是从比较发达的资本主义社会现状出发，论证资本主义社会必然转变为社会主义社会的历史总趋势，作出大致的推断。如果拘泥于他们的有关论述和个别词句，甚至加以误解，往往易于流于空想。毛泽东曾这样描绘他所向往的理想社会的蓝图：全国各行各业都要办成亦工亦农、亦文亦武，又批判资产阶级的社会组织，办成逐步限制社会分工和商品生产、逐步限制按劳分配和物质利益原则，在经济上自给自足或半自给自足的社会组织。这实际上是带有空想色彩的以平均主义为特征的社会主义理想模式。

上述对社会主义的从"左"的方面的某些教条化的误解，导致社会主义同资本主义的严重混淆，影响了社会主义的形象，影响了人们对社会主义的向往，也使毛泽东事与愿违，竟酿成他晚年那样的历史悲剧。

二、邓小平拨正马克思主义中国化的航向，继承与发展了马列主义、毛泽东思想

邓小平继毛泽东后，对党和中国人民，对当代中国社会发展作出的历史性贡献主要有两个。一是粉碎"四人帮"以后，全党和全国人民对伟大领袖毛泽东和毛泽东思想呈现出思想混乱的重大历史转折关头，以清醒的头脑，彻底的历史唯物主义观点，高瞻远瞩，对毛泽东的历史地位给以公正的、正确的、实事求是的评价，既肯定功绩，又批评错误，并明确三七开。这一重大论断为全党和全国各族人民统一思想，澄清混乱，增强团结，奠定了坚实的思想基础和政治基础。二是果断地提出停止"以阶级斗争为纲"的口号，把党的工作中心转移到经济建设的轨道上来，开创建设有中国特色社会主义道路，实现马克思主义中国化的第二次历史性飞跃。

邓小平之所以有如此巨大的历史性贡献，除了他一贯坚持了对党对人民高度负责的党性原则外，主要归功于他适时地提出并重申解

放思想、实事求是的思想路线，大力支持实践是检验真理的唯一标准的讨论，明确提出老祖宗不能丢，但要掌握它的精神实质，不能照抄，要高举毛泽东思想旗帜，但要完整、准确地掌握毛泽东思想体系，把坚持与发展马列主义毛泽东思想统一起来。这三条有利于破除林彪、"四人帮"鼓吹的个人迷信，解除思想禁锢，拨乱反正，拨正偏离马克思主义中国化的航向，坚持马克思主义基本原理与中国具体实践相结合的原则，在新的历史条件下，坚持与发展马列主义、毛泽东思想，建设中国特色社会主义，击中要害，抓住关键。

邓小平在新的历史条件下，坚持马列主义与中国具体实践相结合，继承与发展毛泽东思想的主要表现和突出内容有两个方面：一是创造性地运用了马克思主义的精髓、毛泽东思想的灵魂；二是坚持与发展了马列主义毛泽东思想基本原理。

（一）创造性地运用发展了马克思主义的精髓、毛泽东思想的灵魂

实事求是，是马克思主义唯物主义认识论的集中体现，贯穿于整个毛泽东思想基本原理的灵魂，也是中国共产党的优良传统作风。群众路线，是马克思主义历史唯物主义的基本观点，毛泽东思想的灵魂，也是中国共产党长期行之有效的根本政治路线、组织路线和工作方法。独立自主，是马克思主义唯物辩证法关于外因与内因关系的基本观点，是坚持实事求是、群众路线的逻辑必然，是中国共产党领导中国革命与建设社会主义的基本历史经验，也是毛泽东思想的灵魂。

邓小平在新的历史条件下，对上述毛泽东思想灵魂的继承与发展作出了杰出的贡献，树立了光辉典范。这是他在各种会议、场合讲得最多的思想。关于实事求是，邓小平的突出贡献表现在两个方面。首先，强调了解放思想与实事求是辩证的统一，且把解放思想放在首位。没有思想的解放，就不能真正做到实事求是；只有实事求是，才是真正的解放思想。他说："我们讲解放思想是指在马克思主义指导下，打破习惯势力和主观偏见的束缚，研究新情况，解决新问

题。""使思想和实际相符合，使主观与客观相符合，就是实事求是。"其次，强调能否坚持党的思想路线关系到党和国家的兴衰成败。他深有感触地说："一个党，一个国家，一个民族，如果一切从本本出发，思想僵化，迷信盛行，那它就不能前进，它的生机就停止了，就要亡党亡国。"

群众路线、群众观点，是贯穿于邓小平一系列的谈话中的一个重要思想。他在讲到社会主义的中国谁也动摇不了时说，必须对中国认清两点："第一，中华人民共和国是打了二十二年仗建立起来的，建国后又进行了三年抗美援朝战争。没有广泛的群众基础，不可能取得胜利。"1989年9月，他在向中央请求辞去中央军委主席职务的信中说："我们党、我们国家和我们军队所取得的成就是几代人努力的结果……中国人民既然有能力站起来，就一定有能力永远岿然屹立于世界民族之林。"1990年3月，邓小平在会见几位中央负责同志谈到正确认识国际形势，加快发展经济时表示，经济增长速度要最终体现到人民生活水平上。

独立自主是邓小平探索建设有中国特色的社会主义建设道路和处理各国党际、国际关系一贯遵循的基本原则，也是维护国家领土主权，反对强权政治、霸权主义的基本准则。

邓小平在中国共产党第十二次全国代表大会开幕词中精辟地指出："中国的事情要按照中国的情况来办，要依靠中国人民自己的力量来办。独立自主，自力更生，无论过去、现在和将来，都是我们的立足点。中国人民珍惜同其他国家和人民的友谊和合作，更加珍惜自己经过长期奋斗而得来的独立自主权利。任何外国不要指望中国做他们的附庸，不要指望中国会吞下损害我国利益的苦果。"他总结社会主义现代化建设的历史教训深刻指出："我们的现代化建设，必须从中国实际出发。无论是革命还是建设，都要注意学习和借鉴外国经验。但是，照抄照搬别国经验、别国模式，从来不能得到成功。这方面我们有过不少教训。把马克思主义普遍真理同我国的具体实际结合起来，走自己的路，建设有中国特色的社会主义，这就是我们总结长期历史经验得出的基本结论。"这里笔者之所以把邓小平讲话的原文不惜笔墨引证这么长，就是觉得这两段话讲得非常深刻而精辟，是对中国共产党领导的革命和建设事业、处理对外关系，长期正反两方面的历史经验的科学总结，是毛泽东思想灵魂的继承与发展的集中成果。

（二）坚持与发展了马列主义、毛泽东思想基本原理，对传统的社会主义观有重大突破

无产阶级革命导师马克思和恩格斯在揭示社会主义代替资本主义是历史发展必然规律的基础上，通过对当时资本主义社会政治、经济状况的透视和剖析，从逻辑上对未来社会主义进行了一系列的推测和设想。他们对未来共产主义社会的推测和设想认为有这样一些基本特征：消灭私有制，建立公有制；对个人消费品实行按劳分配；实行计划经济；商品生产和货币交换将不存在；阶级对立和阶级差别将会消灭。马克思、恩格斯这些推测和设想由于揭示了资本主义社会发生、发展的客观规律，总结了一代先进人对社会发展想象中的合理成分，反映了人们对未来美好社会的憧憬和向往，因而具有科学性。但是，由于历史的局限性，马克思、恩格斯对未来社会的推测和设想主要是从分析和批判资本主义的实际进程中得出的结论，是以资本主义高度发达为前提条件，而不是对社会主义发展实践的理论总结，它揭示的是高度发达的资本主义发展的必然趋势，而不是揭示在经济文化落后国家基础上的建立社会主义社会发展的特殊规律。后来科学社会主义实践的发展与马克思、恩格斯推测和设想差别很大，社会主义国家不是在高度发展的资本主义基础上建立的，而是在经济文化比较落后的资本主义和半殖民地半封建社会的基础上建立的，使传统社会主义理论与现实中的社会主义之间产生了较大的差距。这种历史差别，使得经济文化比较落后的国家在走上社会主义道路后，在建设、巩固

和发展社会主义的进程中遇到了一系列的根本问题，这一系列根本问题长期困扰着这些国家的社会主义实践。邓小平在领导全党进行社会主义现代化建设的实践中，正是由于对传统社会主义观在认识上有重大突破，才解决了传统社会主义与现实社会主义之间的一系列难题，形成了建设有中国特色社会主义理论。

第一，关于社会主义发展阶段问题。

马克思、恩格斯在未来社会的推测和设想中，只提出共产主义社会分为两个发展阶段，即共产主义第一阶段和高级阶段，两个阶段没有本质区别，只是成熟程度不同，他们并没有明确提社会主义的概念。列宁根据马克思主义社会发展理论，结合俄国的实际情况，把无产阶级夺取政权以后的社会发展明确区分为三个阶段，即"长久的阵痛"或"从资本主义向共产主义的过渡阶段""共产主义第一阶段""共产主义高级阶段"。他首次把共产主义第一阶段称为社会主义，并指出经济文化落后的国家在取得无产阶级革命胜利以后，经过过渡时期，只能进入不发达的社会主义社会。但是，列宁也没有揭示这个不发达的社会主义社会的特征、主要任务是什么，更没有把它当作一个历史阶段。斯大林否定了社会主义社会自身需要一个长期的历史发展阶段，不顾苏联的物质和精神条件的成熟程度，超越苏联现实国情，提出苏联可以不经过某些中间环节直接过渡到共产主义社会。斯大林对社会主义发展阶段的认识，对苏联社会主义建设产生了极其不利的影响，挫伤了人民群众的积极性，损害了社会主义在人们心目中的形象。

在我国建立社会主义制度后，由于各种复杂的原因，毛泽东对我社会主义社会发展阶段的认识也曾出现过反复。1957年，毛泽东提出社会主义制度建立了，但还不巩固，还没有建成，把一个经济文化都比较落后的中国建设成为一个繁荣昌盛的社会主义强国，至少需要上百年的时间。1957年反右斗争扩大化后，毛泽东对社会主义建设产生了急于求成的心理，发动了"大跃进"和人民公社化运动，提出跑步进入共产主义，企图超越整个社会主义发展阶段。"大跃进"和人民公社化运动受挫后，毛泽东又认识到社会主义是一个相当长的历史阶段，社会主义有不发达的社会主义，比较发达的社会主义。然而 1962 年，毛泽东又对我国社会的主要矛盾作出了错误的判断，把整个社会主义阶段同过渡的时期混淆起来。

上述情况说明，在经济文化比较落后的基础上进入社会主义国家的一些马克思主义者，他们往往对现实中的社会主义生产力水平比较低、社会主义建设的起点比较低估计不足，没有认识到现实中的社会主义经济不仅没有超越资本主义，反而比发达的资本主义要落后得多，没有认识到这个阶段同它以前的阶段和同它以后的阶段的历史差别，更没有认识到社会主义阶段同共产主义阶段的历史差别。

邓小平深刻总结了国际国内社会主义建设实践的经验教训，创造性地运用了马克思主义历史唯物主义基本原理和毛泽东关于社会主义社会基本矛盾的理论，不仅从上层建筑和生产关系上看社会主义发展阶段，而且也从生产力发展水平的方面考察，重新审视了以往马克思主义者对社会主义社会发展阶段问题的认识，作出了中国是社会主义，但还处于不发达的初级阶段的论断，中共十三大对邓小平社会主义初级阶段的论断作了进一步阐述。社会主义初级阶段不是泛指任何国家进入社会主义社会都会经历的起始阶段，而是特指我国生产力落后，商品经济不发达条件下建设社会主义必然要经历的特定阶段。在社会主义初级阶段中必然要解决工业化、生产商品化、社会化、现代化的任务，完成资本主义社会经几百年完成的发展经济的任务。邓小平社会主义初级阶段理论的提出，在科学社会主义发展史上有着极其重大的意义。由于传统社会主义理论没有解决经济文化落后国家走上社会主义道路后处于怎样的历史方位问题，从而造成了经济文化落后国家进入社会主义后始终处于两难境地：一方面落后的生产力要求与之相适应的多种经济成分并存和发展；另一方面，传统社会主义又否认公有制以外的其他经济成分的存在和发展。一方面，落后的生产力要求通过充分发展商品经济，进而实现工业化和生产社会化、现代化；另一方面，传统社会主义又否认商品、市场的作用，使传统社会主义理论与现实中的社会主义在实践中难以统一起来。邓小平社会主义初级阶段理论提出，第一次准确地把握了经济文化落后国家走上社会主义道路后的历史方位，突破了传统社会主义认识的历史局限性，把理想社会主义与现实社会主义二者统一起来，克服了几十年来一直未能克服的超越历史发展阶段的"左"倾急性病。如果说，毛泽东根据马列主义基本原理，结合中国半殖民地半封建社会的基本国情，找到了经新民主主义到达社会主义的革命道路，那么，邓小平根据马列主义原理，结合中国经济文化比较落后的基本国情，找到了经社会主义初级阶段到达发达社会主义的现实道路。

第二，关于社会主义基本矛盾与发展动力问题。

由于所处的时代条件的限制，马克思、恩格斯对于尚未出现或未充分展开的社会主义社会的基本矛盾不可能作具体地考察。在他们看来，无产阶级革命，已经把生产力从资本主义生产关系的严重桎梏中解放出来，在社会主义条件下生产力得到了迅猛地发展。列宁看到社会主义社会还存在矛盾，认为在社会主义社会里，"对抗将会消失，矛盾仍然存在"。斯大林把社会主义生产关系的先进性、优越性理解简单化、绝对化，认为在苏联，生产关系"完全适合生产力的增长，推动生产力一日千里地向前发展"。苏联全社会"道义上和政治上的一致"是社会主义社会发展的动力。斯大林不承认社会主义社会仍然存在社会基本矛盾，把社会主义社会的发展动力建筑在无矛盾思想基础之上。尽管斯大林晚年看到社会主义社会也存在生产关系和生产力之间的矛盾，提出"领导机关的任务在于及时看出日益增长的矛盾，并及时地采取措施，使生产关系适合生产的增长，来克服这种矛盾"[1]，但是，他还没有把社会主义制度下生产关系和生产力之间的矛

---

[1]　《斯大林选集》下卷，人民出版社 1979 年版，第 590 页。

盾、上层建筑与经济基础之间的矛盾，当作全面性的问题提出来，他还没有认识到这些矛盾是推动社会主义社会向前发展的基本矛盾。

毛泽东批评了斯大林关于社会主义社会无矛盾的理论，提出生产关系和生产力、经济基础和上层建筑之间的矛盾仍然是社会主义社会的基本矛盾，这些基本矛盾既相适应，又相矛盾，推动着社会主义社会向前发展。但由于对不适应部分内容的理解上的某些差误，在如何解决这一基本矛盾上，毛泽东陷入了困境。他想用"一大二公"的指导思想解决生产关系和生产力之间的矛盾，反而束缚了生产力的发展；他想用"以阶级斗争为纲"的指导思想解决上层建筑和经济基础之间的矛盾，反而削弱了经济基础，对生产力的发展起了制约作用。最终他也没能找到一条解决这一矛盾的有效途径。

邓小平在肯定毛泽东关于社会主义基本矛盾学说的同时，又认为："指出这些基本矛盾，并不就完全解决了问题，还需要就此深入的具体的研究。"① 邓小平对此进行了深入具体研究，在此基础上，他深刻地认识到，阻碍社会主义生产力发展的不是社会主义生产关系和上层建筑基本制度本身，而是作为生产关系和上层建筑具体表现的经济体制和政治体制。在社会主义制度下，这些体制还存在着严重的弊端，阻碍了生产力的发展。邓小平第一次把社会主义基本制度和具体体制明确地区分开来，把社会主义社会的基本矛盾归结为生产力与具体体制之间的矛盾，从而找到了束缚生产力发展的症结。

邓小平在把社会主义社会基本矛盾的具体表现形式确定为生产力的发展同现行体制之间矛盾的基础上，又进一步阐明了解决社会主义社会基本矛盾的手段或途径，就是通过改革束缚生产力发展的旧体制，建立起与生产力发展相适应的新体制，以此为动力推动社会主义生产力不断向前发展。不仅如此，邓小平还把作为社会主义发展动力的改革提到了要继续解放生产力的革命的高度。认为在社会主义条件

---

① 《邓小平文选》第二卷，人民出版社1994年版，第182页。

下，通过改革继续解放生产力，这是中国的第二次革命，社会主义制度担负着解放生产力和发展生产力的双重任务。这就突破了马克思主义经典作家认为社会主义只有发展生产力，不存在继续解放生产力的传统观点。邓小平对社会主义基本矛盾以及由此引出的社会主义发展动力的深刻论析，在科学社会主义发展史上，首次十分明确地回答了经济文化落后国家走上社会主义道路后社会发展动力问题。

第三，关于社会主义与市场经济问题。

传统社会主义认为社会主义经济就是计划经济，资本主义经济就是市场经济。马克思、恩格斯认为未来共产主义社会商品生产和货币交换关系消失，自然也就否认社会主义市场经济，而实行计划经济。斯大林虽然承认社会主义社会存在商品和货币，但只是承认消费资料是商品，不承认生产资料是商品，价值规律只在流通领域内起作用，不在生产领域内起作用，并且在管理体制上长期实行高度的计划经济。

在我国社会主义建设实践中，毛泽东对社会主义条件下的商品生产、价值规律等问题曾进行探讨。他提出中国是商品经济很不发展的国家，很需要一个发展商品生产的阶段。不能把商品生产同资本主义商品生产混为一谈，商品生产同资本主义相联系是资本主义商品生产和社会主义相联系是社会主义商品生产，商品生产不会将我们引导到资本主义，因为社会主义社会已经没有资本主义经济基础。社会主义经济建设要尊重价值规律，利用价值规律为社会主义经济建设服务。20世纪50年代中期，毛泽东鉴于苏联高度计划经济体制所暴露出的一些弊端，也曾思考过对计划经济进行调整，以增强它的灵活性和适应性。毛泽东上述探讨尽管没有直接提市场经济，但他讲的商品生产、价值规律、对计划经济进行调整等问题与市场经有着一定的联系，闪烁着智慧的火花。但是，从总的方面来看，毛泽东的思路还没有从根本上离开计划经济的轨道。

由于受传统社会主义关于社会主义经济就是计划经济观念的束

缚，经济文化落后的国家走上社会主义道路后经济发展陷入了进退维谷的两难境地。一方面，现实的社会主义建设起点低，生产力发展水平不高，尤其是中国，社会主义脱胎于半殖民地半封建社会，自然经济占有很大比例，这个社会迫切需要发展商品经济，建立市场机制；但另一方面，又囿于传统社会主义关于社会主义经济就等于计划经济的观念，实行集中统一管理的计划经济，从而造成社会主义经济发展速度长期处于缓慢或徘徊之中。

邓小平在新的历史时期对社会主义计划经济与市场经济进行了辩证的分析，并把建立社会主义市场经济作为经济体制改革的战略目标。他认为："社会主义和市场经济之间不存在根本矛盾。"① 社会主义也可以搞市场，"把计划经济和市场结合起来，就更能解放生产力"②。市场经济为社会主义服务，就是社会主义的。邓小平社会主义市场经济的理论，首次明确提出了经济文化落后的国家走上社会主义道路后，商品经济发展不可逾越、计划和市场本身没有社会制度属性、都是资源配置制的一种方式、二者互相渗透等重大理论与实践的问题。这在科学社会主义发展史上，首次突破了计划经济与市场经济对立的传统观念。

第四，关于社会主义本质的问题。

过去人们对社会主义本质的认识都是依据马克思、恩格斯对未来共产主义社会的推测和设想，即公有制、按劳分配、计划经济等基本特征。应该说，这些基本特征体现了共产主义社会与资本主义社会的根本区别，否定了这些基本特征，也就否定了共产主义社会。但是，把这些基本特征机械地照搬于经济文化落后条件下所建立的社会主义社会，甚至把这些基本特征直接简单地等同于社会主义本质，不仅不能完全反映社会主义最核心最重要的本质，而且容易导致人们离

---

① 《邓小平文选》第三卷，人民出版社 1993 年版，第 148 页。
② 《邓小平文选》第三卷，人民出版社 1993 年版，第 149 页。

开生产力，忽视生产力的决定作用，孤立地强调生产关系的能动作用，用人为提高公有化程度的方式去解决日益显露出来的生产力发展"滞后"的矛盾。在我国长达三十多年社会主义实践中，不顾生产力落后的现实，片面追求、急于建立"纯""大""公"的社会主义，结果使我国社会主义经济建设步履蹒跚，屡遭挫折，追其根本原因，都与我们对社会主义本质的认识离开生产力有关。

经济文化落后国家走上社会主义道路后的社会主义建设实践表明，如果对社会主义本质的认识固定于传统的基本特征上，就会使人们忽视生产力，片面追求公有化程度，就会阻碍和破坏生产力的发展，就会造成平均主义的普遍贫穷，把贫穷的社会主义当成科学社会主义，就会使人们对社会主义认识产生畸形和扭曲，社会主义在人们心目中就会失去吸引力。邓小平总结了过去人们对社会主义本质认识的经验教训，对社会主义本质作了新的概括，把共产主义社会基本特征与社会主义本质区别开来。他认为："社会主义本质是解放生产力，发展生产力，消灭剥削，消除两极分化，最终达到共同富裕。"① 邓小平对社会主义本质的新概括一方面把解放和发展生产力放在了首位，突出强调了生产力在社会主义诸要素中的首要意义。把解放和发展生产力放在首位，深刻地反映了无产阶级革命胜利后必须大力发展生产力这一科学社会主义的内在要求，破除了长期以来人们仅仅从所有制形式、分配形式、经济和政治体制上去衡量社会主义的传统观念，使人们更容易把握社会主义的内涵，巩固和发展社会主义。另一方面，邓小平对社会主义本质的新概括更能够清楚地体现社会主义与资本主义的根本区别。资本主义生产的目的是为了最大限度地追求剩余价值，从而造成资本主义社会的贫富悬殊两极分化。邓小平则强调社会主义发展的目的是消灭剥削、消除两极分化，实现共同富裕。社会主义不是少数人富起来，大多数人穷，不是那个样子，社会主义最大的

---

① 《邓小平文选》第三卷，人民出版社 1993 年版，第 373 页。

优越性是共同富裕，这是体现社会主义本质的一个东西。

总之，邓小平对社会主义本质的科学概括，充分反映了社会主义固有的属性，充分体现了社会主义的优越性，体现了生产力与生产关系的辩证统一。使人们终于搞清了几十年没有搞清的什么是社会主义这一重大理论与实践问题。

综上所述，邓小平对传统社会主义观念的一系列重大突破，揭示了经济文化落后国家走上社会主义道路后发展的特殊规律，第一次比较系统和正确地回答了经济文化落后的国家走上社会主义道路如何建设、巩固和发展社会主义的一系列根本问题，解决了长期困扰人们的理想社会主义与现实社会主义之间的难题，把社会主义根植于现实的中国大地上，使人们既有了清晰的蓝图，又有了现实客观的具体道路，丰富和发展了科学社会主义理论宝库。

第十二章 十二大以来历届党的 代表大会对马克思主 义中国化的卓越贡献

九十多年来中国共产党的全部历史归结起来，也就是马克思主义基本原理与中国实际相结合，不断推进马克思主义中国化取得辉煌胜利的历史。特别是改革开放三十多年来，我们党更加重视历史经验的总结和理论创新，在开辟中国特色社会主义道路的伟大进程中，不断开拓马克思主义中国化新境界，形成了中国特色社会主义理论体系，实现了马克思主义中国化的第二次历史性飞跃，使马克思主义在神州大地显示出无比强大的生命力，闪耀着万丈光芒。三十多年来，我们党在理论创新的速度、广度、深度上都远远超越了新中国成立后的前三十年。对此，历次党的全国代表大会作出了卓越贡献。

一、十二大提出"建设有中国特色 社会主义"的崭新命题

1982 年 9 月，中国共产党第十二次全国代表大会是改革开放后召开的首次全国代表大会。

理论与实践相结合是马克思主义的本质要求。早在我国社会主义改造基本完成、开始全面建设社会主义伊始，毛泽东就提出"以苏为鉴"，实现马克思主义同中国实际"第二次结合"的重要思想，并对之进行了艰辛探索，形成了一些重要的理论观点。但是在中国这样

一个比较落后的农业大国，建设社会主义现代化是一个崭新的课题，既无经验，又无现成答案可循。从 1957 年起，随着"左"的错误的发展，毛泽东对许多问题的探索陷入了误区。而其中最大的误区，就在于对"什么是社会主义，怎样建设社会主义"这个重大的理论和现实问题没有完全搞清楚。

以十一届三中全会为起点，以邓小平为核心的党的第二代中央领导集体从根本上冲破了长期"左"的错误的严重束缚，端正了党的指导思想，重新确立了马克思主义的思想路线、政治路线和组织路线。这是我国社会主义事业发展中的历史性伟大转折。邓小平在会上提出要重新确立实事求是的思想路线。他说："实事求是，是无产阶级世界观的基础，是马克思主义的思想基础。过去我们搞革命所取得的一切胜利，是靠实事求是；现在我们要实现四个现代化，同样要靠实事求是。"[1] 这就为"建设有中国特色社会主义"命题的提出奠定了思想基础。1979 年 3 月，邓小平在理论务虚会议上进一步指出，"过去搞民主革命，要适合中国情况，走毛泽东同志开辟的农村包围城市的道路。现在搞建设，也要适合中国情况，走出一条中国式的现代化道路"，"中国式的现代化，必须从中国的特点出发"[2]。这时"建设有中国特色社会主义"的命题已经是呼之欲出。1982 年 9 月 1 日，邓小平在党的第十二次全国代表大会开幕词中，明确提出了"建设有中国特色社会主义"的命题。他说："把马克思主义的普遍真理同我国的具体实际结合起来，走自己的道路，建设有中国特色的社会主义，这就是我们总结长期历史经验得出的基本结论。"[3] 这一命题的提出突破了苏联的传统社会主义模式，原则上回答了"什么是社会主义，怎样建设社会主义"的基本问题，指明了我国社会主义建设的正确航向，是马克思主义中国化第二次飞跃的新起点。

---

[1]　《邓小平文选》第二卷，人民出版社 1994 年版，第 143 页。

[2]　《邓小平文选》第二卷，人民出版社 1994 年版，第 163—164 页。

[3]　《邓小平文选》第三卷，人民出版社 1993 年版，第 3 页。

对于如何正确解决物质文明建设和精神文明建设的关系的论述，也是十二大报告一个重要特色。马克思、恩格斯创立了辩证唯物主义和历史唯物主义的世界观、方法论，深刻阐述了物质和精神的辩证关系。十二大在以经济建设为中心的前提下，把物质文明建设与精神文明建设有机地结合起来，明确指出社会主义精神文明建设是社会主义的一个重要特征，解决了社会主义国家运用辩证唯物主义原理解决物质文明建设与精神文明建设的关系问题，是对科学社会主义的一个重大贡献。1986 年 9 月，十二届六中全会根据党的第十二次全国代表大会关于在建设物质文明的同时努力建设社会主义精神文明的战略决策，通过了《关于社会主义精神文明建设指导方针的决议》。决议根据马克思主义基本原理同中国实际相结合的原则，阐明了精神文明建设的战略地位、根本任务和基本指导方针，是新时期加强我国社会主义精神文明建设的纲领性文件。

二、十三大提出社会主义初级阶段的
科学论断和党的基本路线

1987 年 10 月，中国共产党第十三次全国代表大会胜利召开。如果说十二大对马克思主义中国化的最大贡献是提出"建设有中国特色社会主义"的崭新命题，找到了中国自己的社会主义建设道路，那么十三大的最大贡献就是在十二大的基础上继续探索，正确认识了中国特色社会主义建设的基本国情和基本出发点，提出了社会主义初级阶段的科学论断，正确地把握了我国社会主义所处的历史方位，并据此制定了党在社会主义初级阶段的基本路线。

马克思、恩格斯虽然将共产主义划分为两个阶段，但是没有预见到共产主义的第一阶段，即社会主义阶段内的具体阶段性问题。列宁在马克思、恩格斯探索的基础上，明确地把共产主义第一阶段称之为社会主义，并回答了俄国要分阶段过渡到社会主义的问题，但是并

没有具体阐发社会主义制度建立以后的发展阶段问题。毛泽东曾经提出了我国社会主义发展的阶段性问题。他把社会主义制度的建立与建成做了明确的区分，并提出了"不发达社会主义""比较发达社会主义"的概念。可惜毛泽东没有沿着这一正确的思路继续前进，1962年八届十中全会上，毛泽东从"反修防修"的高度提出了"大过渡"理论，认为"在由资本主义过渡到共产主义的整个历史时期（这个时期需要几十年，甚至更多的时间）存在着无产阶级和资产阶级之间的阶级斗争，存在着社会主义和资本主义这两条道路的斗争"①。应该指出，大过渡理论是对马克思过渡时期理论的曲解。马克思在《哥达纲领批判》中所说的是向"共产主义第一阶段"过渡，而不是向共产主义高级阶段过渡。而毛泽东提出"大过渡"理论却是把社会主义社会即共产主义社会的第一阶段包括在过渡时期之内，把本来应该在进入共产主义社会第一阶段时消灭阶级的任务推到了只有在进入共产主义社会高级阶段时才能完成。这样就把过渡时期与社会主义阶段混为一谈，所以这种理论实际上阻碍了毛泽东对我国社会主义发展阶段的探索。

十一届三中全会以后，在继承和发展毛泽东关于社会主义发展阶段的有益思想，又纠正了毛泽东"大过渡"错误认识的基础上，从我国现实的国情出发，党的十三大明确作出我国仍处于社会主义初级阶段的科学判断。

十三大明确指出社会主义初级阶段包括两层含义：第一，我国社会已经是社会主义社会，我们必须坚持而不能离开社会主义；第二，我国的社会主义社会还处在初级阶段，我们必须从这个实际出发，而不能超越这个阶段。前一层含义阐明的是初级阶段的社会性质，后一层含义阐明了我国现实中社会主义社会的发展程度。社会主义初级阶段的两层基本含义既相对区别，又紧密联系，构成了一个具有特定内

---

① 胡绳：《中国共产党的七十年》，中共党史出版社 1991 年版，第 350 页。

涵的新概念。这里所说的初级阶段，不是泛指任何国家进入社会主义都会经历的起始阶段，而是特指我国在生产力发展水平不高、商品经济不发达条件下建设社会主义必须要经历的特定的历史阶段。江泽民指出，社会主义初级阶段是整个建设中国特色社会主义的很长历史过程中的初始阶段，表明了社会主义初级阶段与建设中国特色社会主义历史进程的内在联系。社会主义初级阶段是根据马克思主义普遍真理同中国实际相结合原则，并在深刻总结历史经验教训的基础上，对我国社会主义建设所处的历史阶段的科学认识，是党对社会主义和中国国情认识上的一次飞跃。会议据此制定的党的社会主义初级阶段的基本路线，成为我国在相当长历史时期内社会主义建设的总纲领，为进一步丰富和发展马克思主义的社会主义发展阶段理论作出了重大贡献，是实现马克思主义与中国实际第二次结合的历史性飞跃的理论基石和总纲。

三、十四大确定建设社会主义市场经济体制的目标

1992 年 10 月召开的党的第十四次全国代表大会对马克思主义中国化的巨大贡献，就是在我国发展的关键时刻，在世界风云变幻的复杂形势下，我们党的第三代中央领导集体第一次在党的全国代表大会上正式对邓小平建设有中国特色社会主义的理论作了新的概括、系统阐述和科学评价，对党在实践过程中形成的改革开放和现代化建设的基本路线和一系列战略决策作出了历史结论，从而把这个理论比较完整地提到全党和全国人民面前，并且经过党的全国代表大会，郑重地确定为长期指导我们思想和工作的理论基础。

十四大在总结党的十一届三中全会以来 14 年建设有中国特色社会主义伟大实践的基础上，从 9 个方面比较全面、系统地概括了邓小平建设有中国特色社会主义理论的主要内容，高度评价了邓小平建设有中国特色社会主义理论的历史地位，阐明了这一理论与马克思主

义、毛泽东思想的关系。指出：建设有中国特色社会主义理论"第一次比较系统地初步回答了中国这样的经济文化比较落后的国家如何建设社会主义、如何巩固和发展社会主义的一系列基本问题，用新的思想、观点，继承和发展了马克思主义"。这一理论"是马克思列宁主义基本原理与当代中国实际和时代特征相结合的产物，是毛泽东思想的继承和发展"，"是当代中国的马克思主义，是指引我们实现新的历史任务的强大思想武器"。[①]

十四大确立的我国经济体制改革的目标是建立社会主义市场经济体制，是我们党对马克思主义中国化的新的重大贡献。针对人们在深化改革中的种种困惑，邓小平在"南方谈话"中明确指出，计划和市场都是手段，不属于社会制度的范畴。十四大在此基础上，正式确立了我国经济体制改革的目标是建立社会主义市场经济体制。这一战略目标的确立，改变了传统观念，从根本上解除了把计划经济和市场经济视为社会基本制度范畴的束缚，使我们思想获得了大解放，认识上有了新的突破，为我们深化改革和繁荣经济，推进中国特色社会主义事业指明了方向。翌年党的十四届三中全会，根据十四大精神，通过了《中共中央关于建立社会主义市场经济体制若干问题的决定》，把十四大提出的经济体制改革的目标和基本原则加以具体化，在某些方面作了进一步阐述，制定了社会主义市场经济体制的总体规划。这是我们进行经济体制改革的行动纲领，对我国的改革开放和社会主义现代化建设产生了全局性的深远影响。

十四大总结出的建设有中国特色社会主义理论和确立的社会主义市场经济体制的目标，展现了邓小平在党的十二大上提出的"建设有中国特色社会主义"命题的内涵，是对科学社会主义的突破性发展。

---

① 《十四大以来重要文献选编》（上），人民出版社 1996 年版，第 10 页。

四、十五大明确提出了"邓小平理论"
和党的基本纲领

1997 年 9 月党的十五大是邓小平逝世后中国共产党首次召开的全国代表大会。邓小平逝世后，国际和国内很多人都在密切注视着中国的走向，中国向何处去，是我们党面临的一个重大历史考验。在这个紧要关头，十五大在十四大的基础上，坚定地明确地向全党、向全国人民也向全世界回答了中国的走向：高举邓小平理论的旗帜不动摇，明确提出了"邓小平理论"这一科学概念，并把它同马列主义、毛泽东思想一起，作为党的指导思想写进党章。

党的十五大前夕，1997 年 5 月 29 日，江泽民在中共中央党校省部级干部进修班毕业典礼上的讲话中开宗明义地指出："旗帜问题至关紧要。旗帜就是方向，旗帜就是形象。我们说坚持十一届三中全会以来的路线不动摇，就是高举邓小平建设有中国特色社会主义理论旗帜不动摇。在邓小平同志逝世后，我们全党，特别是高级领导干部，在这个问题上尤其要有高度的自觉性和坚定性。无论遇到什么困难，什么风险，都不动摇。"在党的十五大报告的结尾，江泽民进一步明确指出："我们这次大会的灵魂，就是高举邓小平理论的伟大旗帜。十五大无疑将以这一点为标志载入史册。"① 报告简要回顾了党在七十多年历史进程中马克思列宁主义同中国实际相结合的两次历史性飞跃，从理论上概括了两次飞跃产生的两大理论成果，指出："作为毛泽东思想的继承和发展的邓小平理论，是指导中国人民在改革开放中胜利实现社会主义现代化的正确理论。在当代中国，只有把马克思主义同当代中国实践和时代特征结合起来的邓小平理论，而没有别的理论能够解决社会主义前途和命运问题。邓小平理论是当代中国的马克

---

① 《江泽民文选》第二卷，人民出版社 2006 年版，第 47 页。

思主义，是马克思主义在中国发展的新阶段。"① 在这里，十五大报告第一次正式提出和使用了邓小平理论这一科学概念，并对这一概念作了科学的界定。它明确了邓小平理论同毛泽东思想、同马克思列宁主义的继承与发展关系；强调在当代中国，马克思列宁主义、毛泽东思想、邓小平理论是一脉相承的科学体系，高举邓小平理论的旗帜，就是高举马克思列宁主义、毛泽东思想的旗帜。"邓小平理论"概念的提出，表明我们党对建设有中国特色社会主义理论认识上的升华，在马克思主义中国化的历史进程中树立了一座新的丰碑。

其次，十五大提出的社会主义初级阶段的纲领，丰富和进一步深化了我们党对社会主义初级阶段理论的认识。党的十三大明确指出了我国社会主义现代化建设仍处于社会主义初级阶段。随着改革开放的进一步深入和一部分人一部分地区比较快地富裕起来，有些人对社会主义初级阶段的长期性提出了质疑。针对这种情况，十五大重申了我国社会主义初级阶段的基本国情，并在此基础上第一次明确提出了党在社会主义初级阶段的基本纲领。这个纲领，是邓小平理论的重要内容，是党的社会主义初级阶段基本路线在经济、政治、文化等方面的展开，是改革开放以来的主要经验总结。如果说 1940 年毛泽东在《新民主主义论》中第一次明确提出了党在新民主主义革命阶段的政治、经济和文化纲领，1945 年党的七大政治报告对之作了进一步的阐述，指引我们实现了新民主主义革命的伟大胜利，那么党的十五大根据社会主义初级阶段的基本路线，第一次明确提出党在社会主义初级阶段的经济、政治和文化纲领，则是指引中国特色社会主义建设沿着社会主义基本路线顺利进行和实现社会主义现代化的重要保证。

---

① 《十五大以来重要文献选编》（下），人民出版社 2003 年版，第 9 页。

五、十六大提出"三个代表"重要思想

党的十六大是在进入新世纪以来召开的党的第一次全国代表大会。十六大从多个方面继承和发展了马克思主义基本理论,理论创新的最集中的体现就是江泽民"三个代表"重要思想的提出。

在党的历史上,七大把毛泽东思想确立为我们党的指导思想,十五大把邓小平理论确立为全党的指导思想,毛泽东思想和邓小平理论是马克思主义中国化的两大理论成果。党的十六大把"三个代表"重要思想确立为我们党必须长期坚持的指导思想,意味着"三个代表"重要思想以新的观点丰富和发展了马克思列宁主义、毛泽东思想和邓小平理论,是中国共产党在新世纪新阶段对党的建设理论创新的重大成果。如果说毛泽东思想集中回答的是我国民主革命过程中"进行什么样的革命、走什么样的革命道路,怎样进行革命"的根本问题;邓小平理论集中回答的是建设中国社会主义过程中的"什么是社会主义,怎样建设社会主义"的首要的基本的问题,那么"三个代表"重要思想则是在建设中国特色社会主义的伟大征程中创造性地集中回答了"建设什么样的党、怎样建设党"的重大问题,从而把党的建设新的伟大工程同中国特色社会主义事业紧密联系起来,确定了新世纪新阶段面对新的任务党的建设的总体部署。在新世纪新阶段开拓了马克思主义中国化的新境界。

毛泽东将党的思想路线精辟地概括为"实事求是"。邓小平根据实践的发展表述为"解放思想、实事求是",突出了解放思想是实事求是的前提条件。2001年江泽民在庆祝中国共产党80周年大会上深刻指出:"马克思主义具有与时俱进的理论品质"①。十六大报告中他进一步强调:"解放思想、实事求是、与时俱进是我们党坚持先进性

---

① 《江泽民文选》第二卷,人民出版社2006年版,第1913页。

和增强创造力的决定性因素。"① 这就深化了我们对党的思想路线内涵的认识。与时俱进的关键是创新，在这种意义上，十六大突出强调了创新的作用和意义，指出："创新是一个民族进步的灵魂，是一个国家兴旺发达的不竭动力，也是一个党永葆生机的源泉。"② 这就为不断地开拓马克思主义中国化的新境界，推进马克思主义中国化的历史进程，提供了有力的思想武器。

六、十七大提出科学发展观和中国特色社会主义理论体系

党的十七大是在我国改革发展关键阶段召开的一次十分重要的大会。十七大的理论创新成果集中体现在两个方面：一是第一次明确提出了科学发展观的重大战略思想，在新的历史起点上开辟了中国特色社会主义建设的新篇章；二是第一次提出了中国特色社会主义理论体系的重大命题，这是马克思主义中国化最新成果的精辟概括，是马克思主义中国化发展史上的一个新的里程碑。

科学发展观，是以胡锦涛为总书记的党中央，立足社会主义初级阶段基本国情，总结我国发展实践，借鉴国外发展经验，适应新的发展要求提出来的，是对党的三代中央领导集体关于发展的重要思想的继承和发展，是马克思主义关于发展的世界观和方法论的集中体现，是同马克思列宁主义、毛泽东思想、邓小平理论和"三个代表"重要思想既一脉相承又与时俱进的科学理论，是我国经济社会发展的重要指导方针，是发展中国特色社会主义必须坚持和贯彻的重大战略思想。与时俱进是新时期最突出的标志，改革开放以来，如果说邓小平理论集中回答的是"什么是社会主义、怎样建设社会主义"的问

---

① 《十六大以来重要文献选编》（上），中央文献出版社 2005 年版，第 9 页。

② 《中国共产党第十七次全国代表大会文件选编》，人民出版社 2007 年版，第 9 页。

题,"三个代表"重要思想集中回答的是"建设什么样的党、怎样建设党"的重大问题,那么科学发展观则是集中回答了在当今中国"实现什么样的发展、怎样发展"等重大理论和实际问题,是我们党不断推进马克思主义中国化的显著标志。

十七大对马克思主义中国化的另一重大贡献,是首次明确提出"中国特色社会主义理论体系"的新命题、新概念。改革开放以来,无论是邓小平理论、"三个代表"重要思想,还是科学发展观等,都是中国共产党在带领全国人民走中国特色社会主义道路的过程中党的理论创新的成果,在本质上是一致的,在体系上是统一的。正是在这种意义上,胡锦涛在党的十七大上强调指出,中国特色社会主义理论体系,就是包括邓小平理论、"三个代表"重要思想以及科学发展观等重大战略思想在内的科学理论体系。这一概括,是对马克思主义中国化第二次飞跃的深刻总结,更充分地体现了中国特色社会主义理论体系是党和人民集体智慧的结晶,更有利于全党全国统一思想、统一行动,坚定地沿着中国特色社会主义道路前进。胡锦涛还强调:"中国特色社会主义理论体系是不断发展的开放的理论体系。"① 因为实践永无止境,创新亦永无止境,全党同志只有坚持解放思想、实事求是、与时俱进的思想路线,不为任何风险所惧,不被任何干扰所惑,才能使中国特色社会主义道路越走越宽,才能让当代中国的马克思主义放射出更加灿烂的真理光芒。

党的十二大在总结我国长期探索社会主义建设道路历史经验的基础上,提出:"把马克思主义普遍真理同我国具体实际结合起来,走自己的道路,建设有中国特色的社会主义"的历史基本结论,指明了马克思主义同中国实际相结合的主题思想和我国社会主义建设的正确航向。从此,党的历次代表大会都按照十二大指明的航向,解放思想,实事求是,与时俱进,把马克思主义基本原理同中国社会主义建

---

① 《十五大以来重要文献选编》(下),人民出版社 2003 年版,第 11 页。

设实践相结合，相继回答了什么是社会主义、怎样建设社会主义，建设什么样的党、怎样建设党，实现什么样的发展、怎样发展等基本问题。在此基础上，十七大明确提出中国特色社会主义理论体系的崭新命题。这是对十二大以来历次党代表大会对马克思主义中国化理论创新的系统总结，是对马克思主义中国化第二次历史性飞跃理论成果的集中概括。总之，把坚持马克思主义同推进马克思主义中国化相结合，是十二大以来党对马克思主义中国化能够作出卓越贡献的基本经验。

七、十八大提出中国特色社会主义的内涵
和建设中国特色社会主义的总依据、
总布局、总任务的论断

　　2012 年 11 月，党的第十八届全国代表大会是在我国进入全面建设小康社会决定性阶段召开的一次重要会议，大会主题是坚定不移沿着中国特色社会主义道路前进，为全面建设小康社会而奋斗。大会继十七大后对马克思主义中国化作出重要贡献。一是首次精辟地概括了中国特色社会主义三位一体的内涵及其相互关系。二是明确提出建设中国特色社会主义总依据、总布局、总任务。中国特色社会主义是由三位一体构成：中国特色社会主义道路、中国特色社会主义理论体系、中国特色社会主义制度。中国特色社会主义三位一体的相互关系：道路是实现中国中国特色社会主义的途径，理论体系是实现中国特色社会主义的行动指南，制度是实现中国特色社会主义的根本保障。三者统一于中国特色社会主义伟大实践。

　　对于中国特色社会主义道路，十八大在十七大关于中国特色社会主义道路内涵阐释的基础上，增加了新内容，作出更加完整地阐释。十七大关于中国特色社会主义道路内涵的阐释包括三个要点：一是"一个中心，两个基本点"是中国特色社会主义道路的核心；二是

四位一体是中国特色社会主义道路的基本内容；三是富强、民主、文明、和谐是中国特色社会主义道路的目标。十八大在此基础上增加了"社会主义生态文明，促进人的全面发展和逐步实现全体人民共同富裕"的新内容。这个新内容的增加，是总结新世纪以来的新经验。新世纪以来随着改革的不断深入，旧的矛盾解决，新的矛盾和问题不断显现，改革步入深水区。党和国家更加重视科学发展，突出生态文明建设，加大以改善民生为重点的社会主义建设力度，着力改革分配制度、三农工作和扶贫工程。强调公平正义，使改革成果惠及全体人民，增强人民福祉，取得显著成效，积累丰富经验。促进人的全面发展，逐步实现全体人民共同富裕，充分体现科学社会主义基本原则，也是中国特色社会主义本质的内在要求。

十七大明确指出中国特色社会主义理论体系的内涵包括：邓小平理论、"三个代表"重要思想和科学发展观。这是由于三者都从不同角度，各有侧重地回答了什么是马克思主义、怎样对待马克思主义，什么是社会主义、怎样建设社会主义，建设什么样的党、怎样建设，要什么样的发展、怎样发展，这四个建设中国特色社会主义的基本问题，十七大把三者统一概括为中国特色社会主义理论体系。这里需要指出的是中国特色社会主义理论体系是开放式的，实践在发展，时代在前进，经验不断丰富，理论不断创新。十八大以来，习近平发表一系列重要讲话，围绕中国特色社会主义提出一系列新思想、新观点、新论断和治国理政新观念，特别是"四个全面"战略布局，具有丰富的理论内涵和鲜明的理论特征，丰富和发展了中国特色社会主义理论体系，是在新的历史起点对马克思主义中国化新的飞跃。

中国特色社会主义制度，包括根本政治制度、基本政治制度、基本经济制度以及在此基础上的各项具体制度。根本政治制度是人民代表大会制度，基本政治制度是共产党领导的多党合作和政治协商制度、民族区域自治制度以及基层群众自治制度，基本经济制度是以公有制为主体、多种所有制经济共同发展。以及建立在这些制度基础上的经济体制、政治体制、文化体制、社会体制等各项具体制度。

中国特色社会主义总依据是社会主义初级阶段，这是中国现阶段的基本国情，初级阶段是一个相当长的历史阶段，是相对稳定的，又是不断发展变化的。因此，把握基本国情，也要把握其发展变化的动态，这是社会主义初级阶段基本国情题中应有之义。总体布局是五位一体，五位一体要以经济建设为中心，突出生态文明建设，协调可持续发展。总任务是实现社会主义现代化和中华民族伟大复兴，总任务也是我国21世纪中叶的奋斗目标。

中国特色社会主义既坚持科学社会主义基本原则，又根据时代条件赋予鲜明的中国特色，是当代中国这样一个人口多、底子薄的东方农业大国，不断发展进步，建设社会主义现代化强国的根本方向，只有中国特色社会主义才能发展中国。十八大对马克思主义中国化的重大贡献就在于丰富和发展了中国特色社会主义理论体系，有助于我们深化理解中国特色社会主义的内涵和真谛，坚定理想信念，高举中国特色社会主义伟大旗帜，坚持与发展中国特色社会主义，为实现社会主义现代化和中华民族伟大复兴的中国梦而不懈奋斗。

成 果 篇

第十三章　马克思主义中国化的
两次历史性飞跃

党的十三大报告在对中国共产主义运动历史经验进行科学总结的基础上，第一次明确提出了"两次历史性飞跃"这个崭新的命题。指出："马克思主义与我国实践的结合，经历了六十多年，在这个过程中，有两次历史性的飞跃。第一次飞跃，发生在新民主主义革命时期，中国共产党人经过反复探索，在总结成功和失败经验的基础上，找到了有中国特色的革命道路，把革命引向胜利。第二次飞跃，发生在十一届三中全会以后，中国共产党人在总结建设三十多年来正反两方面经验的基础上，在研究国际经验和世界形势的基础上，开始找到一条建设有中国特色的社会主义的道路，开辟了社会主义建设的新阶段。"

一、马克思主义中国化第一次历史性飞跃

马克思主义中国化第一次历史性飞跃的重大理论成果是毛泽东思想。毛泽东关于中国特色革命道路的理论是第一次历史性飞跃的集中成果，也是毛泽东思想的主体内容。中国特色革命道路系指在落后的半殖民地半封建社会里，如何开展共产主义运动，夺取政权，过渡到社会主义社会的革命道路。它既区别于俄国十月社会主义革命（革命性质和城市武装起义），又不同于历史上欧洲国家的资产阶级革命。中国特色革命道路是指经新民主主义到社会主义道路，包括新民主主

义革命和社会主义革命两个革命阶段、两种性质革命。前者是通过农村包围城市的革命道路，武装夺取政权建立新民主主义社会；后者是以人民民主专政政权为杠杆，通过社会主义改造和平过渡到社会主义。

（一）新民主主义理论及其形成发展的历史轨迹

新民主主义革命理论是毛泽东思想在民主革命时期的主体内容。它的形成与发展过程实际上就是马克思主义中国化过程，也是同对中国特殊国情认识的不断深化、革命实践正反两方面经验的总结及革命斗争需要分不开的。它萌芽于大革命时期，基本形成于土地革命战争时期，成熟于抗日战争时期。

早在 1922 年，中国共产党的二大基于对中国社会性质和革命对象的认识，首次明确提出党的最低纲领，反对帝国主义，反对封建军阀统治，进行民主革命；最高纲领是在中国实现社会主义与共产主义。这是一大进步。现在学术界有种观点，认为二大解决了中国革命两步走关系问题。事实上，有最低纲领和最高纲领之分，固然是个很大进步，但并不能据此认为二大已解决了两步走关系问题。因为解决两步走问题，关键在于解决民主革命与社会主义革命的关系，即由民主革命转变为社会主义革命的条件和步骤。主要是无产阶级的领导权。这是新民主主义与旧民主主义的根本区别。如果这个问题没有解决，只是提出了中国革命分两个阶段，那么这与陈独秀的"二次革命论"有何区别？正因为二大在这个问题上没有回答，所以 1923 年陈独秀抛出了《资产阶级的革命与革命的资产阶级》和《中国国民革命与社会各阶级》两篇文章，表达了二次革命论的思想。党的四大前后，党的一些领导人周恩来、邓中夏、瞿秋白等纷纷发表文章，从不同角度论述了工人阶级在民主革命中的领导权问题和农民问题。1925年，通过五卅运动中中国社会各阶级政治态度充分显露，毛泽东集党内智慧之大成，比较系统地论述了中国社会各个阶级及其在中国革命中的地位，并指出中国革命的非资本主义前途。

1928 年 10 月，毛泽东起草的中共湘赣边界第二次代表大会决议的一部分《中国的红色政权为什么能够存在?》提出了"工农武装割据"的思想。1930 年 1 月，毛泽东针对林彪的"先争取群众后建立政权"的主张，写了给林彪的一封长信（即《星星之火，可以燎原》），着重论述了建立农村根据地，建设工农民主政权的必要性和重要意义，阐明了小块红色政权与夺取全国胜利的关系，从理论上解决了把党的工作重心放在农村的问题，从而基本形成了农村包围城市、武装夺取全国政权的理论。这样就从根本上解决了无产阶级领导权问题，因为在中国有了农村根据地才能建立巩固的工农联盟从而使无产阶级领导权得以落实，有了保障。

此外，关于农村革命根据地的经济政策、土地政策以及政权建设等一系列理论观点，都是新民主主义革命理论在当时条件下的初步体现和实践，是新民主主义理论的基本要素。

抗日战争时期，民族矛盾与阶级矛盾交织，而以民族矛盾为主；由于抗日民族统一战线中国民党顽固执行两面政策，给统一战线带来了复杂性，迫切要求共产党人以马克思主义进行阶级分析，制定正确的政策和策略；抗日战争军事斗争的开展，党的思想建设和正确处理党内矛盾的需要，特别是要驳斥国民党顽固派的反共叫嚣，回答中国向何处去的问题。这些都促使新民主主义理论系统化而达到成熟。这种成熟集中表现在毛泽东《共产党人发刊词》中关于中国革命三大法宝的论述，在《中国革命和中国共产党》中首次提出"新民主主义"的科学概念，在《新民主主义论》中，以系统完整的形态阐明了新民主主义革命的基本理论，明确提出共产主义与新三民主义的相同点和区别，阐明了新民主主义革命路线和政治、经济、文化纲领，以及由新民主主义向社会主义转变等问题，在《论联合政府》中进一步阐述了新民主主义国家政权的性质与结构。

解放战争时期和新中国成立初期，新民主主义理论得到进一步丰富和发展。集中体现在新民主主义革命三大经济纲领的明确提出：《论人民民主专政》中关于建国后国家政权性质和任务的论述；《共同纲领》中关于新中国政权机构和关于新民主主义经济秩序等。

新民主主义理论从产生到成熟，始终是运用马克思主义的基本原理，从中国的具体国情出发，总结中国革命成功与失败的经验教训的结果。如果没有马克思主义的指导，没有共产党人对中国国情的正确认识与分析，没有中国革命正反两方面历史经验的总结，新民主主义理论的形成与发展是不可能的。

我们了解新民主主义理论的历史发展，还必须知道它的内涵。新民主主义理论的内涵，包括新民主主义革命和社会建设两个部分。新民主主义革命的理论有狭义与广义两种理解。传统的观点是按《新民主主义论》与《中国革命和中国共产党》中作出的解释，其基本点是：中国革命是世界无产阶级社会主义革命的一部分；中国革命必须分两步走，第一步是民主革命，第二步是社会主义革命，二者既有区别又有联系，民主革命是社会主义革命的必要准备，社会主义革命是民主革命的必然趋势，新旧民主主义革命区别的根本标志在于是否有无产阶级领导。

广义的新民主主义革命理论的内涵，如党的十一届六中全会决议关于毛泽东思想独创性的内容中的新民主主义革命理论部分所论述的，其基本点还包括：关于统一战线、武装斗争、党的建设中国革命的“三大法宝”以及关于农村包围城市革命道路的理论。无论狭义的或广义的理解，两者总的概括都是无产阶级领导的，工农联盟为基础的，人民大众的，反对帝国主义、封建主义和官僚资本主义的新民主主义革命。

新民主主义社会理论的基本点是：以社会主义国营经济为主导的五种经济成分共存的社会经济形态；工人阶级（通过共产党）领导的各革命阶级联合专政的人民民主专政政权，共产党领导下的多党合作与政治协商制度；民主化是工业化的保障，工业化是民主化的物质基础；过渡时期的理论，等等。

这里所讲的中国特色的革命道路问题，并不只是指人们通常所理解的农村包围城市的革命道路，而是站在宏观研究的角度，对中国整个革命历程（两个阶段）进行广角触视，综合归纳，是对中国革命经由新民主主义，继而进入社会主义的道路而言的。因为新民主主义是以毛泽东为代表的中国共产党人，运用马克思主义的世界观方法论以及科学社会主义学说，正确分析了中国特殊的国情，认清了中国社会性质、主要矛盾，总结了中国革命的独特经验，从而在宏观上指明了中国革命的方向和方位，得出了中国革命分两步走的结论，突破了马克思、列宁关于世界上只有两种革命和两种类型国家的传统论断，而提出了新民主主义革命和新民主主义国家的第三类型的新概念、新学说。这就从根本上解决了在半殖民地半封建社会里如何进行共产主义运动，如何在中国实现社会主义的道路问题，为从半殖民地半封建到社会主义架起一座桥梁，打开一个通道，成功地解决了中国特色的革命道路的第一步，并为第二步社会主义革命奠定了坚实基础。当然，新民主主义这条中国特色的革命道路，包括农村包围城市革命道路理论。农村包围城市革命道路是在中国特殊社会历史条件下，实现武装夺取政权的途径，也是完成新民主主义革命任务的必经之路，它是服从和从属于新民主主义革命道路的。前者范畴更广，后者属于前者的内涵。无疑，农村包围城市革命道路也是对马克思主义传统观点的突破，是中国革命独创性经验的总结。它有两点含义：第一，不是如俄国十月革命那样，先占领城市后取乡村，而是走与此相反的道路；第二，不是一蹴而就地夺取全国政权，而是先在局部地区打碎旧的国家机器，建立小块红色政权，然后逐步扩大乃至最后夺取全国政权。

（二）新民主主义理论是马克思主义与中国革命实践相结合的第一次历史性飞跃的结晶

所谓飞跃，是指马克思主义与中国实践相结合的历史进程中，以毛泽东为代表的老一辈革命家，对中国革命和社会主义建设事业，在认识上发生的质的变化，在思想理论上取得的突破性的进展，为马克思主义理论宝库增添了新的原理或新的论断，是中国革命独创性经验的科学总结。

以毛泽东为代表的中国共产党人，以高度的革命精神、科学态度和理论勇气，在领导中国革命的实践过程中，深入实际，深入群众，调查研究，分析国情，率先认识到马克思主义不是教条，而是行动的指南，必须把马克思主义基本原理与中国革命实践相结合，总结中国革命独创性经验，提出符合中国国情的理论原则，用中国化了的马克思主义指导革命。新民主主义理论是毛泽东创造性地运用马克思主义历史唯物主义基本原理、无产阶级革命和无产阶级专政理论及列宁民族和殖民地理论，实事求是地分析中国特殊国情，科学地总结近代中国资产阶级革命的历史教训，同时考虑到中国革命的时代背景与国情环境，所创立的中国化的马克思主义的革命学说。

马克思主义的历史唯物主义认为，人类社会总的说来是由经济基础与上层建筑、生产力与生产关系构成，因而观察社会最基本的是看社会基本矛盾的内容、性质，以及由此而呈现的阶级结构与阶级关系和社会主要矛盾。列宁关于民族和殖民地理论最重要的思想是把帝国主义和无产阶级革命时代分成两大民族，即压迫民族和被压迫民族。列宁指出："帝国主义特点，正如我们所看到的那样，就是现在全世界已经划分为两部分，一部分是为数众多的被压迫民族，另一部分是少数几个拥有巨量财富和强大军事实力的压迫民族。"[①] 据此，列宁和共产国际提出两个具有战略意义的口号：一是全世界无产阶级同

---

① 《列宁选集》第 4 卷，人民出版社 1995 年版，第 275 页。

被压迫民族革命运动联合起来；一是被压迫民族的无产阶级同本国资产阶级民族革命运动联合起来，以共同反对共同敌人即压迫民族的资产阶级——帝国主义。列宁还论证说："任何民族运动都只能是资产阶级民主性质的，因为落后国家的主要居民群众是农民，而农民是资产阶级资本主义关系的体现者。认为无产阶级政党（如果它一般地说能够在这类国家里产生的话）不同农民运动发生一定的关系，不在实际上支持农民运动，就能在这些落后国家里实行共产主义的策略和共产主义的政策，那就是空想。"① "共产国际应当同殖民地和落后国家的资产阶级民主派结成临时联盟，但是不要同他们融合，要绝对保持无产阶级运动的独立性，即使这一运动还处在最初的萌芽状态也应如此"。② 列宁还认为："在先进国家无产阶级的帮助下，落后国家可以不经过资本主义发展阶段而过渡到苏维埃制度，然后经过一定的发展阶段过渡到共产主义。"③ 列宁还针对落后的东方殖民地国家共产党人说："你们面临着全世界共产主义人所没有遇到过的一个任务，就是你们必须以共产主义的一般理论和实践为依据，适应欧洲各国所没有的特殊条件，善于把这种理论与实践运用于主要群众是农民，需要解决的斗争任务不是反对资本而是反对中世纪残余这样的条件。"④

　　毛泽东运用马克思主义历史唯物主义观点、方法及列宁关于民族及殖民地理论分析了中国特殊国情。他从分析社会经济结构和政权性质着眼，分析社会阶级结构与阶级关系，把握社会主要矛盾及中国革命所处的历史时代与国际背景，确定中国社会性质，中国革命任务、对象、动力及革命前途，并据此提出了中国革命分两步走的战略构想，指明了第一步既不是无产阶级社会主义革命，也不是资本主义领导的旧民主主义革命，而是由无产阶级（通过共产党）领导的人民

---

① 《列宁选集》第 4 卷，人民出版社 1995 年版，第 276 页。
② 《列宁选集》第 4 卷，人民出版社 1995 年版，第 221 页。
③ 《列宁选集》第 4 卷，人民出版社 1995 年版，第 279 页。
④ 《列宁选集》第 4 卷，人民出版社 1995 年版，第 79 页。

大众的反对帝国主义、封建主义和官僚资本主义的新民主主义革命，从而解决了中国革命方向、方位，指明了由半殖民地半封建社会通往社会主义的道路。

毛泽东依据马克思主义阶级分析方法和列宁民族及殖民地理论把世界划分为两种民族，并依据民族中资产阶级不同特点，科学地分析了中国资产阶级，把它分为大资产阶级和中产阶级即民族资产阶级两部分，认为前者又分别依附于不同的帝国主义并成为它的在华的代理人，后者具有两重性，从而把他作为革命阵线动力之一，并对它实行既团结又斗争的政策。这是毛泽东把马克思主义中国化的突破性贡献。关于这个问题，本书另有专章，在此从略。

关于农民问题，列宁把农民问题作为无产阶级专政这个基本问题的组成部分，是站在无产阶级专政的政策和策略基础上来阐明农民问题的。他说："专政底最高原则就是维护无产阶级与农民的联盟，使无产阶级能够保持自己的领导作用和国家政权。"斯大林在论述列宁主义中的主要点时指出，无产阶级革命的基本内容是无产阶级专政。他并没有把农民问题作为列宁主义的基本问题或主要点，而是把它作为"关于无产阶级专政、关于争取无产阶级专政的条件、关于巩固无产阶级专政的条件问题"。他认为："农民问题，即无产阶级在为政权而斗争中的同盟者问题，是一个附带问题。"[1]

毛泽东运用马列主义关于农民问题的基本理论，从中国是一个落后的以封建主义小农个体经济为主体的半殖民地半封建社会，农民占人口的80%的农业大国及农民的社会地位实际出发，使之中国化，主要体现为不仅从无产阶级专政角度评价农民问题的历史地位，把农民作为工人阶级可靠的同盟军，工农联盟作为无产阶级领导的人民民主专政的基础，并且把农民问题作为中国革命的基本问题，土地革命作为民主革命的基本内容，认为农民是革命的主力军，工农联盟是革

---

[1] 斯大林：《列宁主义问题》，莫斯科外文书籍出版局1948年印行，第161页。

命统一战线的基础，中国的革命武装是穿军装的农民，中国革命战争实质是共产党领导的农民革命战争。这样，毛泽东把农民问题在中国革命中的地位和作用提高到更高的层次上来考虑中国革命的战略与策略。这是由中国特殊国情和中国革命性质所决定的。

暴力革命是马列主义关于无产阶级革命的基本原则。列宁揭示了国际范围帝国主义发展不平衡规律，认为无产阶级革命能够首先在帝国主义统治薄弱环节夺取胜利，发动俄国十月社会主义革命，通过城市武装起义一举夺取政权，然后从城市到农村取得全国胜利。毛泽东坚持马克思主义暴力革命原则，运用列宁关于帝国主义发展不平衡理论分析中国特殊国情，提出武装斗争是中国革命的主要斗争形式的重要论断。中国是一个政治经济发展不平衡的半殖民地的大国，这是中国革命战争的特点之一。不平衡主要表现在"微弱的资本主义经济和严重的半封建经济同时存在，近代式的若干工商业都市和停滞着的广大农村同时存在，几百万产业工人和几万万旧制度统治下的农民和手工业工人同时存在，管理中央政府的大军阀和管理各省的小军阀同时存在，反动军队中有隶属蒋介石的所谓中央军和隶属各省军阀的所谓杂牌军这样两部分军队同时存在，若干铁路航路汽车路和普通的独轮车路、只能用脚走的路和用脚还不好走的路同时存在"[①]。地方的农业经济和帝国主义划分势力范围的分裂剥削政策，造成白色政权间的长期的分裂和战争，这乃是半殖民地中国独特的现象。这就像一小块或若干小块的共产党领导的红色区域，能够在四周白色政权包围的中间发生和坚持下来。这是小块红色政权能够长期存在与发展的一个重要客观条件。由此，毛泽东提出"工农武装割据"的重要思想并进而形成在农村建立革命根据地，积聚壮大力量，以农村包围城市，最后夺取全国政权的中国式武装夺取政权的道路。这是在中国夺取新民主主义革命胜利的必由之路。这条道路的内容包括以根据地为依托，土

---

① 《毛泽东选集》第一卷，人民出版社1991年版，第188页。

地革命为内容，政权为杠杆，武装斗争为主要形式，几个方面相结合，这是毛泽东把马克思主义中国化的重要成果。列宁指出："革命的基本问题是政权问题。"无产阶级革命的根本内容是无产阶级专政。根据列宁关于无产阶级革命同资产阶级革命具有不同的特点的论述，前者夺取政权建立无产阶级专政是革命的开始，并以此为杠杆建立新的社会主义经济；后者夺取政权则是革命的终结，以新的政权为杠杆保护与发展既已存在的资本主义经济。前者革命胜利必须彻底打碎旧的国家机器，代之以无产阶级专政政权；后者则是一个剥削阶级集团代替另一个剥削阶级集团的统治，无须打碎旧的国家机器。毛泽东依据马列主义关于无产阶级专政和国家学说，结合中国具体实际提出了关于人民民主专政理论及具有中国特色的国体与政体。

（三）革命转变理论与有中国特色的社会主义改造理论

中国的特殊国情决定了中国革命分为两步走，这既是历史发展的实际进程，也是中国新民主主义革命理论所明确阐述的基本观点。1949 年 3 月，在中国革命即将夺取全国胜利的前夜，毛泽东在党的七届二中全会上的报告中着重阐述了在全国胜利的局面下，党的工作重心必须由乡村转移到城市，提出了党在全国胜利以后，在政治、经济、外交等方面应当采取的基本政策以及由农业国转变为工业国、由新民主主义社会转变为社会主义社会的总任务和主要途径。新中国成立以后，以恢复国民经济为中心，在农村新解放区土地改革运动全国铺开，在城市没收垄断国家经济命脉的官僚资本变为社会主义性质的国营经济，对民族资本主义工商业实行利用、限制、改造政策，使之初步纳入国家资本主义轨道。与此同时，取得了抗美援朝的伟大胜利，有效地遏制了美帝国主义的疯狂侵略。鉴于国内资产阶级同无产阶级、资本主义同社会主义两个阶级、两条道路的矛盾日趋深化和对外加强国防建设的急需，党中央和毛泽东把马克思列宁主义基本原理与中国具体实际相结合，适时地于 1953 年 6 月正式确立党在过渡时期的总路线，并相继提出关于赎买民族工商业，进行社会主义改造的理论与政策、关于引导个体农民走社会主义集体化道路的理论与政策。

第一，关于革命转变与过渡时期的理论。1952 年 9 月以后，毛泽东曾多次讲到过渡时期总路线的问题，1953 年 6 月，毛泽东在修改由他授意经中共中央宣传部起草的关于总路线的宣传提纲时，把党在过渡时期的总路线完整准确地表述为："从中华人民共和国成立到社会主义改造基本完成，这是一个过渡时期。党在这个过渡时期的总路线和总任务，是要在一个相当长的时期内，逐步实现国家的社会主义工业化，并逐步实现国家对农业、手工业和资本主义工商业的社会主义改造。这条总路线是照耀我们各项工作的灯塔，各项工作离开了它，就要犯右倾或'左'倾错误。"从这一时期毛泽东一系列有关批示的手稿可以看出，关于革命性质转变和过渡时期理论的主要观点有以下几个方面：

一是革命性质转变的标志是政权的转变。毛泽东明确指出，中华人民共和国的成立标志民主革命的基本结束和社会主义革命的开始。当然这并不等于说社会主义改造这样的重大任务，在新中国成立伊始就可以立即在全国一切方面着手进行了，还需用二年至三年的时间，在条件具备时，才能全面实施。

二是关于过渡时期的时限概念。鉴于 20 世纪 50 年代初的国际国内形势，毛泽东改变了过去经新民主主义社会建设阶段及由此再向社会主义过渡的两个阶段的构想，而主张把两个阶段统一为同步实施，把新民主主义社会本身作为一个过渡性的社会。毛泽东在 1953 年 6 月 15 日政治局会议上的讲话提纲里批评了所谓确立新民主主义的社会秩序，由新民主主义走向社会主义，确立私有财产的观点。①

三是革命转变的主要内容和总任务。党的七届二中全会把革命

---

① 《建国以来毛泽东文稿》第四册，中央文献出版社 1990 年版，第 251 页。

转变主要内容概括为工作重点由乡村转为城市、中国由农业国变为工业国、由新民主主义社会转变为社会主义社会。实现国家工业化和农业、手工业和资本主义工商业的社会主义改造，社会主义工业化与社会主义改造同时并举。

四是革命转变的特点是和平改造与逐步过渡。对资本主义工商业采取赎买的办法，通过国家资本主义的形式，由初级到高级逐步过渡；对农业根据自愿互利原则，通过农业生产合作社的形式，由初级社到高级社逐步变为社会主义集体经济。

第二，关于农业、手工业社会主义改造的理论。土地改革以后农民个体经济同手工业个体经济性质相同，因而对它们进行社会主义改造的指导思想、途径、方法基本上是一致的。

一是关于农业社会主义改造的必要性与可能性。首先，合作化与农业发展、防止两极分化的关系。马克思、恩格斯指出，为了建立起一个以社会共同占有生产资料为基础的新的生产方式，无产阶级在夺取政权以后，"我们对于小农的任务，首先是把他们的私人生产和私人占有变为合作社的生产和占有"①，促进土地私有制向集体所有制的过渡。从中国是一个由半殖民地半封建社会脱胎而来的新民主主义社会的基本国情出发，鉴于我国土地改革后的农村实际状况，毛泽东对在我国实行农业社会主义改造的必要性与可能性，进行了深刻地分析和系统地论述。他指出，社会主义集体化是中国农业的"唯一出路"。一方面，肯定了土地改革后农民不可避免地迸发出发展个体经济的积极性。"不能忽视和粗暴地挫伤农民这种个体经济的积极性"。同时，也应当看作单个个体经济有其局限性，弱不禁风，势必两极分化。毛泽东明确指出："全国大多数农民，为了摆脱贫困，改善生活，为了抵御灾荒，只有联合起来，向社会主义大道前进，才能达到目的。"因此，中国农业走社会主义道路，是克服个体农业经济发展

---

① 《马克思恩格斯选集》第 4 卷，人民出版社 1995 年版，第 498 页。

生产困难和防止产生两极分化内在矛盾所提出的客观要求。其次，农业合作化与社会主义工业化的关系。1951 年 12 月，中共中央《关于农业生产互助合作的决议（草案）》中把"要使国家得到比现在多得多的商品粮食及其他工业原料，同时也就提高了农民的购买力、使国家的工业品得到广大的销场"作为必须提倡组织起来的一个重要目的提出来。1953 年过渡时期总路线提出以后，毛泽东明确指出，我国农业合作化的步骤应当和我国的社会主义工业化的步骤相适应。最后，关于合作化与机械化的关系。鉴于我国现代工业基础十分薄弱的情况，毛泽东明确指出，在我国的条件下（在资本主义国家内是使农业资本主义化），则必须先有合作化，然后才能使用大机器。

二是由低级到高级逐步过渡的农业合作化道路。首先，合作化过渡的步骤有初级形式的农业生产合作社和高级形式的农业生产合作社之分。初级形式的农业生产合作社是由农业互助组发展而来的。初级社是半社会主义性质的，高级社是完全社会主义性质的。初级社的特点是个体所有的生产资料入股，统一经营，所有权和使用权不分离；在集体经营的条件下，积累一定的公积金和公益金；产品分配除少部分作为土地等生产资料报酬外，主要部分本照"按劳分配"原则。高级社是在初级社的基础上，通过逐步取消土地报酬和对社员耕畜、农具等生产资料"作价归公、分期偿还"的办法，过渡发展而来的。其次，农业合作化道路的特点是循序渐进，逐步过渡。1955 年 7 月，毛泽东在《农业合作化问题》报告中指出，这样可以使农民从自己的经验中逐步地提高社会主义的觉悟程度，逐步地改变他们的生活方式，因而可以使他们较好地感觉到他们的生活方式的改变好像不是突然地到来的。这些步骤，可以基本上避免在一个时期内（例如一年到二年内）农作物的减产。相反，它必须保证每年增产，而这是可以做到的。

三是自愿互利原则与合作化中的阶级政策。首先，自愿互利原则主要体现为坚持允许单干和团结单干农民的政策，入社自愿，退社自由。同时，互利是团结中农这一农村阶级政策的物质内容，是解决贫农和中农之间矛盾的一项根本政策。互利不损害中农利益。自愿互利，不仅有利于贫农，也有利于中农，所以，必须坚持这个原则。互利主要体现在生产资料和劳动之间实行等价交换。分配的结果，应保证在正常情况下，各种不同经济地位的人都能相应地增加收入。其次，毛泽东科学地分析了中国农村土地改革后阶级关系的新变化，提出了党在农业合作化运动中的阶级政策："必须依靠贫农（包括土地改革后变为新中农的老贫农），巩固与中农联合，逐步地发展互助合作，逐步由限制富农剥削到最后消灭富农剥削。"① 这一阶级政策的特点是把下中农与上中农区别开，把下中农与贫农一起都作为依靠的力量。从而树立了贫下中农的政策优势。

关于手工业的社会主义改造，毛泽东和党中央根据手工业的特点，提出不宜集中过多，规模不宜过大，形式不宜千篇一律，注意保存和发扬特种手工艺品。

第三，关于资本主义工商业社会主义改造的理论。毛泽东和党中央在领导我国实施过渡时期总路线过程中，形成了比较完整的具有中国特色的资本主义工商业社会主义改造的理论政策。

首先，利用、限制、改造和和平赎买的思想。鉴于私人资本主义经济在国民经济中的地位、作用和资产阶级的特点以及历史上形成的中国共产党同民族资产阶级及其政党的联盟关系，新中国成立以后，党中央和毛泽东提出对私人工商业采取利用、限制、改造政策。利用与限制相结合，利用其积极作用，限制其消极作用，待条件具备时进行改造，以从根本上变资本主义私有制为社会主义公有制。1949年春，在党的七届二中全会上，毛泽东在总结了解放区的经验，阐述新民主主义的五种经济成分时指出："中国的私人资本主义工业，占了现代性工业中的第二位，它是一个不可忽视的力量……由于中国经

---

① 《〈中国共产党的七十年〉阅读文件选编》，中共党史出版社1992年版，第449页。

济现在还处在落后状态，在革命胜利以后一个相当长的时期内，还需要尽可能地利用城乡私人资本主义的积极性，以利于国民经济的向前发展……但是中国资本主义的存在和发展，不是如同资本主义国家那样不受限制任其泛滥的。它将从几个方面被限制——在活动范围方面，在税收政策方面，在市场价格方面，在劳动条件方面。"①"改造"资本主义工商业，既是一种操作，又是一种理论。它同利用、限制一起构成了党的资本主义工商业政策的统一体系。"改造"是这一政策的最高表现和最终结果，是从根本上变革所有制的中心环节。

和平赎买是对资本主义进行社会主义改造的基本政策。"和平赎买"是马克思主义设想变革资本主义所有制的一种办法。列宁曾试图把它付诸实践，但由于历史条件的原因，未能变成现实。如何用赎买的办法变革资本主义所有制，列宁指出："至于变革的形式、方法和手段，马克思既没有束缚自己的手脚，也没有束缚未来的社会主义革命活动家的手脚，他非常懂得在变革时会有怎样多的新问题发生，在变革进程中整个情况会怎样变化，在变革进程中整个情况会怎样频繁而剧烈地变化。"②

根据马克思主义经典作家的"赎买"思想，结合我国社会历史实际，我国走出一条独具特色的对资本主义工商业进行和平赎买的社会主义改造道路。对资产阶级的赎买不是国家拿出一笔资金，而是结合工商业社会主义改造，通过国家资本主义的发展来实现的。赎买的形式在全行业公私合营以前，采取按比例分配利润的办法。即"四马分肥"，资本家获得赢利的 1/4；全行业公私合营以后，在若干年内，每年付给资本家相当于其股额的 5% 的利息。"和平赎买"既改变了资本主义生产关系，又使在整个社会大变革时期生产力不但没有遭到破坏，而且推动了经济的发展，这是国际共产主义运动的一个创举。

---

① 《毛泽东选集》第四卷，人民出版社 1991 年版，第 1431 页。
② 《列宁全集》第 32 卷，人民出版社 1958 年版，第 329 页。

其次，关于国家资本主义的理论。列宁把国家资本主义称为"社会主义的最充分的物质准备，是社会主义的前阶，是历史阶梯上的一级，在这一级和社会主义的那一级，没有任何中间级"①。党中央和毛泽东把国家资本主义经济肯定为构成新民主主义经济五种成分之一，并对此作了一系列论述。《共同纲领》规定："国家与私人合作的经济为国家资本主义性质的经济，在必要和可能的条件下，应鼓励私人资本主义向国家资本主义方向发展，例如为国营企业加工，或与国家合营，或用租借形式经营国家企业，开发国家的资源等。"1948年8月，张闻天在总结东北经济构成及经济建设基本方针时指出：国家资本主义，"可促使小资本向大资本集中，小生产向大生产发展，使国家的管理监督更为便利"，是私人资本主义经济中最有利于新民主主义经济发展的一种形式。党中央《关于利用、限制、改造资本主义工商业的意见》中明确提出，国家资本主义是利用、限制和改造资本主义工商业的主要形式，它是过渡性质的经济形式。从低级到高级的国家资本主义都带有不同程度的社会主义性质，公私合营已经是半社会主义性质的企业。毛泽东在谈到对私营工商业的社会主义改造时指出，有了三年多的经验，已经可以肯定：经过国家资本主义完成对私营工商业的社会主义改造，是较健全的方针和办法，国家资本主义是改造资本主义工商业和逐步完成社会主义过渡的必由之路。国家资本主义发展到高级阶段，通过"和平赎买"最终完成所有制的社会主义改造。

最后，把资本主义企业改造与资本家的改造相结合。鉴于民族资产阶级两面性的特点与其政党与中国共产党在历史上形成的联盟关系，党中央和毛泽东在确定对资本主义民族工商业进行社会主义改造的同时，对资本家个人实行团结、教育和改造政策。毛泽东指出：资产阶级要灭掉，不是讲把人灭掉，是把这个阶级灭掉，人要改造。使

---

① 《列宁全集》第3卷，人民出版社1995年版，第266页。

他们逐步地由剥削者改造成为自食其力的劳动者，化消极因素为积极因素，以利于社会主义改造和社会主义建设事业。这是中国共产党创造的独有的成功经验，是毛泽东和中国共产党在领导革命的长期奋斗中把马克思主义中国化，创立中国特色革命道路的理论，实现马克思主义同中国实际相结合的第一次历史性飞跃的伟大成果重要组成部分。

中国共产党成立后的 28 年间，领导中国人民进行革命斗争的全部历史集中到一点，就是赢得新民主主义革命的伟大胜利，由人民民主专政的国家政权代替了大地主大资产阶级对全国的统治，使中国由半殖民地半封建社会进入新民主主义社会，为过渡到社会主义社会奠定了基础，创造了基本条件。

中国共产党领导新民主主义革命的光辉业绩，神州大地有口皆碑，举世公认。即使解放战争时期扶蒋反共、称霸一时的美帝国主义也不得不承认。当年美国国务卿艾奇逊抛出的中美关系白皮书，就是毋庸置疑的自供状。

由此可见，中国特色革命道路的理论的创立，表明马克思主义中国化思想体系——毛泽东思想达到系统化并且得到继续发展。中国特色革命道路的理论极大地丰富、发展了马列主义关于无产阶级革命和无产阶级专政以及民族殖民地理论、关于革命转变理论以及对小农经济改造和对资产阶级和平赎买的思想，完满地解决了中国革命的道路问题，因而它是毛泽东思想的主体思想和最重要的支柱理论。

二、马克思主义中国化第二次历史性飞跃

马克思主义中国化第二次历史性飞跃的重大理论成果是中国特色社会主义理论体系。中国特色社会主义是我国社会主义革命和建设正反两方面历史经验的科学总结，是中国由贫穷落后走向富强繁荣的必由之路，它不是凭主观臆断，而是有其深厚的社会历史根源、实践

基础和理论依据的。对于中国特色社会主义的许多理论问题，学术界都发表了颇有见地的论著，而对于我国进入社会主义的前身不是资本主义社会，而是由新民主主义社会过渡而来的这一基本历史事实，及其与中国特色社会主义的血缘关系方面的论著，则较为鲜见。我们认为，这乃是决定中国特色社会主义道路是历史必然的根本依据，是中国特色社会主义得以形成发展的原因。

（一）中国特色社会主义理论形成的历史考察

中国特色的社会主义理论的形成不是一日之功，它经历了一个较长的曲折发展过程，逐步被中国共产党人以艰辛的努力"置于现实的基础之上"①，并形成理论体系。这一过程大致可分为 4 段：

1. 从 1956 年年末社会主义制度确立到 20 世纪 60 年代初，在总体坚持传统社会主义模式的轨道上，包含着具有中国特色的熠熠光点。

1956 年前后，在我国社会主义制度刚刚确立的时候，由于我们党破除了对斯大林理论观点的迷信，毛泽东等中央领导人从中国的国情出发，对我国的社会主义建设道路作出了有益的探索，主要是：中共八大关于发展社会生产力，实现国家工业化的正确论述；毛泽东《论十大关系》中关于正确处理重工业和轻工业、农业的关系的思想，以及 1961 年又进一步提出的按农轻重的顺序安排国民经济和"以农业为基础，工业为主导"的国民经济总方针；周恩来、陈云关于既反保守又反冒进，在综合平衡中稳步前进的经济建设方针；毛泽东、周恩来、陈云关于中央向地方分权、扩大企业自主权，在所有制、生产和流通方面实行"三个主体、三个补充"等经济体制改革方面的新思索；毛泽东《关于正确处理人民内部矛盾问题》等文中，关于加强民主政治建设，以调动一切积极因素，把我国建设成为一个强大的社

---

① 《马克思恩格斯选集》第 3 卷，人民出版社 1995 年版，第 732 页。

会主义国家的重要思想；等等。这些有益的探索虽然还没有突破以产品经济为核心的传统社会主义模式，并且随着反右派斗争的扩大化和"左"倾思想的发展而成为昙花一现，但是，这些思想所焕发出的绚丽光彩，它所产生的社会效应，却在历史上刻下了印痕，对以后的社会主义现代化建设，对社会主义理论向更高层次的升华提供了起跳点，实际上谱写了第二次历史性飞跃的前奏曲。

2. 从 1978 年 12 月中共十一届三中全会的召开到 1982 年 9 月中共十二大前后，由于我们党在指导思想上完成了拨乱反正的任务，胜利地实现了历史性的伟大转变，以邓小平为首的中共中央在全面开创社会主义现代化建设的新局面这一思路上，认真总结十一届三中全会以来崭新的社会主义建设实践经验，"在新的历史条件下坚持和发展了毛泽东思想"[1]，形成了有中国特色的社会主义理论的雏形。这集中体现在：

（1）邓小平向全党明确提出了建设有中国特色社会主义的任务。他在十二大开幕词中指出："把马克思主义的普遍真理同我国的具体实际结合起来，走自己的道路，建设有中国特色的社会主义，这就是我们总结长期历史经验得出的基本结论。"[2]

（2）中共十二大政治报告，对建设有中国特色的社会主义的基本内容作了初步的揭示，主要是：我国首要的任务是把社会主义现代化经济建设继续推向前进；把全部经济工作转到以提高经济效益为中心的轨道上来，同时不断巩固和完善经济管理体制方面已经实行的初步改革；在坚持国营经济主导地位的前提下，促使多种经济形式的适当发展；正确贯彻计划经济为主、市场调节为辅的原则，自觉利用价值规律，运用价格、税收、信贷等经济杠杆引导企业实现国家计划；实行对外开放，按照平等互利的原则扩大对外经济技术交流；努力建

---

① 《十二大以来重要文献选编》上，人民出版社 1986 年版，第 7 页。
② 《邓小平文选》第三卷，人民出版社 1993 年版，第 3 页。

设高度的社会主义精神文明；努力建设高度的社会主义民主等。这些既提出新的意向，又有待于进一步发展的思想，构成有中国特色社会主义理论的最初模型，为这一理论的深化奠定了基础。

　　3. 从中共十二大到 1987 年 10 月召开的中共十三大前后，以邓小平为代表的中国共产党人，经过反复探索，总结新中国成立三十多年来正反两方面的经验，在研究国际经验和世界形势的基础上，初步实现了马克思主义与中国实践相结合的第二次历史性飞跃，发挥发展了十二大时我们党对社会主义再认识的一系列科学理论观点，使中国特色的社会主义理论构成轮廓。这期间，主要贡献有两点：一是对中国特色社会主义理论几个突破性的问题作了深入的阐述，如邓小平关于"社会主义阶段的最根本任务就是发展生产力"的论述[①]；《中共中央关于经济体制改革的决定》对我国社会主义是有计划的商品经济的阐发；十三大政治报告对我国社会主义初级阶段特殊含义的明确等。二是中共十三大政治报告对中国特色社会主义理论的内容作了概括。主要有：解放思想，实事求是，以实践作为检验真理的唯一标准；建设社会主义必须根据本国国情，走自己的路；我国建设社会主义必须有一个很长的初级阶段；社会主义社会的根本任务是发展生产力；社会主义经济是有计划的商品经济；改革是社会主义社会发展的重要动力，对外开放是实现社会主义现代化的必要条件；社会主义民主政治和精神文明是社会主义重要特征；坚持四项基本原则同坚持改革开放的总方针这两个基本点相互结合、缺一不可；用"一个国家、两种制度"来实现国家的统一；执政党的党风关系到党的生死存亡；按照独立自主、完全平等、互相尊重、互不干涉内部事务的原则，发展同外国共产党和其他政党的关系；和平与发展是当代世界的主题等 12 个论点。这些论点，初步回答了我国社会主义建设的阶段、任务、动

---

① 邓小平：《建设有中国特色的社会主义》（增订本），人民出版社 1987 年版，第 52—53 页。

力、条件、布局和国际环境等问题，从而规划了建设有中国特色社会主义的宏伟蓝图，形成了这一理论的基本框架，使全党对建设有中国特色社会主义的基本理论和基本实践取得了共同认识。

4. 从中共十三大到 1990 年 12 月召开的十三届七中全会，在邓小平倡导的中国特色社会主义的一系列理论原则指引下，我国的社会主义制度经受住了血与火的考验。之后，在以江泽民为核心的党中央，认真总结经验教训，正确的加以坚持，不足的加以完善，失误的加以纠正，使有中国特色社会主义理论的原则在实践中得到进一步具体落实和丰富发展。在这一基础上，中共十三届七中全会在《中共中央关于制定国民经济和社会发展十年规划和"八五"计划的建议》中，对有中国特色的社会主义理论给予了全面的完整的概括，体现出我们党对这一问题认识的新高度。主要表现在：第一，站在综合的认识制高点，对社会主义在中国的发展，在政治制度、经济体制、思想文化、对内对外的基本政策等各方面，进行了全方位的阐述，使有中国特色的社会主义理论趋于系统化；第二，融会了新中国成立以来，特别是 1956 年以来，我国实行社会主义制度的全部有益思想，使有中国特色的社会主义理论汲取了新民主主义革命的基本经验，囊括了 7 年新民主主义社会以至 1956 年后社会主义社会发展的优秀成果，更加充实与富有感召力；第三，对每一要点的阐述与归纳都明确而完整，简练而透彻，每一要点与整体之间，各个要点之间，都协调对应，表现了有中国特色社会主义理论的成熟性。十三届七中全会的概括，说明有中国特色的社会主义理论已基本形成了一个科学体系，成为人们遵循的行动指南。通过考察中国特色的社会主义理论从躁动、孕育，到提出以至系统化的历史发展过程，我们不难看到，它是与我国社会主义现代化建设及改革开放的实践紧密联系着的，是与新时期政治战线、思想战线的斗争紧密联系着的，是正反两方面经验的深刻总结，是以邓小平为代表的中国共产党人集体智慧的结晶。

（二）新民主主义社会是中国特色社会主义的"基因"

众所周知，我国的社会主义社会，是由一个原来曾经是经济十分落后的半殖民地半封建社会脱胎而来，新中国建立之后又经过一段短暂的新民主主义社会，逐步过渡到社会主义的。新民主主义社会为社会主义做了直接的铺垫，中国特色的社会主义又是新民主主义社会发展的必然结果。因此，中国特色的社会主义的由来和基本的客观依据，就是因为它是从新民主主义社会过渡而来。这种由第三种类型的国家——新民主主义社会过渡而来的社会主义社会，显然是与马克思、恩格斯、列宁所论述的由推翻资本主义制度直接过渡而来的社会主义社会有很大的差别。这是因为：

第一，资本主义社会为社会主义的实现准备了比较充足的物质基础，生产力水平高度发展，生产社会化的程度较高，商品经济发达。而在这些方面，按照经济发展规律说来，任何形式的社会主义的发展都是不可逾越的。恰恰在这些方面，新民主主义社会较之资本主义社会要落后很多。虽然经过极大的努力，新民主主义社会从半殖民地半封建社会继承下来的生产力水平的不足，会得到一定程度的弥补，但不可能在有限的时间内达到较高水平。因此，新民主主义社会所能提供给社会主义社会的物质基础，还是很薄弱的。正如马克思所说："人们不能自由选择自己的生产力——这是他们的全部历史的基础，因为任何生产力都是一种既得的力量，是以往的活动的产物。"①这就决定了，我国由新民主主义社会过渡到社会主义社会以后，必须从中国的实际情况出发，确定好自己的历史方位。也就是，必须经历一个很长时期的社会主义初级阶段，去实现别的许多国家在资本主义条件下实现的工业化和生产的商品化、社会化、现代化。同时，也决定了在我国对社会主义观念的价值取向，决不能按照马克思主义的个别论述和别国模式去剪裁和确定，必须把马克思主义的一般原理与中

---

① 《马克思恩格斯选集》第 4 卷，人民出版社 1995 年版，第 532 页。

国实际相结合，走自己的路，形成中国特色的社会主义理论。

第二，与资本主义根本不同的是，新民主主义是属于共产主义的理论体系。因此，这种社会形态本身就孕育和不断发展着社会主义因素。"这种社会主义因素是什么呢？就是无产阶级和共产党在全国政治势力中的比重的增长，就是农民、知识分子和城市小资产阶级或者已经或者可能承认无产阶级和共产党的领导权，就是民主共和国的国营经济和劳动人民的合作经济。"① 这些社会主义因素不断增长，量的积累就会产生质的变化，使中国由新民主主义社会转变为社会主义社会。这就说明，新民主主义社会是中国社会发展的"历史必由之路"②，并在经济、政治、思想文化等各个方面为社会主义奠定了必要的和直接的基础。因而，社会主义在中国的实现也是社会历史发展的必然，同时，它必须继承新民主主义所给予的"基因"，形成自己的特色。比如，我国新民主主义社会为了提高生产力水平，弥补资本主义的先天不足，按照马克思主义生产关系与生产力相适应的基本原理，实行了5种经济形式并存的所有制结构。这5种经济形式在社会主义性质的国营经济领导下，形成了新民主主义特有的经济秩序。中国用了7年时间进行新民主主义建设，并完成了从新民主主义向社会主义的过渡，生产力落后和发展不平衡状态虽得到缓解，却依然存在。这就需要新民主主义的多种经济形式以不同的比例结构在社会主义社会得到体现，使社会主义的公有制经济在由新民主主义时的领导地位上升和扩大为社会主义社会的主体经济时，其他性质的经济形式也作为社会主义经济的必要补充而存在，并逐步形成中国特色的社会主义经济秩序。如，在政治建设方面，坚持人民民主专政，坚持共产党领导的多党合作和政治协商制度也是这样，只有在新的历史条件下把这些良好的素养继承下来，发扬光大，中国特色的社会主义大树，

① 《毛泽东选集》第二卷，人民出版社1991年版，第650页。
② 《毛泽东选集》第二卷，人民出版社1991年版，第559页。

才会参天屹立，根深叶茂，挺拔坚韧。

第三，从资本主义到社会主义（如苏联）的社会质变，是在彻底砸碎资产阶级的国家机器，废除资本主义社会的经济基础的前提下，"在所谓'空地上'创造新的社会主义的经济形式"①，而从新民主主义到社会主义的社会发展变化，却呈现出逐步、渐进的特点。这种有如"物种变异"的特殊社会发展程序，是由于两个历史发展阶段都是在中国共产党领导下，以马克思主义为指导，都属于中国共产主义运动范畴，是由新民主主义社会存在着社会主义的"基因"决定的。正因为如此，这种逐步和渐进的社会质变方式，又使这些"基因"源源输运进社会主义的机体，应该和必然成长为有中国特色的社会主义的基本"素质"，从而造成新民主主义与中国特色的社会主义血脉相连的关系。

当然，由于社会实践是人的一种主体性活动，所以社会发展规律的实现不能像"在自然科学中，发现和应用新的规律或多或少是顺利的"②。"世界上的事情就是这样，要走弯路，就是S形。"③ 在1956年社会主义制度刚刚在我国确立前后，顺其自然，毛泽东等中共中央领导人对适合中国特点的社会主义工业化道路进行了有益的探索。不幸的是，1957年夏季开始，由于以阶级斗争扩大化为核心的"左"倾错误的滋长，加之缺乏经验，"在社会主义建设上，我们还有很大的盲目性。社会主义经济，对于我们来说，还有许多未被认识的必然王国"④。加上急于摆脱我国贫穷落后的面貌，造成了在社会主义的宏观指导上，无视新民主主义的"基因"和中国国情，盲目求纯地去提高社会主义所有制的公有化程度，急于求成地去搞社会主义建设，给我国社会主义的发展带来了严重挫折。经过中共十一届三中全会的伟大

---

① 《斯大林文集》，人民出版社1985年版，第601页。

② 《斯大林文集》，人民出版社1985年版，第601页。

③ 《建国以来毛泽东文稿》第十三册，中央文献出版社1998年版，第181页。

④ 《建国以来重要文献选编》第十五册，中央文献出版社1997年版，第128页。

历史转折，才"风回三峡"，"河出潼关"，接续了与新民主主义社会的血脉联系，重新开创了建设有中国特色的社会主义道路。

总的说来，无论从理论上还是从客观实际上看，新民主主义社会对中国特色的社会主义的"基因"作用都是不容忽视的。正是由于重视我国社会主义社会是从新民主主义社会过渡而来的这一客观事实，继承并升华新民主主义社会遗传给社会主义的"基因"，并使之与马克思主义一般原理的指导相结合，把它融进社会主义建设的具体实践，才会使中国社会主义的发展，冲破传统的模式，形成自己的特色。同时，正是由于新民主主义社会给我国的社会主义提供了成长"基因"，中国特色的社会主义才有其特定的含义。它并非泛指任何国家搞社会主义都有自己的国情和特点，而是专指中国的社会主义的由来区别于其他社会主义国家是由资本主义社会过渡来的而言。这就说明，中国特色的社会主义理论，与一百多年来中国社会历史发展的规律是相符合的。这种蕴含深刻的根基给予中国特色的社会主义以无限的生命力，也给予遵循这一道路前进的人们以充足的信心。

（三）科学社会主义原理的突破性发展

中国特色的社会主义理论既然是马克思主义基本原理与中国实践相结合的第二次历史性飞跃，那么，不言而喻，马克思主义就为中国特色的社会主义理论的形成提供了基本的理论要素，并拓展了战略前景。这主要包括以下几点：社会主义代替资本主义，这是社会历史发展的必然趋势；社会主义只有实行无产阶级专政，才能过渡到人类最高理想的社会——共产主义社会；社会主义最基本的经济特征是实行生产资料公有制和按劳分配的原则；生产力是一切社会发展的最终决定力量，生产关系和上层建筑只有适应生产力状况，才能促进生产力的发展；经济比较落后的国家进行社会主义建设，必须走符合本民族特点的道路；等等。

以邓小平为主要代表的中国共产党人正是遵循马克思主义的上

述基本理论原则，深刻认识中国国情的本质，并把二者紧密结合起来，才创造性地提出与形成了有中国特色的社会主义的基本理论和基本实践。中国特色的社会主义理论不是对马克思主义的简单继承，而是带有突破性的发展，为马克思主义理论宝库增添了新内容，它使人们对社会主义的认识进入了新境界，拓展了新领域，发展了新观念。

第一，明确提出我国正处在社会主义初级阶段的论断。关于社会主义发展阶段问题，马克思主义的创始人都曾作过一些有益的概述。但在实践中，马克思、恩格斯的论述没有被正确地展开，各社会主义国家都先后出现了过急过快的设想和倾向，并形成一些急于向共产主义过渡的传统观念。社会主义初级阶段理论的提出，正确地确定了我国社会主义的历史地位，破除了上述观念对我国社会主义发展的羁束，重新奠定了我们制定、执行正确路线和政策的根本依据。因为社会主义初级阶段的含义有两层：一是从社会性质来说，我们已经是社会主义，不是过渡阶段，更不是新民主主义社会，因此必须坚持社会主义方向和道路，而不能倒退回去搞资本主义，搞什么"全盘西化"；二是从社会发展程度来说，我国社会主义社会的成熟程度还很低，生产力发展还远没有达到发达资本主义国家的水平，仅是初级阶段，而不是较高阶段或发达的社会主义。我们必须从这个最基本最重要的国情和客观实际出发，搞改革和建设，而不能要求过高，急于求成，做超越阶段的事。这就把我们党的路线、方针、政策置于科学的基础之上，从而防止、避免了"左"的和右的偏离。由此可见，我国社会主义初级阶段不是泛指任何国家进入社会主义都会经历的起始阶段，而是特指我国生产力落后、商品经济不发达条件下建设社会主义必然要经历的特定阶段。因此它的提出，能够更现实、更有力地坚持社会主义，是对科学社会主义理论的新创见。

第二，在公有制为主体的前提下发展多种所有制经济，实行以按劳分配为主体的多种分配方式。生产资料公有制是社会主义生产关系的基础和社会主义社会的最基本特征。但在不同的社会主义国家里，由于具体的历史环境和生产力水平的差别，必然会有不同的具体体现——如马克思指出："相同的经济基础——按主要条件来说相同——可以由于无数不同的经验的情况，自然条件，种族关系，各种从外部发生作用的历史影响等等，而在现象上显示出无穷无尽的变异和色彩差别。"① 可惜在我国较长的社会主义实践中，曾一度中断了这一探索方式，并教条式地理解马克思对未来社会主义的具体描述，出现了盲目求纯的偏向，造成了社会主义发展的僵化。对此，中国特色的社会主义理论认为：根据中国的客观实际，必须坚持以社会主义公有制为主体的多种经济成分并存的所有制结构，发挥个体经济、私营经济和其他经济成分对公有制经济的有益的补充作用，并对它们加强正确的管理和引导；与之相适应，实行以按劳分配为主体、其他分配方式为补充的分配制度，这一经过实践检验正确的理论内容，无疑纠正了无视生产力水平、片面认为公有化程度越高越好的错误观念，深化了人们对社会主义的认识，为科学社会主义增添了新的理论内容。

第三，把发展生产力作为社会主义的根本任务。马克思主义的历史唯物主义从来认为，生产力是一切社会发展的最终决定力量。生产关系和上层建筑只有适应生产力的状况，才能促进生产力的发展。社会主义社会的产生，社会主义从一个阶段到另一个阶段的推进，以至于共产主义的实现，都离不开生产力的发展。但在社会主义建设实践中，却出现了过分夸大生产关系作用的倾向。斯大林在《苏联社会主义经济问题》一书中认为："新生产关系的作用就是充当生产力进一步发展的主要推进者。"② 1958 年以后，毛泽东的论述中也产生了所有制公有化程度越高，越能促进生产力发展的偏颇。这些忽视社会生产力发展的倾向，曾一度造成社会主义发展徘徊不前。中国特色

---

① 《马克思恩格斯文集》第 7 卷，人民出版社 2009 年版，第 894 页。
② 《斯大林文集》，人民出版社 1985 年版，第 645 页。

的社会主义理论提出后，冲破了这些认识上的局限，为社会主义的发展拓展了深远的前景。邓小平多次指出："社会主义要消灭贫穷。贫穷不是社会主义，更不是共产主义。"所以，"社会主义阶段的最根本任务就是发展生产力"①。"社会主义的任务很多，但根本一条就是发展生产力，为共产主义创造物质基础，它要在发展生产力的基础上体现出优于资本主义，最终是为了实现共产主义。"②中共十三大政治报告也指出：国家的富强，人民的富裕，教育科学文化事业的繁荣，公有制和人民民主政权的巩固和发展，一句话，社会主义优越性的充分发挥和吸引力的不断增强，归根到底，都取决于生产力的发展。这些坚持用生产力标准来确定社会主义程度的观念，和把发展生产力作为社会主义直接的中心任务的思想，突破了由于世界社会主义历史进程的局限而形成的传统观念，发展了马克思主义在这方面的理论观点。

第四，积极发展社会主义的有计划的商品经济，实行计划经济与市场调节相结合。关于社会主义的经济体制，根据建立在发达生产力水平上的公有制经济的基本特征，马克思对未来社会的预测是实行计划经济，取消商品生产。这一总的揭示社会发展趋势的结论是合乎逻辑的。但一是事物的发展要有个历史过程；二是社会主义革命的胜利多在经济不够发达或比较落后的国家。因此，实践中的社会主义经济体制就要有所变化。斯大林在领导苏联长期社会主义建设中，逐步形成了高度集中统一的计划经济模式。认为社会生产全部由国民经济计划进行调节，商品生产只限于生活资料。价值规律"不能起生产调节者的作用"③。在指导中国的社会主义经济建设实践中，毛泽东的确

---

① 邓小平：《建设有中国特色的社会主义》（增订本），人民出版社 1987 年版，第 53 页。

② 邓小平：《建设有中国特色的社会主义》（增订本），人民出版社 1987 年版，第 116 页。

③ 《斯大林文集》，人民出版社 1985 年版，第 613 页。

曾提出了一些符合中国情况的超出斯大林观点的见解，即比斯大林更多地肯定了社会主义社会商品经济和价值法则的作用，但总体上仍没有突破苏联的经济模式。中国特色社会主义理论的提出，才真正突破了传统观念，使人耳目一新。《中共中央关于经济体制改革的决定》明确指出，社会主义经济是公有制基础上的有计划的商品经济。十三大报告进一步认为，社会主义有计划商品经济的体制，应该是计划与市场内在统一的体制。也就是说，社会主义国家要在全社会规模上自觉地利用价值规律，实现国民经济的协调发展，并根据价值规律的要求，运用价格、税收、利率、汇率等各种经济杠杆，对国民经济实行间接管理。在承认并利用市场调节的基础上，国家的计划调节才能取得理想的经济效果。因此，必须把计划工作建立在商品交换和价值规律的基础上，以实现"国家调节市场，市场引导企业"的新的经济运行机制。中国特色的社会主义理论对我国经济体制作出的科学概括，显然是对马克思主义的重大发展。

第五，坚持和不断完善共产党领导的多党合作和政治协商制度，毋庸置疑，共产党领导的多党合作和政治协商制度，是我国政治制度的一大特点和优点，对此，毛泽东在理论上多次加以肯定，指出："凡属一切确实致力于团结人民从事社会主义事业的、得到人民信任的党派，我们没有理由不对它们采取长期共存的方针。"[1] 共产党同各民主党派长期共存，互相监督，这既是我们的愿望，也是我们的方针。十一届三中全会之后，我国共产党领导的多党合作和政治协商制度不断得到发展、完善和明确。中国实行共产党领导的多党合作和政治协商制度，是由斗争的历史和现实的政治基础决定的，它根本区别于资本主义国家的两党制或多党制，又不同于苏联的一党制。在这种制度下，民主党派是与共产党通力合作的友党，是参政党，不是在野党或反对党。实行这种制度，有利于坚持和改善共产党的领导，坚持

---

① 《毛泽东文集》第七卷，人民出版社 1999 年版，第 235 页。

社会主义方向，巩固和扩大爱国统一战线，发展社会主义民主。我们要切实保障民主党派成员、无党派人士参政议政和民主监督的权利等。这一政党制度是马克思主义政党理论与中国具体实践相结合的产物，是国际共产主义运动中一个成功的创造。

　　中国特色社会主义之所以能在诸多理论观点上对马克思主义产生突破性的发展，不是凭空的想象，而是与一定的社会历史条件密切相关的。正如恩格斯所说："我们只能在我们时代的条件下进行认识，而且这些条件达到什么程度，我们便认识到什么程度。"① 这些条件主要是：世界形势的旧格局已经打破，世界各个不同制度的国家之间破除了互相僵持与封锁，不断加强经济文化的合作与交流，正在形成力求世界和平与发展的新格局；世界资本主义仍然没有摆脱必然被社会主义所代替的历史趋势，它作为社会主义对立面的发展，要求社会主义"把资本主义所积累的一切最丰富的、历史上是我们必需的全部文化、知识和技术，由资本主义的工具变成社会主义的工具"②；我国社会主义历经了几十年的风风雨雨，积淀了正反两方面的经验教训，正以新的面貌和姿态屹立于世界民族之林；经过中共十一届三中全会的伟大历史转折，中国共产党以更新更高的角度全面总结了新中国成立六十多年来的经验教训，特别是深刻总结了 1978 年以来的有中国特色社会主义实践的丰富经验，使这些经验得到凝聚与升华；邓小平倡导的实事求是，一切从实际出发，理论联系实际的思想解放潮流，给中国共产党人提供了必要的理论勇气与智慧；等等。正是在揭示与总结这些社会历史条件的基础上，以邓小平为代表的中国共产党人使马克思主义与中国实践相结合产生了新的飞跃，形成了有中国特色的社会主义理论，既解答了历史时代提出的新问题，又适应了社会历史发展的新需要。

---

① 《马克思恩格斯选集》第 4 卷，人民出版社 1995 年版，第 337、338 页。

② 《列宁选集》第 3 卷，人民出版社 2012 年版，第 547 页。

综上所述，通过对有中国特色社会主义的由来和依据的论证，雄辩地表明，中国特色社会主义道路，既坚持了科学社会主义的原则，又是中国社会历史发展的必然。因此，它具有凝聚力和吸引力，能够抵制和反对西方敌对势力和平演变战略阴谋的实施，防止由于传统的社会主义僵化模式而使各种敌对势力有机可乘。它是中国人民共同富裕、国家强盛的唯一康庄大道。

第十四章　毛泽东思想活的灵魂是党的思想方法与根本路线

　　实事求是、独立自主、群众路线是毛泽东思想活的灵魂。"文化大革命"结束以后，党内思想陷入混乱。在历史转折关头，为了统一思想，高举毛泽东思想伟大旗帜，邓小平主持制定《关于建国以来若干历史问题决议》，强调必须写好毛泽东历史地位与毛泽东思想，这是决议的核心。在阐述毛泽东思想时，首次提出毛泽东思想活的灵魂的论断，并载入决议得到全党共识。毛泽东思想活的灵魂，是"三位一体"的统一有机整体，覆盖并寓于整个毛泽东思想体系中，有着坚实的马克思主义哲学基础，是中国共产党的基本方法论和根本路线，贯穿党九十多年奋斗始终，是中国特色社会主义理论体系与毛泽东思想一脉相承的"大动脉"。正是由于坚持毛泽东思想活的灵魂，中国共产党人才能够从中国国情出发，把马克思主义基本原理与中国实际相结合，实现两次历史性飞跃，走出自己的路，建设有中国特色的社会主义。

一、毛泽东思想活的灵魂有着坚实的马克思主义哲学基础，是中国共产党的基本方法论和根本路线

　　毛泽东思想活的灵魂——实事求是、独立自主、群众路线，三者相辅相成，辩证统一。其中实事求是是前提，独立自主是核心，群

众路线是保障。这是邓小平在伟大历史转折关头，主持制定《关于建国以来若干历史问题决议》工作中首次提出的科学论断。《决议》指出，毛泽东思想的活的灵魂，是"毛泽东同志把辩证唯物主义和历史唯物主义运用于无产阶级政党的全部工作，在中国革命的长期艰苦斗争中形成了具有中国共产党人特色的这些立场、观点和方法"。毛泽东思想活的灵魂具有深厚的马克思主义哲学基础，是党指导中国革命、建设和改革所遵循的基本原则，是推动马克思主义中国化不断前进的思想动力。实事求是集中体现了辩证唯物主义认识论的方法论，是中国共产党根本的思想路线，独立自主则是党的根本政治路线，群众路线则是无产阶级政党践行革命、建设和改革的基本方法和根本工作路线。这三条根本路线是以毛泽东为代表的中国共产党人运用辩证唯物主义、历史唯物主义，领导中国人民解决中国革命和建设实际问题过程中所凝练形成的。

实事求是，是毛泽东为中国共产党规定的思想路线，也是毛泽东思想的精髓。马克思主义的辩证唯物主义认识论，深刻蕴含着实事求是的思想精髓。马克思主义认为，理论来于实践又高于实践，用以指导实践，又在实践中接受检验并不断发展。马克思曾指出："一步实际运动比一打纲领更重要"①。恩格斯也曾强调："共产主义不是教义，而是运动。它不是从原则出发，而是从事实出发。"② 列宁也曾指出："尤其要独立地探讨马克思的理论，因为它所提供的只是一般指导原理，而这些原理的应用，具体的，就在英国不同于法国，在法国不同于德国，在德国不同于俄国。"③ 实事求是，是毛泽东用中国成语对辩证唯物主义和唯物主义世界观和方法论所作的高度概括。他曾精辟地指出："'实事'就是客观存在着的一切事物，'是'就是客观事

① 《马克思恩格斯选集》第 3 卷，人民出版社 1995 年版，第 296 页。
② 《马克思恩格斯选集》第 1 卷，人民出版社 1995 年版，第 210—211 页。
③ 《列宁选集》第 1 卷，人民出版社 1995 年版，第 203 页。

物的内部联系，即规律性，'求'就是我们去研究。"① 抗日战争爆发前夕，毛泽东相继发表《实践论》《矛盾论》，这是马克思主义认识论和辩证法中国化的杰作，从哲学高度，深刻论证了在中国践行马克思主义的两个基本问题。《实践论》回答了理论与实践相统一的关系，强调实践在认识运动中的重要地位与作用；而《矛盾论》则回答了共性与个性的关系，指出矛盾普遍性寓于特殊性之中，具体问题具体分析是马克思主义活的灵魂。"两论"为党的思想路线作出哲学论证，也从哲学上为马克思主义中国化奠定了坚实的理论基础。在此基础上，毛泽东于党的六届六中全会提出了马克思主义中国化的崭新命题，延安整风期间，毛泽东又明确阐释实事求是的思想内涵。实事求是，是中国共产党的思想路线，它要求中国共产党人必须从中国国情出发，将马列基本原理与中国实际相结合，用马克思主义之矢，去射中国革命建设改革之的。这是中国共产党不能须臾偏离的根本思想方法和原则。

独立自主是马克思主义的一贯原则，是毛泽东为中国共产党规定的根本政治路线，具有丰富的理论内涵与哲学基础。唯物辩证法关于内因与外因的关系的理论认为，事物的发展是内因和外因共同起作用的结果。内因是事物变化发展的根据，外因是事物变化发展的条件，外因通过内因起作用。这就要求各国共产党人在领导革命斗争中必须坚持独立自主原则。归结起来，体现为如何认识并运用马克思主义基本原理、共产党与其他党派之间如何建立统一战线、国家之间如何处理相互关系和各国如何殊途同归走向社会主义这四点。独立自主的运用，在各国的具体体现不尽相同。马克思就对此指出："用什么方式来达到结局，应当由这个国家工人阶级自己选择。"② 他还指出："国际联合只能存在于国家之间，因而这些国家都存在，它们在内部

---

① 《毛泽东选集》第三卷，人民出版社 1991 年版，第 801 页。
② 《马克思恩格斯全集》第 17 卷，人民出版社 1963 年版，第 683 页。

事务上的自主和独立也就包括在国际主义这一概念本身之中。"① 列宁也曾指出"一切民族都将走向社会主义，这是不可避免的，但是一切民族的走法却不会完全一样。"② 根据马列的经典论述，抗日战争期间，毛泽东明确提出在抗日民族统一战线中必须坚持独立自主原则，克服了王明"一切经过统一战线，一切服从统一战线"的右倾投降思想，使一度濒于破裂的统一战线得以坚持与巩固。抗战胜利后，面对国际共产主义运动中出现的妥协思潮，毛泽东领导中国共产党顶住了苏联压力，旗帜鲜明地坚持独立自主原则，同反动派进行了针锋相对的斗争。他明确指出："中国必须独立，中国必须解放，中国的事情必须由中国人民自己作主张，自己来处理，不允许任何帝国主义国家具有一丝一毫的干涉。"③ 他一贯强调，我们必须从中国国情出发，依靠人民群众的智慧和力量，找出适合本国情况的前进道路。否则，无论革命和建设，都不可能取得胜利，即使胜利也不可能巩固。在中国，独立自主原则的内涵要点概括起来是：独立自主，自力更生，依靠本国力量从中国实际出发，进行革命和建设，坚持自力更生为主，争取外援为辅的方针。归结起来，是独立自主，走自己的路。"自力更生为主，争取外援为辅，破除迷信，独立自主地干工业、干农业、干技术革命和文化革命，打倒奴隶思想，埋葬教条主义，认真学习外国的好经验，也一定研究外国的坏经验——引以为戒，这就是我们的路线。"④ 独立自主，是中国共产党的根本政治路线，它要求中国共产党人从中国实际出发，把国际主义与爱国主义相结合，运用马列主义的立场观点和方法分析中国革命、建设和改革的实际问题，独立自主，走自己的路。

　　群众路线，是历史唯物主义与中国革命建设实践相结合而形成

---

① 《马克思恩格斯全集》第 39 卷，人民出版社 1972 年版，第 84 页。
② 《列宁选集》第 2 卷，人民出版社 2012 年版，第 777 页。
③ 《毛泽东选集》第四卷，人民出版社 1991 年版，第 1465 页。
④ 《毛泽东年谱（1949—1976）》第三卷，中央文献出版社 2013 年版，第 370 页。

的中国共产党的根本方法论和工作路线。谁是人类社会历史的创造者？这是唯物史观和唯心史观的根本分歧所在。马克思主义认为，人民群众是历史的创造者，是推动社会历史不断向前发展的决定力量。列宁就曾指出："没有千百万觉悟群众的革命行动，没有群众汹涌澎湃的英勇气概，没有马克思在谈到巴黎工人在公社时期的表现时所说的那种'冲天'的决心和本领，是不可能消灭专制制度的。"[1] 群众路线，是毛泽东亲手培育的中国共产党的方法论和根本工作路线，是党的优良作风和政治优势。早在土地革命战争时期，毛泽东就强调："真正的铜墙铁壁是什么？是群众，是千百万真心实意地拥护革命的群众。这是真正的铜墙铁壁，什么力量也打不破的，完全打不破的。"[2] 全心全意为人民服务，是中国共产党的根本宗旨。群众路线，是中国共产党人的根本工作路线，它要求中国共产党人一切为了群众，一切依靠群众，从群众中来，到群众中去，把党的正确主张变为群众的自觉行动，把建设和改革的成果惠及广大人民群众。

二、毛泽东思想活的灵魂贯穿于党 九十多年奋斗始终

毛泽东思想活的灵魂，体现为中国共产党人基本的方法论与原则，并在实践中逐渐形成了党的根本思想路线、政治路线与工作路线，贯穿党九十多年奋斗始终。不管在中国革命和建设的哪个时期，毛泽东思想活的灵魂，都是中国共产党人必须遵循的根本路线。而我国革命或是建设时期的基本路线，都是根据这一根本路线，按照这一时期的历史特点、国情的状况、矛盾的复杂变化而制定出的，有其各自的时代特点。这条根本路线，在民主革命时期和社会主义革命时期

---

[1] 《列宁全集》第 17 卷，人民出版社 1988 年版，第 151 页。

[2] 《毛泽东选集》第一卷，人民出版社 1991 年版，第 139 页。

就分别体现为新民主主义革命总路线、过渡时期总路线；在社会主义建设时期特别是改革开放新时期，则体现为社会主义初级阶段基本路线。这些基本路线指引下的实践，则相继集中体现为中国特色革命道路和中国特色社会主义道路。

作为世界无产阶级革命的一部分，中国特色革命道路必须分两步走，即由半殖民地半封建社会进行新民主主义革命，夺取政权，建立新民主主义社会，再进行社会主义革命，过渡到社会主义社会。这是一条既不同于俄国十月社会主义革命，又区别于西方旧式资产阶级革命的道路。中国共产党人为什么会选择走这条道路？众所周知，鸦片战争后，在列强欺凌宰割下，中国就逐渐沦为半殖民地半封建社会。无数仁人志士为救亡图存复兴中华而上下求索，相继提出"实业救国""科学救国""教育救国"及旧式的资产阶级民主革命等资本主义道路。但历史证明，这些道路都走不通。历尽千辛万苦，中国人民终于从马克思主义那里找到了救国救民的真理。但如何在中国这样特殊的国情下推翻三座大山，取得革命的胜利，马列经典著作与前人实践并无参照可循。这就要求中国共产党人必须把马列原理与中国国情相结合，解放思想实事求是，独立自主，依靠广大人民群众走出前人不曾走过的路。

在新民主主义革命时期，为了反对理论与实践相割裂的主观主义，特别是"左"倾教条主义，毛泽东明确提出"反对本本主义"，这里蕴含着实事求是、独立自主、群众路线的思想萌芽。随后，他通过《实践论》《矛盾论》批判了理论与实践相割裂的主观主义，特别是党内教条主义者"唯书""唯上"的错误思想观点，奠定了党实事求是思想路线的辩证法基础。不久在六届六中全会上，在向全党提出"使马克思主义中国化"的号召时，毛泽东首次使用了"实事求是"的概念。他指出"只有实事求是，才能完成确定的任务；只有远见卓识，才能不失前进的方向"①。实事求是是马克思主义认识论和辩

---

① 《毛泽东选集》第二卷，人民出版社 1991 年版，第 522—523 页。

证法中国化的经典阐释，体现在中国共产党人一切从实际出发，理论
联系实际上，贯穿于将马列主义基本原理和中国革命实践相结合中。
实事求是这一思想路线，突破了对马克思主义教条化和把苏联经验神
圣化的思想束缚，解放思想，从中国社会和中国革命特点出发，把马
克思主义中国化，坚持独立自主原则，走自己的路。在如何夺取政权
问题上，毛泽东从中国国情出发，创造性地开创了农村包围城市、武
装夺取政权的道路。新民主主义革命道路最终成功与否，则取决于共
产党人能否贯彻群众路线这一党的根本工作路线。群众路线是党的生
命线，贯穿于党的一切工作中。毛泽东一贯认为，人民群众是历史的
真正创造者，革命建设实践成功与否，取决于人心向背，取决于党是
否坚持群众路线这一党的根本工作路线，把群众路线提升到马克思主
义认识论的高度，把马克思历史唯物主义化为党的领导方法和工作
方法。

　　社会主义革命道路，是中国特色革命道路的第二阶段。新中国
成立后，如何在较短的时间内迅速实现革命转变，由新民主主义社会
过渡到社会主义社会。这一前无古人的问题现实地摆在了中国共产党
人面前。要解决这一问题，只有坚持实事求是思想路线，坚持独立自
主原则，将马列基本原理与中国特殊国情结合，坚持群众路线这一根
本工作路线，解决新问题，总结新经验。在这一历史节点上，毛泽东
再次超越前人，带领中国共产党人在短短的数年间，"创造性地开辟
了一条适合中国特色的社会主义改造道路"①。这条道路不同于苏联模
式，是不流血的、和平的过渡。它将社会主义工业化与三大改造相结
合，体现出一体两翼的特点。对农业手工业按照自愿互利、典型示范
和国家帮助的原则，通过合作化道路变私人个体经济为社会主义集体
所有制；对资本主义工商业，用和平赎买办法，通过国家资本主义形

---

① 《关于建国以来党的若干历史问题的决议》（注释本），人民出版社 1983 年版，第
17 页。

式，实行企业改造与人的改造相结合，变资本主义私有制为社会主义公有制，变资本家为自食其力的劳动者，实现了具有中国特色的社会主义改造道路。

中国特色社会主义道路，是中国共产党在改革开放新时期坚持并运用毛泽东思想活的灵魂的必然结果。十一届三中全会以后，面临中国向何处去的严峻历史关头，邓小平指出，只有总结历史经验教训，解放思想、实事求是，从中国初级阶段基本国情出发，把科学社会主义基本原则与中国实际和时代特征相结合，独立自主，依靠广大人民群众的力量，走自己的路，才能完成社会主义现代化的建设任务，实现中华民族伟大复兴。邓小平强调，从根本而言，中国仍然是一个比较落后的农业大国，处于社会主义初级阶段，是"不够格"的社会主义，这是我国现实的基本国情。现实国情决定并制约了我国"必须在社会主义条件下经历一个相当长的初级阶段"[1]，去实现社会主义社会工业化和经济的社会化、市场化、现代化的任务。显然，要完成这样的任务，照搬书本不行，照搬外国也不行，必须实事求是，独立自主，依靠广大人民群众，把马克思主义基本原理同中国实际结合起来，在实践中开辟有中国特色的社会主义道路。

十一届三中全会实现了党的伟大历史转折。在中国向何处去的重大历史关头，邓小平深刻总结历史经验教训，首先抓住思想路线的拨乱反正这一关键环节，重新确立并发展了实事求是这一思想路线。邓小平指出："一个党，一个国家，一个民族，如果一切从本本出发，思想僵化，迷信盛行，那它就不能前进，它的生机就停止了，就要亡党亡国。"[2] 他认为，思想不解放，桎梏我国社会主义事业发展的条条框框就会多起来，不讲党性、不讲原则随风倒的现象就会多起来，不从实际出发的本本主义也会严重起来。一切都按照本本照抄照

---

① 《江泽民文选》第二卷，人民出版社 2006 年版，第 14 页。

② 《邓小平文选》第二卷，人民出版社 1994 年版，第 143 页。

搬，中国的现代化事业就毫无希望可言。要发展社会主义，首先必须做到解放思想、实事求是，只有这样，才能正确地以马列主义、毛泽东思想为指导，解决过去遗留的问题和新出现的一系列问题。"过去我们搞革命所取得的一切胜利，是靠实事求是；现在我们要实现四个现代化，同样要靠实事求是。"① 其次，邓小平强调，我国必须坚持独立自主的原则，"把马克思主义的普遍真理同我国的具体实际结合起来，走自己的道路，建设有中国特色的社会主义"②。第二次世界大战后，许多社会主义国家受传统社会主义观念的影响和束缚，无视本国国情，照搬照抄苏联模式，最终遭致失败。总结历史经验教训，邓小平认为，我国建设社会主义，必须解放思想、实事求是，既坚持科学社会主义基本原则，又立足于本国国情，脱离苏联模式的桎梏，"走自己的路"，吸收国外一切先进文明发展的成果，实现社会主义现代化。最后，邓小平强调，中国特色社会主义道路能否成功，关键在于党能否始终把人民群众的利益放在首位。邓小平明确指出，改革开放是一项前无古人的崭新事业，艰巨复杂，涉及亿万人民群众，"必然会出现许多我们不熟悉的、预想不到的新情况和新问题"③。因此，必须树立群众观点、坚持群众路线，"党只有紧紧地依靠群众，密切地联系群众，随时听取群众的呼声，了解群众的情绪，代表群众的利益，才能形成强大的力量，顺利地完成自己的各项任务"④。改革开放新时期，正是坚持运用毛泽东思想活的灵魂，中国共产党才把科学社会主义基本原理与中国实际和时代特征相结合，开创了中国特色社会主义道路。

---

① 《邓小平文选》第二卷，人民出版社 1994 年版，第 143 页。
② 《邓小平文选》第三卷，人民出版社 1993 年版，第 3 页。
③ 《邓小平文选》第二卷，人民出版社 1994 年版，第 152 页。
④ 《邓小平文选》第二卷，人民出版社 1994 年版，第 342 页。

三、毛泽东思想活的灵魂是中国特色社会主义理论体系与毛泽东思想一脉相承的"大动脉"

毛泽东思想是中国特色社会主义理论体系的思想渊源，中国特色社会主义理论体系则是与毛泽东思想一脉相承与时俱进的新成果。两者一脉相承的"脉"体现为多方面，诸如国体、政体理论，经济建设理论，社会主义文化建设的基本原则和基本方针，党建的基本原则和基本要求等，而寓于其中的大动脉，则是毛泽东思想活的灵魂。正是在毛泽东思想活的灵魂指引下，中国共产党才得以在新的历史条件下坚持将科学社会主义基本原则与中国国情与时代特征相结合，不断开创中国化马克思主义新境界，创立中国特色社会主义理论体系，走出中国特色社会主义道路。

第一，正是坚持并运用了毛泽东思想活的灵魂，改革开放新时期才继承了毛泽东关于新中国国体、政体是人民民主专政和人民代表大会制度的论断，在新的历史条件下，发展为党的领导、人民当家作主与依法治国相统一的社会主义民主政治，既坚持科学社会主义关于民主理论的基本原则，又借鉴现代西方文明的优秀成果，同时也植根于中华民族赖以生存和发展的广阔沃土上，最大限度发展人民民主，调动群众建设社会主义积极性，集中力量办大事。第二，正是坚持并运用了毛泽东思想活的灵魂，改革开放新时期才继承和发展了毛泽东新民主主义的资本主义理论，在新的历史条件下，把毛泽东的坚持社会主义公有制为主导，五种经济成分并存思想，发展成为公有制为主体，多种经济形式并存的社会主义市场经济体制。实现了对原来计划经济体制的根本变革，实现了对科学社会主义理论的重大突破。第三，正是坚持并运用了毛泽东思想活的灵魂，改革开放新时期才继承和发展了毛泽东"民族的、科学的、大众的"文化建设理论和"百花齐放，百家争鸣""洋为中用，古为今用"等繁荣科学文化事业的方针。在新的历史条件下，发展为以马克思主义一元化指导思想引领多样化社会思潮，建设"三个面向"的民族的、科学的、大众的社会主义先进文化。用社会主义核心价值体系引领多样化社会思潮。它突破了苏联马克思主义一元化的绝对化，根本区别于西方资产阶级文化。既坚持马克思主义在意识形态领域的指导地位，又在弘扬民族传统文化基础上积极吸收世界先进文化，促进社会主义文化大发展大繁荣。第四，正是坚持并运用了毛泽东思想活的灵魂，在改革开放新时期坚持马列主义建党学说与中国特殊国情党情实际相结合，继承和发展毛泽东建党思想"四个统一"特点，即组织入党与思想入党相统一、党的建设与完成党的中心任务相统一、建设工人阶级先锋队与中华民族先锋队相统一、广泛民主与高度集中相统一。步入新世纪，为了适应长期执政和改革开放的新要求，习近平突出强调从严治党，坚持党要管党、从严治党，以改革创新精神推进党的建设，更好地经受住执政考验、改革开放考验、市场经济考验、外部环境考验，更好地战胜精神懈怠危险、能力不足危险、脱离群众危险、消极腐败危险。不断加强和改善党的领导，切实加强党的建设，加强党的执政能力，提升党的先进性，从理论和实践上进一步回答了在中国特殊国情和社会主义现代化建设使命的要求下"建设什么样的党、怎样建设党"这一根本性、全局性、前瞻性的历史课题。从根本上说，中国特色社会主义理论体系的形成，关键就在于党毫不动摇地坚持实事求是的思想路线，不断解放思想，扩展马克思主义新境界；在于党毫不动摇地坚持独立自主原则，将科学社会主义基本原则与本国国情相结合，走自己的路；在于党毫不动摇地坚持群众路线的根本工作方法，将时代发展与人民命运紧密结合，让人民共享发展福祉。在我国特色社会主义事业建设中，毛泽东思想活的灵魂，既是坚持科学社会主义基本理论的要求，也是实现我国社会主义现代化建设目标的客观需要。

第十五章　毛泽东思想践行的
集中载体和路径

　　毛泽东思想是马克思主义中国化第一次历史性飞跃的重大理论成果。毛泽东思想是中国共产党的指导思想，党在领导中国人民革命斗争中，取得了伟大成功，开辟了中国特色革命道路，建立了新中国，确立了社会主义制度。毛泽东思想践行的集中载体和路径是中国特色革命道路。中国特色革命道路是中国革命经验的基本总结，是中国社会发展规律的深刻揭示，是新民主主义理论认识上的升华与诠释，是中国特色社会主义道路的历史由来。它既是理论又是实践。认真研究，全面准确理解中国特色革命道路的内涵，具有重大的理论价值、学术价值和现实意义。中国特色革命道路是"从新民主主义到社会主义的道路"[①]，根据邓小平的这一论断，中国特色革命道路既包括新民主主义革命道路，也包括社会主义改造道路。不只是通常所说的农村包围城市道路，也不只是新民主主义革命道路，内涵更丰富，范畴更广泛。要全面准确理解中国特色革命道路，必须厘清中国特色革命道路与新民主主义革命道路、社会主义改造道路、农村包围城市道路和中国特色社会主义道路的联系和区别。

---

① 《邓小平文选》第三卷，人民出版社 1993 年版，第 62 页。

一、中国特色革命道路的科学内涵

中国特色革命道路，主要是区别于无产阶级通过社会主义革命、议会斗争、城市武装起义，直接从资产阶级手里夺取政权，建立社会主义社会这种革命模式和社会发展模式。它既不同于俄国十月社会主义革命一步到位，要分两步走；更不同于西方旧式的资产阶级革命，是新式的资产阶级民主主义革命，以社会主义、共产主义为最终奋斗目标，先进行新民主主义革命，然后再对生产资料私有制进行社会主义改造，由新民主主义社会进入社会主义社会。

毛泽东、邓小平论中国特色革命道路。毛泽东虽然没有直接明确地作过"中国特色革命道路"的表述，但他关于这方面的思想理论内涵是很丰富的。毛泽东运用马克思主义基本原理，特别是列宁民族殖民地理论，结合中国殖民地、半殖民地的特殊国情，总结中国共产党领导中国革命的独创性经验，汲取民主革命先驱孙中山的"三民主义"的精华，创立了中国特色革命道路理论。

毛泽东从国际环境大背景和世界历史时代特点来看中国革命，明确指出中国革命是世界无产阶级革命的一部分，指出革命必须分两步走，"其第一步是民主主义的革命，其第二步是社会主义的革命，这是性质不同的两个革命过程"[①]。"民主主义革命是社会主义革命的必要准备，社会主义革命是民主主义革命的必然趋势。"[②] 在指明两步走的同时，毛泽东指出，新民主主义革命具有两重任务，"这种新式的民主革命，虽然在一方面是替资本主义扫清道路，但在另一方面又是替社会主义创造前提"[③]。在新民主主义社会要实行革命转变，由新民主主义革命转变为社会主义革命，其方式方法既不同于马克思所构

[①]　《毛泽东选集》第二卷，人民出版社 1991 年版，第 665 页。

[②]　《毛泽东选集》第二卷，人民出版社 1991 年版，第 651 页。

[③]　《毛泽东选集》第二卷，人民出版社 1991 年版，第 647 页。

想的革命，也不同于传统的苏联式的通过工厂和土地的国有化，一举向社会主义过渡。它是对个体农业手工业按自愿互利、典型示范和国家帮助原则，通过合作化道路变个体所有制为社会主义集体所有制，进行社会主义改造；对资本主义工商业采取一系列从低级到高级的国家资本主义的过渡形式，实现对资产阶级的和平赎买，通过国家资本主义和平过渡到社会主义，这是具有中国特色的社会主义改造道路。

　　新民主主义包括新民主主义革命和新民主主义社会。中国的社会主义社会是从新民主主义社会过渡来的，即是由半殖民地半封建社会进行革命，夺取政权，建立新民主主义社会，再进行社会主义革命，建立社会主义社会。邓小平的这一论断，既是对两步走的概括，也是启迪我们全面理解中国特色革命道路的经典论断。党的十五大报告提出了三次历史性巨变的概念，指出第二次历史性巨变是"中华人民共和国的成立和社会主义制度的建立"。其中既包括取得新民主主义革命的胜利，建立了新民主主义社会，也包括"从新民主主义走上社会主义道路，取得建设社会主义的巨大成就"①。这一思想是与邓小平的论断一脉相承的，科学而全面地概括了中国特色革命道路的内涵。

　　中国特色革命道路的伟大实践。中国共产党是以马克思主义为指导建立起来的，中国的共产主义运动是在俄国革命的直接影响下发生的。马克思、恩格斯、列宁关于无产阶级对待资产阶级民主革命的理论，特别是列宁的民族殖民地学说，对中国革命具有直接的指导意义。但是无论是马克思、恩格斯还是列宁，都没有也不可能系统地提出一个完全适合中国革命需要的理论。如何在半殖民地半封建的落后农业大国以马克思列宁主义为指导领导中国革命？中国革命的性质是什么？如何取得革命的胜利？这些问题只能靠中国共产党人自己去创造性地解决。

_____

① 《十五大以来重要文献选编》（上册），人民出版社 2000 年版，第 3 页。

　　以毛泽东为代表的中国共产党人，运用马克思主义的世界观方法论以及科学社会主义学说，正确分析了中国特殊的国情，认清了中国社会性质、主要矛盾，总结了中国革命的独特经验，从而在宏观上指明了中国革命的方向和方位，指出中国革命的性质是新民主主义革命，前途是社会主义的。"就是在无产阶级领导之下的人民大众的反帝反封建的革命。"① 创造性地把民主革命与无产阶级领导联系起来，使中国民主革命成为无产阶级责无旁贷的历史使命，这就决定了中国革命的社会主义前途。新民主主义理论科学地回答了中国革命的性质问题，以独创性的内容和鲜明的中国特色，发展了马克思主义。新民主主义革命理论突破了世界近代史上的革命要么是资产阶级民主革命，要么是社会主义革命两种模式，创造了第三种革命类型，解决了在半殖民地半封建的落后国家，无产阶级领导资产阶级民主革命、实现民族独立和人民解放的新课题；新民主主义社会理论关于中国革命分两步走，以新民主主义社会和国家为中间站实现向社会主义转变的构想，解决了经济落后国家在夺取政权后，如何建设新国家，创造条件，以最小的代价和平地实现由新民主主义向社会主义转变的难题，发展了马克思主义的不断革命论和革命转变论。这就从根本上解决了在半殖民地半封建社会里如何进行共产主义运动，如何在中国实现社会主义的道路问题，为从半殖民地半封建到社会主义架起一座桥梁，打开一个通道。

　　如果说新民主主义理论完满地解决了中国革命的性质是什么的问题，那么农村包围城市道路理论则解决了如何取得革命胜利的问题。毛泽东系统地总结了土地革命战争的历史经验和抗日战争的新鲜经验，批判了在中国革命道路问题上照抄照搬外国经验的教条主义，科学地论证了中国革命为什么必须走农村包围城市的道路，而且能够走这条道路夺取革命的胜利，形成了完整的农村包围城市道路的理

_____

① 《毛泽东选集》第二卷，人民出版社 1991 年版，第 647 页。

论。"共产党的任务，基本地不是经过长期合法斗争以进入起义和战争，也不是先占城市后取乡村，而是走相反的道路。"① 这一理论具有鲜明的中国特色。它突破了俄国十月革命城市中心道路的模式，解决了在半殖民地半封建经济政治发展不平衡的农业大国，弱小的无产阶级怎样发动和组织农民这个最大的革命力量，最有效打击敌人，积蓄和发展革命力量，最后夺取全国政权的问题，为马克思主义暴力革命理论增添了新内容。

探寻这条中国特色革命道路是极其艰辛的。以毛泽东为代表的共产党人克服了党内存在的把马克思主义教条化、把苏联经验神圣化的错误倾向，排除了共产国际对中国革命的干扰，以新民主主义理论为指导，坚持走农村包围城市道路，经过 28 年艰苦卓绝的奋斗，开创了中国特色革命道路，建立了新中国，为由新民主主义向社会主义转变奠定了基础，确立了社会主义新制度，开创了中国历史新纪元，实现了 20 世纪中国第二次历史性巨变。

二、中国特色革命道路与新民主主义革命道路、社会主义改造道路

所谓"道路"，系指中国共产党如何在半殖民地半封建国度里开展共产主义运动，实现社会主义的战略目标，进行什么性质的革命，如何进行这场革命。对一个革命政党来说，能否选择一条正确的道路，关系革命成败和党的兴衰。

新民主主义革命道路是中国特色革命道路的第一阶段，而且是最重要的阶段。中国共产党成立之后，有资本主义和社会主义两条道路可供选择。"帝国主义的侵略打破了中国人学西方的迷梦。很奇怪，为什么先生老是侵略学生呢？中国人向西方学得很不少，但是行不

---

① 《毛泽东选集》第二卷，人民出版社 1991 年版，第 542 页。

通，理想总是不能实现。"① 资本主义道路在中国走不通；中国国情特殊，俄国十月社会主义革命道路又脱离中国现实。到底走什么道路？经典著作中没有现成答案可寻，只能把马克思主义与中国实际相结合，走自己的路，这就是中国特色革命道路。

毛泽东创立的新民主主义理论是马克思主义中国化第一次历史性飞跃的集中成果，为马克思主义、科学社会主义宝库增添了重要内容，在这一理论指导下，开创了中国新民主主义革命道路，新民主主义理论解决了中国特色革命道路问题。

新民主主义革命理论有狭义与广义两种理解。狭义的新民主主义革命理论内涵的基本点是：中国革命是世界无产阶级社会主义革命的一部分；中国革命必须分两步走；民主革命是社会主义革命的必要准备，社会主义革命是民主革命的必然趋势；新旧民主主义革命区别的根本标志在于是否由无产阶级领导；中国革命的对象、动力、前途，新民主主义革命的政治纲领、经济纲领、文化纲领，以及由此所概括的新民主主义革命总路线。广义的新民主主义革命理论的内涵是党的十一届六中全会决议关于毛泽东思想基本内容的新民主主义革命理论部分所论述，其基本点是：关于统一战线、武装斗争、党的建设中国革命的"三大法宝"以及关于农村包围城市的革命道路的理论。无论狭义的或广义的理解，两者总的概括都是相同的，即无产阶级领导的，工农联盟为基础的，人民大众的，反对帝国主义、封建主义和官僚资本主义的新民主主义革命。

必须着重指出的是，新民主主义这条中国特色的革命道路，包括农村包围城市道路。农村包围城市理论是毛泽东的一大创造，是标志性理论，正是因为这个原因，以往很多人就把它和中国特色革命道路相混同。农村包围城市道路和新民主主义革命道路既密不可分，又有明显的区别。区别在于范畴不同，理论层次不同，回答问题角度不

---

① 《毛泽东选集》第四卷，人民出版社 1991 年版，第 1470 页。

同。新民主主义是大范畴、大概念，是带有总体性的宏观理论；农村包围城市道路是在中国特殊社会历史条件下，实现武装夺取政权的途径，也是完成新民主主义革命任务的必经之路，它是服从和从属于新民主主义道路的。前者范畴更广，后者是服从服务于前者的需要，范畴窄，理论层次低，属于前者的内涵。可以说，农村包围城市理论固然是中国特色革命道路，但中国特色革命道路不只是人们通常所理解的农村包围城市的道路，而是站在宏观研究的角度，对中国整个革命历程（两个阶段）进行广角触视，综合归纳，是就中国革命经由新民主主义，继而进入社会主义的道路而言的。

　　社会主义改造道路是中国特色革命道路的第二阶段。《关于建国以来党的若干历史问题的决议》指出："在过渡时期中，我们党创造性地开辟了一条适合中国特点的社会主义改造道路。"① 过渡时期是融合于新民主主义社会之中，与其同步进行的。"社会主义改造是我国经济战线上的社会主义革命。"② 它使毛泽东构想的中国特色革命道路的第二步得以顺利实现。

　　毛泽东在《中国革命和中国共产党》一文中深刻地指出，"整个中国革命是包含着两重任务的"。这两重任务就是资产阶级民主主义性质的革命（新民主主义的革命）和无产阶级社会主义性质的革命。"而一切共产主义者的最后目的，则是在于力争社会主义社会和共产主义社会的最后的完成。"③ 这就是毛泽东所构想的中国特色革命道路的总体框架，至于如何使民主主义革命与社会主义革命成功对接，实现由新民主主义社会向社会主义社会的过渡，毛泽东再一次超越了苏联国家在彻底砸碎资产阶级的国家机器，废除资本主义社会的经济基础的前提下，"必须在所谓'空地上'创造新的社会主义的经济形

① 《关于建国以来党的若干历史问题的决议》（注释本），人民出版社 1983 年版，第 17 页。
② 沙健孙：《关于社会主义改造问题的再评价》，《当代中国史研究》2005 年第 12 期。
③ 《毛泽东选集》第二卷，人民出版社 1991 年版，第 651—652 页。

式"① 的突如其来的革命性变革模式。"毛泽东则把这场必然的社会变革变成了一种不流血的、和平的过渡，通过许多中间环节，在新民主主义社会同社会主义社会之间架起了一座渐变的桥梁，每天都在过渡，每天都在变化，做到'瓜熟蒂落'，'水到渠成'，避免了社会动荡和生产力的破坏。"② 社会主义改造理论突破了苏联模式的束缚，创造了工业化和改造同时并举的道路，突破了一举过渡的框框，顺利地实现了逐步过渡，使"我们党创造性地完成了由新民主主义到社会主义的过渡，实现中国历史上最伟大最深刻的社会变革，开始了在社会主义道路上实现中华民族伟大复兴的历史征程"③。

三、中国特色革命道路与中国特色社会主义道路

中国特色革命道路是中国特色社会主义道路的历史由来。中国特色革命道路是经新民主主义到社会主义。我国进入社会主义社会的前身不是资本主义社会，而是由一个经济落后的半殖民地半封建社会经过短暂的新民主主义社会过渡而来的社会主义社会。这仅仅是社会主义初级阶段，是"不及格"的社会主义。这种特殊的进入社会主义的道路，成为中国特色社会主义的由来和历史渊源，这就势必使中国特色革命道路和中国特色社会主义道路有着血缘的因果关系。新民主主义社会对中国特色社会主义的"基因"作用不容忽视，"人们自己创造自己的历史，但是他们并不是随心所欲地创造，并不是在他们自己选定的条件下创造，而是在直接碰到的、既定的、从过去承继下来的条件下创造"④。因此，抛开对新民主主义社会的认识，便无从真正理解中国特色的社会主义。十三大报告指出："在中国这样落后的东

① 《斯大林文集》，人民出版社1985年版，第601页。
② 《中外学者纵论20世纪的中国》，江西人民出版社2003年版，第36页。
③ 《十六大以来重要文献选编》（上），中央文献出版社2005年版，第43页。
④ 《马克思恩格斯选集》第1卷，人民出版社1995年版，第585页。

方大国中建设社会主义，是马克思主义发展史上的新课题。我们面对的情况，既不是马克思主义创始人设想的在资本主义高度发展的基础上建设社会主义，也不完全相同于其他社会主义国家。照搬书本不行，照搬外国也不行，必须从国情出发，把马克思主义基本原理同中国实际结合起来，在实践中开辟有中国特色的社会主义道路。"① 中国特色的社会主义有其特定的涵义，它并非泛指在任何国家搞社会主义都要经历的阶段。其核心在于指出中国的社会主义不是马克思、恩格斯、列宁论述的从资本主义过渡而来。在特定历史条件下资本主义"卡夫丁峡谷"可以跨越，但资本主义经济的积极因素必须肯定并加以利用。资本主义为社会主义准备了比较充足的物质基础，生产力水平高度发展，生产社会化的程度较高，商品经济发达。这是任何社会都不可逾越的经济发展客观规律。恰恰在这些方面，新民主主义社会较之资本主义落后很多，新民主主义社会从半殖民地半封建社会继承下的生产力水平很低，物质基础很薄弱，加之提前进入社会主义，更加深了初级阶段与新民主主义的密切联系。因此对中国特色的社会主义的认识，就应从新民主主义同资本主义的区别及其各自过渡到社会主义所带来的特点加以理解。

　　中国特色社会主义道路是中国特色革命道路发展的必然结果。新民主主义属于共产主义的理论体系，这种社会形态本身就孕育和不断发展着社会主义因素。"这种社会主义因素是什么呢？就是无产阶级和共产党在全国政治势力中的比重的增长，就是农民、知识分子和城市小资产阶级或者已经或者可能承认无产阶级和共产党的领导权，就是民主共和国的国营经济和劳动人民的合作经济。"② 新民主主义社会是中国社会发展的"历史必由之路"③，并在经济、政治、思想、文化等各个方面为社会主义奠定了必要的和直接的基础，这些社会主义

① 《十三大以来重要文献选编》（上册），人民出版社 1991 年版，第 11、56 页。
② 《毛泽东选集》第二卷，人民出版社 1991 年版，第 650 页。
③ 《毛泽东选集》第二卷，人民出版社 1991 年版，第 559 页。

因素不断增长，量的积累产生质的变化，使中国由新民主主义社会转变为社会主义社会，因而，社会主义在中国的实现也是社会历史发展的必然。与此同时，它必须继承新民主主义所给予的"基因"，形成自己的特色，中国特色社会主义道路乃是中国特色革命道路发展的必然结果。"人们不能自由选择自己的生产力——这是他们的全部历史的基础，因为任何生产力都是一种既得的力量，以往的活动的产物。"① 这就决定了，我国由新民主主义社会过渡到社会主义社会以后，必须从中国的实际情况出发，把握好自己的历史方位。必须经历一个很长时期的社会主义初级阶段，去实现许多国家在资本主义条件下实现的工业化和生产的商品化、社会化、现代化。这个初级阶段恰恰是中国特色社会主义最基本的客观依据和最重要内容。

四、中国特色革命道路的理论价值

中国革命历史经验的基本总结。中国革命的历史经验异常丰富，是党的宝贵精神财富。党历来十分重视历史经验，并从不同的视角，不同的层次进行过多次总结。集中起来，最根本的就是两个方面：第一个方面是关于中国革命的历史经验，第二个方面是中国社会主义建设的历史经验。

关于中国革命的历史经验，邓小平从坚持马克思主义，坚持把马克思主义同中国实际相结合的角度，深刻地指出："中国自鸦片战争以来的一个多世纪内，处于被侵略、受屈辱的状态，是中国人民接受了马克思主义，并且坚持走从新民主主义到社会主义的道路，才使中国的革命取得了胜利。"② 这就是中国革命取得胜利的基本经验，这条道路是一条既不同于西方资产阶级民主革命，又不同于俄国十月革

---

① 《马克思恩格斯选集》第 4 卷，人民出版社 1995 年版，第 532 页。
② 《邓小平文选》第三卷，人民出版社 1993 年版，第 62 页。

命的新路子，是不经过资本主义阶段而逐步变为社会主义社会的道路，是中国特色的革命道路。这条道路"既坚持了革命的阶段论，同'左'倾冒险主义和民粹主义划清了界限；又坚持了革命的发展论，同'二次革命论'划清了界限，从而实现了中国'卡夫丁峡谷'的历史性跨越"①。

关于中国社会主义建设的历史经验，邓小平从社会主义现代化建设"照抄照搬别国经验、别国模式，从来不能得到成功"的基本经验教训的角度，指出中国的社会主义建设必须从中国的实际出发，建设有中国特色的社会主义。中国特色社会主义道路是中国特色革命道路发展的必然结果，也是中国社会主义建设历史经验的高度概括。

党的十三大报告，纵观马克思主义中国化六十多年的历史进程，从马克思主义与我国实践的结合实现的两次历史性飞跃的角度，深刻指出，"第一次飞跃，发生在新民主主义革命时期，中国共产党人经过反复探索，在总结成功和失败经验的基础上，找到了有中国特色的革命道路，把革命引向胜利。第二次飞跃，发生在十一届三中全会以后，中国共产党人总结建国三十多年来正反两方面经验的基础上，在研究国际经验和世界形势的基础上，开始找到一条建设有中国特色的社会主义的道路，开辟了社会主义建设的新阶段"②。实际上所谓飞跃，就是指马克思主义与中国实践相结合的历史进程中，以毛泽东、邓小平为代表的老一辈革命家，对中国革命和社会主义建设事业，在认识上发生的质的变化，在思想理论上取得的突破性的进展，为马克思主义理论宝库增添了新的原理或新的论断，是中国革命独创性经验的科学总结。这两次历史性的飞跃，都是通过"把马克思列宁主义的基本原理同中国实际相结合，走自己的路"来实现的。这是中国共产党人在中国革命和建设的过程中，"吃了苦头总结出来的经验"③。

① 李捷：《毛泽东与新中国的内政外交》，中国青年出版社 2003 年版，第 267 页。
② 《十三大以来重要文献选编》（上册），人民出版社 1991 年版，第 56 页。
③ 《邓小平文选》第三卷，人民出版社 1993 年版，第 95 页。

有了这个基本经验，就会使中国的社会主义现代化建设不再犯大的错误。

中国革命发展规律的深刻揭示。近代中国半殖民地半封建社会的性质，决定中国革命既要有一般规律又要有特殊规律，一个革命政党只有认识、掌握并熟练运用这个规律，才能推动事业发展。中国共产党高度重视认识和掌握规律，毛泽东在研究中国革命战争的战略问题时指出："不论做什么事，不懂得那件事的情形，它的性质，它和它以外的事情的关联，就不知道那件事的规律，就不知道如何去做，就不能做好那件事。"[①] 我们党领导中国人民九十多年的奋斗历程，反复证明了无论是战争年代还是和平建设时期，都要站在对中国特殊规律探索的最前列，站在马克思列宁主义与中国实际相结合的最前列，结合中国的特殊国情，探索中国革命的特殊道路，从战略上解决走什么路，举什么旗的问题，只有这样才能取得革命的胜利。中国特色革命道路是由现代中国特殊的国情所决定的，是近现代中国社会发展的必由之路，是近现代中国特殊历史规律的反映。

新民主主义理论认识上的升华。中国共产党成立后的 28 年间，领导中国人民进行革命斗争的全部历史集中到一点，就是赢得了新民主主义革命的伟大胜利。由人民民主专政的国家政权代替了大地主、大资产阶级对全国的统治，使中国由半殖民地半封建社会进入新民主主义社会，为过渡到社会主义社会奠定了基础，创造了基本条件，解决了在经济落后的半殖民地半封建的社会里，无产阶级如何开展共产主义运动的根本问题，指明了中国革命的方向和方位。这一切，都是在新民主主义理论指导下，经过艰苦奋斗取得的。新民主主义理论是对近代中国特殊规律的深刻揭示和总结，中国特色革命道路正是在新民主主义革命理论的基础上，以宏观视角和世界上资产阶级民主革命、无产阶级社会主义革命相比较，用世界眼光考察中国革命道路得

---

① 《毛泽东选集》第一卷，人民出版社 1991 年版，第 171 页。

出的结论，是新民主主义理论认识上的升华和诠释。过去只是注重新民主主义理论和近代中国资产阶级革命的联系和区别，着眼于对新民主主义革命内涵本身的把握，而中国特色革命道路理论则具有世界视域，从道路的深度和高度进行再认识，这是用全新的视角和宽阔的视野进行的最高的概括，与中国特色社会主义道路是等量齐观的，实际上到目前为止，共产党领导人民所走的就是这两条道路。这一理论上的精辟概括既是对新民主主义理论认识上的升华，也是对中国革命和建设特殊规律的深刻揭示，更加坚定了我们走中国特色社会主义道路的信心和决心。

第十六章　毛泽东思想的支柱理论

　　毛泽东思想体系结构不仅有平面的而且有立体的，立体的可分为灵魂、主体、支柱理论及一般理论几个层次。毛泽东思想的支柱理论主要包括"三大法宝"以及人民民主专政理论。以毛泽东为首的中国共产党人，总结了两次国内革命战争的经验教训，揭示了中国革命的客观规律，找到了战胜强人敌人的三大法宝，即统一战线、武装斗争和党的建设。毛泽东指出："统一战线，武装斗争，党的建设，是中国共产党在中国革命中战胜敌人的三个法宝，三个主要的法宝。""统一战线和武装斗争，是战胜敌人的两个基本武器。统一战线，是实行武装斗争的统一战线。而党的组织，则是掌握统一战线和武装斗争这两个武器以实行对敌人冲锋陷阵的英勇战士。这就是三者的相互关系。""正确地理解了这三个问题及其相互关系，就等于正确地领导了全部中国革命。"[①] 人民民主专政的理论是毛泽东思想的重要组成部分，是以毛泽东为代表的中国共产党人，把马克思主义的基本原理运用于中国革命的具体实践，对新中国的国体和政权形式进行不断探索所得出来的一个科学理论，是对马克思列宁主义国家学说的运用和发展。

---

① 《毛泽东选集》第二卷，人民出版社1991年版，第605—613页。

一、革命统一战线理论

统一战线理论是一门科学，是科学社会主义的重要组成部分。在中国革命和建设的长期实践中，以毛泽东为代表的中国共产党人，依据马克思主义基本原理，总结了中国革命的经验和教训，建立、巩固和发展了革命统一战线，并提出了系统的观点，形成统一战线理论，使统一战线成为取得中国革命胜利的一大"法宝"，统一战线理论则成为毛泽东思想的支柱理论之一，发展了马克思主义。

（一）马克思主义和毛泽东统一战线理论

无产阶级革命统一战线，是指无产阶级及其政党在各个不同的历史时期，为了完成自己的战略任务，团结本阶级，同其他阶级、阶层、党派、团体，以及一切可团结的力量结成的政治联盟。

无产阶级革命是人类历史上最广泛、最深刻的革命。无产阶级不仅要解放自己，而且要解放全人类，建立社会主义制度，最后实现共产主义。要完成这一伟大的任务，决不能只靠无产阶级自己单枪匹马地进行革命活动，必须动员千百万人民群众投身到革命运动中来，建立广泛的革命统一战线，组成浩浩荡荡的革命大军。首先，无产阶级在革命斗争中所面临的敌人是十分强大的，反动统治者掌握着国家政权，有强大的武装力量和舆论宣传工具。无产阶级仅仅依靠本阶级的力量难以战胜强大的敌人，必须团结本阶级，联合其他的革命阶级、阶层和一切能够团结的力量，建立广泛的革命统一战线，否则就无法完成革命任务。其次，在资本主义社会里，整个社会日益分裂成两大互相对立的阶级：无产阶级和资产阶级。随着资本主义生产方式的发展和科学技术的不断进步，及无产阶级结构的变化，整个无产阶级队伍越来越壮大，更需要加强无产阶级内部的团结和统一。同时，由于社会经济结构复杂，还存在同大资产阶级相对立的中间阶级、阶层，如城市小资产阶级——小商人、小企业主、手工业者及农民等，无产阶级需要把这些人团结起来，才能够推动无产阶级革命的迅速发展。在一些不发达国家里，特别是在殖民地和半殖民地国家中，封建势力比较强大，无产阶级只占全国人口的少数。在这些国家中，建立一个无产阶级领导的、有广大人民群众参加的革命统一战线，尤为必要。再次，无产阶级革命的任务十分艰巨，既要进行革命夺取政权，又要巩固政权，进行各项建设，极大地发展生产力，最终建立共产主义的社会制度。无产阶级只有调动各方面的积极性，团结一切可以团结的力量，才能完成这一伟大任务。因此，建立广泛的革命统一战线是非常重要的。

团结一切可以团结的力量，建立统一战线，是马克思、恩格斯创立科学社会主义的时候就提出来的思想。1848 年，马克思、恩格斯在《共产党宣言》中提出了关于同盟军的思想："共产党人到处都支持一切反对现存的社会制度和政治制度的革命运动"，"共产党人到处都努力争取全世界民主政党之间的团结和协调"[①]。《共产党宣言》还提出了一些统一战线应坚持的原则，如团结一切可以团结的力量，孤立和打击最主要的敌人，原则的坚定性和策略的灵活性相结合等。列宁在领导俄国人民的革命斗争中，进一步发展了马克思、恩格斯关于统一战线的思想，并明确提出了无产阶级统一战线的科学概念。1922 年，列宁在论述共产党人必须赢得无产阶级的多数时指出：为了帮助无产阶级"反对资本，为了帮助他们了解整个世界经济和政治方面的两条战线的'妙决'，我们采取了统一战线的策略，并且要把这种策略贯彻到底"[②]。列宁进一步阐述了统一战线的任务，统一战线的重要性、广泛性和长期性。他指出："要战胜更强大的敌人，只有尽最大的努力，同时必须极仔细、极留心、极谨慎、极巧妙地一方面利用敌人之间的一切'裂痕'，哪怕是最小的'裂痕'，利用各国资产阶

---

① 《马克思恩格斯选集》第 1 卷，人民出版社 1995 年版，第 307 页。
② 《列宁全集》第 33 卷，人民出版社 1957 年版，第 296—297 页。

级之间以及各个国家内资产阶级各个集团或各种派别之间利益上的一切对立，另一方面要利用一切机会，哪怕是极小的机会，来获得大量的同盟者，尽管这些同盟者是暂时的、动摇的、不稳定的、不可靠的、有条件的。谁不懂得这一点，谁就是丝毫不懂得马克思主义，丝毫不懂得现代的科学社会主义。谁要是没有在相当长的时期内和在各种相当复杂的政治形势下，在实践上证明他确实会运用这个真理，谁就还没有学会帮助革命阶级去进行斗争，使全体劳动人类从剥削者的压榨下解放出来。以上所说的一切，对于无产阶级夺取政权以前和以后的时期，都是同样适用的。"①

无产阶级的统一战线不仅是指无产阶级及其政党要争取广大同盟者，而且还包括共产党人同无产阶级内部不同阶层、不同政党和团体的联合。可以说，统一战线的主要问题，一个是同盟军的问题，另一个就是无产阶级解放运动内部的团结和统一问题。马克思和恩格斯认为，共产党不同于其他工人政党，但又不是同其他工人政党相对立的，共产党人在斗争中应同其他工人政党采取联合行动。列宁最初使用的"统一战线"这个名词，就是指工人阶级和其他被压迫群众内部的统一战线。他指出："如果'纯粹的'无产阶级没有被介于无产者和半无产者（一半依靠出卖劳动力来获得生活资料的人）之间、半无产者和小农（以及小手艺人、小手工业者和所有的小业主）之间、小农和中农之间等等为数众多的形形色色的中间类型所包围，如果无产阶级本身没有分成比较成熟的和比较不成熟的阶层，没有乡土、职业、有时甚至宗教等等的区分，那么资本主义便不成其为资本主义了。由于这一切原因，无产阶级的先锋队，无产阶级的觉悟部分，即共产党，就必须而且绝对必须对无产者的各种集团，对工人和小业主的各种政党采取机动、通融、妥协的办法。"②斯大林进一步把同盟军

---

① 《列宁选集》第4卷，人民出版社1995年版，第180页。
② 《列宁选集》第4卷，人民出版社1995年版，第183页。

分为直接的和间接的两种，认为本国的农民、邻国的无产阶级、殖民地和附属国的革命运动等，属直接同盟军；本国非无产阶级之间的矛盾和冲突、资产阶级国家之间的矛盾、冲突和战争等，属间接同盟军。利用非无产阶级之间的矛盾及资本主义国家之间的矛盾，可以削弱敌人，壮大自己。在一定条件下，这"对于革命进程具有头等的意义"①。

无产阶级在革命斗争中必须建立革命统一战线。对于领导权的问题，马克思、恩格斯、列宁都给予了明确回答：统一战线应该由无产阶级领导。恩格斯指出："要使无产阶级在决定关头强大到足以取得胜利，无产阶级必须（马克思和我从 1847 年以来就坚持这种立场）组成一个不同于其他所有政党并与它们对立的特殊政党，一个自觉的阶级政党。"②无产阶级有了自己的政党，既能加强自身的团结和统一，也能更好地争取同盟者。列宁也明确指出："只有工人阶级的政党，即共产党，才能团结、教育和组织无产阶级和全体劳动群众的先锋队，而只有这个先锋队才能抵制这些群众中不可避免的小资产阶级动摇性，抵制无产阶级中不可避免的种种行业狭隘性或行业偏见的传统和恶习的复发，并领导全体无产阶级的一切联合行动，也就是说在政治上领导无产阶级，并且通过无产阶级领导全体劳动群众。不这样，便不能实现无产阶级专政。"③共产党的领导是建立和发展无产阶级统一战线的根本保证，是马克思主义统一战线理论的一个基本原理。

在无产阶级的同盟军中，农民是最主要、最可靠的同盟军。无产阶级建立统一战线，首先要联合的是农民。工农联盟是统一战线的基础。马克思认为，农民不仅是一个劳动阶级，一个受剥削受压迫的阶级，而且是一个人数众多的阶级，是一支强大的革命力量，无产阶

---

① 《斯大林全集》第 6 卷，人民出版社 1956 年版，第 136 页。

② 《马克思恩格斯选集》第 4 卷，人民出版社 1995 年版，第 685 页。

③ 《列宁全集》第 41 卷，人民出版社 1986 年版，第 85 页。

级不和这个强大的农民阶级结合联盟，就不能取得胜利。他在总结
1848 年法国工人六月起义失败的经验教训时指出："在革命进程把站
在无产阶级与资产阶级之间的国民大众即农民和小资产者发动起来反
对资产阶级制度，反对资本统治以前，在革命进程迫使他们承认无产
阶级是自己的先锋队而靠拢它以前，法国的工人们是不能前进一步，
不能丝毫触动资产阶级制度的。"①1856 年 4 月，马克思在给恩格斯的
信中指出，工人阶级只有在农民的支持下，才能在德国革命中取得胜
利。他说："德国的全部问题将取决于是否有可能由某种再版的农民
战争来支持无产阶级革命。"② 列宁和斯大林也非常重视工农联盟的问
题。列宁指出："这个最根本、最重大的问题，就是工人阶级同农民
的关系问题，工人阶级同农民的联盟问题。"③ 在十月革命准备与实现
过程中，列宁领导的布尔什维克党首先制定了一个符合广大农民利益
的土地纲领，因而在十月革命过程中，得到了大多数农民的拥护。对
农民在十月革命中的作用，斯大林讲得很清楚："毫无疑问，十月革
命是'农民战争'和'无产阶级革命'的完满结合。""十月革命证
明，只要无产阶级能够使中间阶层首先是农民脱离资产阶级，能够使
这些阶层由资本的后备力量变为无产阶级的后备力量，它就能够夺取
政权并保持政权。"④

　　马克思、恩格斯、列宁、斯大林不仅在理论上提出了统一战线
的理论，而且在实践上也积极促成统一战线的建立。如第一国际是由
欧洲工人运动中许多观点极不相同的工人派别联合组成的。当时，马
克思所代表的科学社会主义只是一个很小的派别。为了争取工人阶级
的大多数，马克思接受了邀请，参加了国际成立大会，并被选进临时
中央委员会，从而促进了国际工人阶级的团结。列宁和斯大林为建立

① 《马克思恩格斯选集》第 1 卷，人民出版社 1995 年版，第 386 页。
② 《马克思恩格斯选集》第 4 卷，人民出版社 1995 年版，第 548 页。
③ 《列宁全集》第 33 卷，人民出版社 1957 年版，第 128 页。
④ 《斯大林全集》第 5 卷，人民出版社 1957 年版，第 280—281 页。

统一战线也做了许多工作。1920 年，列宁为共产国际第二次代表大会撰写了《民族和殖民地问题提纲初稿》，并在会上作了《民族和殖民地问题委员会的报告》。他认为，资产阶级民族解放运动是世界无产阶级革命的同盟军，"共产国际在民族和殖民地问题上的全部政策，主要应该是使各民族和各国的无产者和劳动群众为共同进行革命斗争、打倒地主和资产阶级而彼此接近起来"。目前"必须实行使一切民族解放运动和一切殖民地解放运动同苏维埃俄国结成最密切的联盟的政策，并且根据各国无产阶级中共产主义运动发展的程度，或根据落后国家或落后民族中工人和农民的资产阶级民主解放运动发展的程度，来确定这个联盟的形式"①。1921 年，共产国际第三次代表大会制定了争取工人群众大多数的策略方针。1935 年，共产国际第七次代表大会提出建立无产阶级统一战线和反法西斯人民阵线的口号。

马克思、恩格斯、列宁、斯大林关于统一战线的理论，极大地推动了世界工人运动和革命运动的发展。

（二）中国共产党人对统一战线理论的丰富和发展

以毛泽东为代表的中国共产党人，从中国半殖民地半封建社会的国情出发，把马克思列宁主义与中国实际相结合，发展了统一战线的理论。

1. 中国革命需要建立广泛的革命统一战线

中国的特殊国情和阶级关系，决定了中国革命只有建立广泛的统一战线才能获得胜利。旧中国是一个半殖民地半封建社会，汇集了近代世界上的各种矛盾。有帝国主义与中华民族的矛盾、封建主义与人民大众的矛盾、有各个帝国主义国家之间的矛盾、大资产阶级各个集团之间的矛盾、民族资产阶级与大地主大资产阶级之间的矛盾，无

---

① 《列宁选集》第 4 卷，人民出版社 1995 年版，第 217—218 页。

产阶级与资产阶级之间的矛盾等。随着矛盾斗争的发展，统一战线的主要敌人和自己的队伍也会发生变化。在整个民主革命时期，帝国主义、封建主义、官僚资本主义是中国革命的敌人。但在各个不同的历史阶段，这些敌人又有主次之分，甚至敌友之别。各种矛盾的斗争及其发展变化，变动着敌人的阵营和统一战线的队伍。在民主革命过程中，不论阶级关系如何变化，中国革命有一个特点，即敌强我弱。毛泽东指出："实现中国的独立自由是一个伟大的任务。这须同外国帝国主义和本国反革命势力作战……中国的和世界的革命力量是比过去更加增长了。这是正确的估计，这是一方面的估计。但是同时我们应当说，目前中国的和世界的反革命力量暂时还是大于革命力量。这也是正确的估计，这是又一方面的估计。"[1] 要战胜强大的敌人，需要建立革命统一战线。

同时，中国革命的发展是不平衡的，这是中国社会政治经济所决定的。中国是一个政治经济发展不平衡的半殖民地半封建国家。若干帝国主义侵华势力之间的矛盾，影响到中国统治集团间的不统一。"由于中国政治经济发展的不平衡，产生了革命发展的不平衡。革命的胜利总是从那些反革命势力比较薄弱的地方首先开始，首先发展，首先胜利；而在那些反革命势力雄厚的地方，革命还是没有起来，或者发展得很慢。这是中国革命在过去长时期内已经遇到的情形。在将来，可以想到，在某些阶段里，革命的总的形势是更加发展了，但是不平衡状态还会存在着。要把不平衡的状态变到大体上平衡的状态，还要经过很长的时间，还要花费很大的气力，还要依靠党的策略路线的正确。"[2]

中国革命的这些特点，即敌强我弱和革命发展不平衡，以及革命的长期性要求我们必须建立广泛的革命统一战线。

---

[1] 《毛泽东选集》第一卷，人民出版社 1991 年版，第 152 页。

[2] 《毛泽东选集》第一卷，人民出版社 1991 年版，第 152—153 页。

2. 工农联盟是统一战线的基础

农民是中国革命的基本力量，工农联盟是统一战线的基础。周恩来指出：无产阶级是统一战线的领导力量，"无产阶级的觉悟高，本事大，可是人数少，力量小，在新民主主义革命中必须依靠一个最可靠的同盟军——农民。农民是这个队伍的主要力量，像毛泽东同志说的，五个指头占四个。中国的战争实际上就是农民战争，离开了农民就打不好仗……有了农民，我们就能进能退；没有农民，进是少数孤军前进，退则没有地方可退"①。毛泽东在论述农民问题时也指出：农民在中国革命中处于举足轻重的地位。"农民——这是中国工人的前身。将来还要有几千万农民进入城市，进入工厂。如果中国需要建设强大的民族工业，建设很多的近代的大城市，就要有一个变农村人口为城市人口的长过程。""农民——这是中国工业市场的主体。只有他们能够供给最丰富的粮食和原料，并吸收最大量的工业品。""农民——这是中国军队的来源。士兵就是穿起军服的农民，他们是日本侵略者的死敌。""农民——这是现阶段中国民主政治的主要力量。中国的民主主义者如不依靠三亿六千万农民群众的援助，他们就将一事无成。""农民——这是现阶段中国文化运动的主要对象。所谓扫除文盲，所谓普及教育，所谓大众文艺，所谓国民卫生，离开了三亿六千万农民，岂非大半成了空话？"② 农民问题是中国革命的基本问题，农民的力量是中国革命的主要力量。离开农民的支持，中国的革命和建设都将一事无成。因此，无产阶级必须发动和依靠广大农民，与农民结成巩固的联盟。

中国的农民深受帝国主义、封建主义和官僚资本主义的压迫，生活在水深火热之中，迫切要求改变现状，能够接受无产阶级的领导，是无产阶级可靠的同盟军。

---

① 《周恩来统一战线文选》，人民出版社 1984 年版，第 100 页。
② 《毛泽东选集》第三卷，人民出版社 1991 年版，第 1077—1078 页。

在中国，除农民外，工人阶级也是一个人数众多的阶级。工人和农民占全国人口的百分之八十到九十，是中国革命和建设的主体。所以，工农联盟不论在哪个发展阶段上，都是基本的联盟，是统一战线的基础。没有工农联盟，就没有无产阶级领导的统一战线，就没有无产阶级革命的胜利。所以，不论是在民主革命阶段，还是在社会主义革命和建设时期，中国共产党人都把工农联盟放在非常重要的位置上，采取各种措施巩固和发展工农联盟。这样做的结果，使中国共产党有力量去分化、瓦解敌人，有力量巩固和发展统一战线，完成一切艰巨的任务。

3. 无产阶级同资产阶级的联盟是统一战线的重要内容

无产阶级同资产阶级联盟的理论和策略原则，是马克思主义关于无产阶级革命同盟军理论的一个重要内容。中国共产党人把马克思主义的基本原理运用于中国的实际斗争中，科学地分析了中国的资产阶级，正确解决了中国无产阶级同资产阶级建立联盟的问题，从而发展了马克思主义。

毛泽东等中国共产党人从中国半殖民地半封建社会的特点出发，把中国的资产阶级分为两个部分：一部分是大资产阶级，另一部分是民族资产阶级。大资产阶级即官僚资产阶级和买办资产阶级，它是半殖民地半封建中国社会的特殊产物。它既是直接为帝国主义国家的资产阶级服务并为他们所豢养的阶级，又与中国农村中的封建势力有着千丝万缕的联系，是旧的生产关系的代表，阻碍着生产力的发展。蒋、宋、孔、陈四大家族是中国大资产阶级的代表。毛泽东指出："蒋宋孔陈四大家族，在他们当权的二十年中，已经集中了价值达一百万万至二百万万美元的巨大财产，垄断了全国的经济命脉。这个垄断资本，和国家政权结合在一起，成为国家垄断资本主义。这个垄断资本主义，同外国帝国主义、本国地主阶级和旧式富农密切地结合着，成为买办的封建的国家垄断资本主义。这就是蒋介石反动政权的经济基础。这个国家垄断资本主义，不但压迫工人、农民，而且压迫城市小资产阶级，损害中等资产阶级。这个国家垄断资本主义，在抗日战争期间和日本投降以后，达到了最高峰，它替新民主主义革命准备了充分的物质条件。这个资本，在中国的通俗名称，叫做官僚资本。这个资产阶级，叫做官僚资产阶级，即是中国的大资产阶级。"① 大资产阶级是中国革命的对象。"新民主主义的革命任务，除了取消帝国主义在中国的特权以外，在国内，就是要消灭地主阶级和官僚资产阶级（大资产阶级）的剥削和压迫，改变买办的封建的生产关系，解放被束缚的生产力。"② 但是，由于中国是几个帝国主义间接统治的半殖民地国家，又由于帝国主义在中国实行分裂剥削政策，因此，中国大资产阶级分属于不同的帝国主义国家。"在几个帝国主义国家间的矛盾尖锐地对立着的时候，在革命主要地是反对某一个帝国主义的时候，属于别的帝国主义系统之下的买办阶级也有可能在一定程度上和一定时间内参加当前的反帝国主义战线。但是一到他们的主子起来反对中国革命时，他们也就立即反对革命了。"③ 由于大资产阶级的一部分在特定的条件下有参加反对某个帝国主义的斗争的可能，因此，无产阶级在一定时期内同大资产阶级的某些集团建立统一战线，不仅是可能的，而且有利于无产阶级，有利于打击最主要的敌人。抗日战争时期，中日民族矛盾突出，中华民族面临危机，直接威胁国民党蒋介石集团的政权。在中国共产党的积极倡导和推动下，全国人民抗日高潮的推动下，结成以国共合作为基础的抗日民族统一战线。

抗日战争时期，亲英美的大资产阶级即国民党蒋介石集团，虽然参加了抗日民族统一战线，但仍具有反共反人民的一面。1941 年 5 月，毛泽东指出："指导着国民党政府全部政策的英美派大地主大资产阶级，依然是两面性的阶级，它一面和日本对立，一面又和共产党及其所代表的广大人民对立。而它的抗日和反共，又各有其两面性。

① 《毛泽东选集》第四卷，人民出版社 1991 年版，第 1253—1254 页。
② 《毛泽东选集》第四卷，人民出版社 1991 年版，第 1254 页。
③ 《毛泽东选集》第二卷，人民出版社 1991 年版，第 639 页。

在抗日方面，既和日本对立，又不积极地作战，不积极地反汪反汉奸，有时还与日本的和平使者勾勾搭搭。在反共方面，既要反共，甚至反到皖南事变和一月十七日的命令那种地步，又不愿意最后破裂，依然是一打一拉的政策。这些事实，也在这次反共高潮中再度地证明了。极端地复杂的中国政治，要求我们的同志深刻地给以注意。英美派的大地主大资产阶级既然还在抗日，其对我党既然还在一打一拉，则我党的方针便是'即以其人之道，还治其人之身'，以打对打，以拉对拉，这就是革命的两面政策。"[1]

中国的民族资产阶级是具有两面性的阶级。一方面，他们受帝国主义的压迫，又受封建主义的束缚，所以，他们同帝国主义和封建主义有矛盾，具有反帝反封建的革命性。从这方面说来，他们是革命的力量之一。在中国革命史上，他们曾经表现过一定的反帝反封建的积极性。另一方面，由于民族资产阶级在政治上和经济上的软弱性，由于他们同帝国主义和封建主义并未完全断绝经济上的联系，所以，他们又没有彻底的反帝反封建的勇气，具有较弱性、动摇性、妥协性。这种情形，在革命力量强大起来的时候，表现得尤为明显。

民族资产阶级的这种两重性，决定了他们在一定时期中和一定程度上能够参加反帝反封建的斗争，而在另一时期，就有跟在买办大资产阶级后面，作为反革命助手的危险。在中国新民主主义革命过程中，民族资产阶级参加了1924年到1927年大革命。大革命失败后，他们追随大资产阶级反对革命，但基本上没有掌握过政权，而受当政的大地主大资产阶级的反动政策所限制。抗日战争时期，由于中日民族矛盾成为国内主要矛盾，中华民族处在生死存亡的危急关头，民族资产阶级又转向要求抗日和民主，参加了抗日民族统一战线。毛泽东指出："一方面——参加革命的可能性，又一方面——对革命敌人的妥协性，这就是中国资产阶级'一身而二任焉'的两面性。这种两面

---

[1] 《毛泽东选集》第二卷，人民出版社1991年版，第782页。

性，就是欧美历史上的资产阶级，也是同具的。大敌当前，他们要联合工农反对敌人；工农觉悟，他们又联合敌人反对工农。这是世界各国资产阶级的一般规律，不过中国资产阶级的这个特点更加突出罢了。"①"中国民族资产阶级还在一定时期中和一定程度上的革命性。在这里，无产阶级的任务，在于不忽视民族资产阶级的这种革命性，而和他们建立反帝主义和反官僚军阀政府的统一战线。"②

　　针对中国资产阶级的特点，毛泽东指出，无产阶级在同资产阶级的联盟中必须坚持既联合又斗争的政策。对民族资产阶级，要联合他们的革命性方面，团结他们，和他们建立联盟，对他们的妥协性方面进行批评或者斗争，目的是克服他们的动摇性，坚定他们的革命性。对大资产阶级，要联合他们反帝的积极方面，对其反动政策，必须进行针锋相对的斗争。在被迫同大资产阶级分裂时，要敢于并善于同大资产阶级进行坚决的武装斗争，同时继续争取民族资产阶级的同情中立。毛泽东指明了对资产阶级实行又联合又斗争政策的重大意义。他说："中国资产阶级在资产阶级民主革命中的这种二重性，对于中国共产党的政治路线和党的建设的影响是非常之大的，不了解中国资产阶级的这种二重性，就不能了解中国共产党的政治路线和党的建设。中国共产党的政治路线的重要一部分，就是同资产阶级联合又同它斗争的政治路线。中国共产党的党的建设的重要一部分，就是同资产阶级联合又同它斗争的中间发展起来和锻炼出来的。这里所谓联合，就是同资产阶级的统一战线。所谓斗争，在同资产阶级联合时，就是在思想上、政治上、组织上'和平'的'不流血'的斗争；而在被迫着同资产阶级分裂时，就转变为武装斗争。如果我们党不知道在一定时期中同资产阶级联合，党就不能前进，革命就不能发展；如果我们党不知道在联合资产阶级时又同资产阶级进行坚决的、严肃的

①　《毛泽东选集》第二卷，人民出版社1991年版，第674页。
②　《毛泽东选集》第二卷，人民出版社1991年版，第673页。

'和平'斗争，党在思想上、政治上、组织上就会瓦解，革命就会失败；又如果我们党在被迫着同资产阶级分裂时不同资产阶级进行坚决的、严肃的武装斗争，同样党也就会瓦解，革命也就会失败。"①

毛泽东指出，无产阶级政党在同资产阶级（尤其是大资产阶级）组织统一战线的问题上，必须坚持坚决的、严肃的两条战线的斗争。一方面，要反对忽视资产阶级在一定时期中一定程度上参加革命斗争的可能性的错误。这种错误，把中国的资产阶级和资本主义国家的资产阶级等同看待，因而忽视同资产阶级建立统一战线，这是"左"倾关门主义。另一方面，要反对把无产阶级和资产阶级的纲领、政策、思想、实践等看作一样的东西，忽视它们之间的原则差别的错误。这种错误，忽视资产阶级不但在极力影响农民和小资产阶级，而且在极力影响无产阶级和共产党，力求消灭无产阶级和共产党在政治上、组织上、思想上的独立性，放弃革命领导权，把无产阶级及其政党变成资产阶级及其政党的尾巴，这是右倾投降主义。从中国共产党的历史上看，当中国共产党同国民党结成统一战线时，党内容易发生右的偏向；当中国共产党同国民党分裂时，党内容易发生"左"的偏向。不论是"左"倾关门主义，还是右倾投降主义，都会给革命事业带来损失。

4. 要坚持无产阶级对统一战线的领导权

无产阶级掌握领导权，不仅是区别新、旧民主主义革命的主要标志，也是坚持、巩固和发展革命统一战线的基本条件。毛泽东始终坚持无产阶级领导的原则，强调在无产阶级及其政党已经走上政治舞台的时代，中国革命必须由中国共产党来领导。"中国资产阶级虽然在某种历史时机可以参加革命战争，然而由于它的自私自利性和政治上经济上的缺乏独立性，不愿意也不能领导中国革命战争走上彻底胜利的道路。中国农民群众和城市小资产阶级群众，是愿意积极地参加

① 《毛泽东选集》第二卷，人民出版社 1991 年版，第 608—609 页。

革命战争，并愿意使战争得到彻底胜利的。他们是革命战争的主力军；然而他们的小生产的特点，使他们的政治眼光受到限制（一部分失业群众则具有无政府思想），所以他们不能成为战争的正确的领导者。因此，在无产阶级已经走上政治舞台的时代，中国革命战争的领导责任，就不得不落到中国共产党的肩上。"①

中国无产阶级本身的特点，决定了它能够担负起中国革命的领导重任。中国无产阶级除了具有一般无产阶级的基本优点，即与先进的经济形式相联系、富于组织性纪律性、没有私人占有的生产资料以外，还有它许多特殊的优点。第一，中国无产阶级身受帝国主义、封建主义和资产阶级三种压迫，这些压迫的严重性和残酷性是世界各民族中少见的，因此他们革命最坚决和彻底。在殖民地半殖民地的中国，没有欧洲那样的社会改良主义的经验基础，所以除少数工贼之外，整个阶级都是革命的。第二，中国无产阶级开始走上革命舞台，就在本阶级的革命政党——中国共产党领导之下，成为中国社会里最有觉悟的阶级。第三，中国无产阶级多数是破产农民出身，与农民有一种天然的联系，便于和农民结成亲密的联盟。"因为半殖民地的中国的社会各阶层和各种政治集团中，只有无产阶级和共产党，才最没有狭隘性和自私自利性，最有远大的政治眼光和最有组织性，而且也最能虚心地接受世界上先进的无产阶级及其政党的经验而用之于自己的事业。因此，只有无产阶级和共产党能够领导农民、城市小资产阶级和资产阶级，克服农民和小资产阶级的狭隘性，克服失业者群的破坏性，并且还能克服资产阶级的动摇和不彻底性（如果共产党的政策不犯错误的话），而使革命和战争走上胜利的道路。"②

无产阶级怎样才能实现对统一战线的领导？毛泽东指出："所谓领导权，不是要一天到晚当作口号去高喊，也不是盛气凌人地要人家

---

① 《毛泽东选集》第一卷，人民出版社1991年版，第183页。
② 《毛泽东选集》第一卷，人民出版社1991年版，第183—184页。

服从我们，而是以党的正确政策和自己的模范工作，说服和教育党外人士，使他们愿意接受我们的建议。"①

第一，中国共产党要提出正确的纲领和政治路线。无产阶级政党进行革命斗争，必须有自己明确的纲领。党的纲领规定了党的奋斗目标，体现了党的性质，决定了党在各个时期的政治路线。人们可以从党的纲领上加深对党的认识和了解，从而决定对党的态度。党用自己的纲领，对内实现政治上的统一，把全党团结到共同的理想上来；对党外，号召和发动群众，组织革命队伍。在纲领确定之后，党要根据纲领制定各个时期的政治路线，同时根据历史发展的进程提出基本的政治口号，为了实现这种口号提出每一发展阶段和每一重大事变中的动员口号，以此作为全国人民一致行动的具体目标。没有这种具体目标，党就无法指导群众，就无法实现自己的领导。

第二，"按照这种具体目标在全国行动起来时，无产阶级，特别是它的先锋队——共产党，应该提起自己的无限的积极性和忠诚，成为实现这些具体目标的模范。在为抗日民族统一战线的民主共和国的一切任务而奋斗时，共产党应该做到最有远见，最富于牺牲精神，最坚定，而又最能虚心体会情况，依靠群众的多数，得到群众的拥护。"②

第三，共产党要率领同盟者向着共同的敌人做坚决的斗争，并取得胜利。无产阶级和共产党在斗争中应当成为率领同盟者向敌人作斗争的先锋，并取得斗争的胜利。这样，不仅能够提高党在群众中的威信，获得越来越多的群众的拥护，而且能坚定同盟者在党领导下进行斗争的信心和决心。

第四，共产党要照顾同盟者的利益，至少不损害其利益，同时对同盟者给以政治教育。任何统一战线都是建立在某种共同利益基础

① 《毛泽东选集》第二卷，人民出版社1991年版，第742页。
② 《毛泽东选集》第一卷，人民出版社1991年版，第263页。

上的，无产阶级领导的统一战线也不例外。恩格斯说："没有共同的利益，也就不会有统一的目的，更谈不上统一的行动了。"① 所以，无产阶级及其政党在统一战线中要维护同盟者的这种共同利益，不能损害这种利益，如果损害这种利益，就会失去对同盟者的领导。与此同时，党要对同盟者进行政治教育，提高同盟者的政治觉悟，使他们自觉地为党的战略目标奋斗。

第五，"在不失掉确定的政治目标的原则上，建立与同盟者的适当的关系，发展和巩固这个同盟。"② 在统一战线中，无产阶级政党在坚持确定的政治目标的基础上，要采取各种措施，从不同的方面发展与同盟者的关系，以便巩固和发展统一战线。如在抗日战争时期，中国共产党在根据地政权上实行"三三制"原则，吸收党外人士参加政权；在农村实行减租减息，缓解阶级矛盾；在军事上，中国共产党领导的人民军队与国民党军队相互配合，共同抗日等。这些在不同程度上密切了与同盟者的关系，推动了统一战线的发展，扩大了中国共产党的政治影响。

第六，无产阶级及其政党要坚持统一战线中的独立自主原则。统一战线是一个联盟，集中了不同阶级、阶层、社会集团，有不同的政治主张，存在着谁影响谁、谁争取谁、谁领导谁的矛盾和斗争。无产阶级及其政党如果不能正确解决这些矛盾，就不能使统一战线为无产阶级的历史使命服务。所以，无产阶级政党既要看到同盟者的积极方面，又要看到他们动摇、妥协甚至反动的一面，要保持自己在政治上、思想上、组织上的独立性。特别是大资产阶级在抗日民族统一战线中，国民党实行既抗日又反共的两面政策，在这种情况下，如果不坚持独立自主原则，无产阶级就无法坚持领导权。毛泽东指出："用长期合作支持长期战争，就是说使阶级斗争服从于今日抗日的民族斗

---

① 《马克思恩格斯选集》第1卷，人民出版社1995年版，第490页。

② 《毛泽东选集》第一卷，人民出版社1991年版，第263页。

争，这是统一战线的根本原则。在此原则下，保存党派和阶级的独立性，保存统一战线中的独立自主；不是因合作和统一而牺牲党派和阶级的必要权利，而是相反，坚持党派和阶级的一定限度的权利；这才有利于合作，也才有所谓合作。否则就是将合作变成了混一，必然牺牲统一战线。"① 当然，坚持统一战线中的独立性，只能是相对的，不能是绝对的；如认为它是绝对的，就会破坏统一战线，破坏团结对敌的总方针。

第七，共产党要加强自身建设。无产阶级领导权是通过自己的政党来实现的。无产阶级政党必须加强自身建设，掌握中国革命的客观规律，正确制定自己的路线、方针、政策，依靠自己思想、政治、组织路线的正确，依靠共产党员的模范作用，依靠党的队伍的不断发展和思想上的统一，把领导权牢牢掌握在自己手里。

5. 坚持"发展进步势力、争取中间势力、孤立顽固势力"的策略总方针和"有理、有利、有节"的原则

在抗日战争时期，鉴于国民党实行"溶共、限共"方针，中国共产党为了巩固和发展抗日民族统一战线，提出了"发展进步势力、争取中间势力、孤立顽固势力"的策略总方针。

发展进步势力，就是放手发展无产阶级、农民阶级和城市小资产阶级的力量，就是放手扩大八路军、新四军，就是广泛地创立抗日民主根据地，就是发展共产党的组织，发展革命的群众运动。进步势力是中国革命的基本力量，是统一战线的支柱。发展进步势力是争取中间势力和孤立顽固势力的基本条件，是这一策略总的方针的中心环节。

争取中间势力，就是争取中等资产阶级、开明绅士和地方实力派。中等资产阶级就是民族资产阶级。他们虽然同工人阶级有矛盾，但他们要求抗日，并要争取自己的政治权力。他们企图利用进步派和

---

① 《毛泽东选集》第二卷，人民出版社 1991 年版，第 538—539 页。

顽固派之间的矛盾以达其目的。这一阶层，我们是必须争取的。开明绅士是地主阶级的左翼，即一部分带着资产阶级色彩的地主，他们的政治态度同中等资产阶级大略相同。他们虽然同农民阶级有矛盾，但他们同大地主大资产阶级亦有矛盾。他们不赞成顽固派，想利用进步势力同顽固派的矛盾以达其政治上的目的，这一部分人是我们争取的对象。地方实力派，包括有地盘的实力派和无地盘的杂牌军两种力量在内，他们虽然同进步势力有矛盾，但同顽固派亦有矛盾，并想利用进步势力同顽固派的矛盾以达其政治上的目的。所以，只要共产党的政策正确，他们是可能在进步势力同顽固派斗争时采取中立态度的。毛泽东指出，对上述三部分中间势力，我们的政策都是争取他们。但这种争取政策，不但同争取农民和城市小资产阶级有区别，而且对于各部分中间势力也有区别。对于农民和城市小资产阶级，是当作基本同盟者去争取的；对于中间势力，则是当作反帝国主义的同盟者去争取的。中间势力的中等资产阶级和开明绅士，可以和我们共同抗日，也可以同我们一道建立抗日民主政权。地方实力派，则除共同抗日外，只能在对顽固派斗争时采取暂时的中立立场，他们是不愿同我们一道建立抗日民主政权的。

中间势力有很大的力量，往往可以成为进步势力同顽固派斗争时决定胜负的因素。争取中间势力必须具备一定的条件，这就是"(1) 我们有充足的力量；(2) 尊重他们的利益；(3) 我们对顽固派作坚决的斗争，并能一步一步地取得胜利"①。

孤立顽固势力，主要是孤立英美派大地主大资产阶级。他们的代表就是国民党蒋介石集团。他们是当权的统治者，在抗日战争时期采取抗日和摧残进步势力的两面政策。共产党必须以革命的两面政策对付他们，既要坚持团结抗日，争取他们继续留在统一战线内，又要同他们的反动政策在思想上、政治上直至军事上进行坚决的斗争。只

---

① 《毛泽东选集》第二卷，人民出版社 1991 年版，第 747 页。

有同顽固势力进行坚决的斗争，才能限制他们实施反共政策的范围，逼迫他们承认进步势力，才能有效地争取中间势力。

在对顽固势力的斗争中，必须采取"利用矛盾，争取多数，反对少数，各个击破"和"有理、有利、有节"的原则。有理，即自卫原则，人不犯我，我不犯人，人若犯我，我必犯人，这是斗争的防御性。有利，即胜利原则，不斗则已，斗则必胜，这是斗争的局部性。有节，即休战原则，在把顽固派的进攻打退之后，我们应该适可而止，决不可无止境地斗下去，这是斗争的暂时性。这些原则是紧密联系、互相配合的。只有坚持这些原则，才能做到发展进步势力、争取中间势力、孤立顽固势力。

总之，关于革命统一战线理论的提出和实行，不仅使中国共产党人争取了广泛的同盟者，孤立了反动派，推动了中国革命的发展，而且丰富和发展了马克思主义。

二、武装斗争理论

武装的革命反对武装的反革命是中国革命的特点与优点。由于半殖民地半封建社会的中国实行大地主大资产阶级的专政，对外没有民族独立，对内没有民主，革命没有议会可以利用，没有合法斗争的条件，中国革命的主要形式只能是武装斗争，走农村包围城市，武装夺取政权的道路。毛泽东在长期革命战争中，把马克思主义的历史唯物主义和唯物辩证法及军事理论创造性地运用于中国革命实际，总结中国革命战争的独创性经验，同时批判地吸取了中国传统的军事思想遗产的精华，形成一系列具有中国特色的马克思主义的军事思想。

（一）毛泽东对马克思主义战争观的发展

首先，关于战争的起源与消亡。马克思主义认为战争是一个历史范畴，它既不是伴随着人类社会的产生而产生的，也不会伴随人类社会的长存而长存。战争是伴随着生产资料私有制和阶级的出现而出现的，也必将伴随着生产资料私有制和阶级的消灭而消灭。只要有利益相互对立、相互冲突和社会地位不同的阶级存在，阶级之间的战争就不会熄灭。"当阶级统治还存在的时候，战争是不会消除的"，"帝国主义战争，即争夺世界霸权、争夺银行资本的市场和扼杀各弱小民族的战争是不可避免的"①。由此可见，战争是同阶级统治相联系的。因此列宁说："只有在我们推翻、最终战胜并剥夺了全世界的而不只是一国的资产阶级统治，战争才不可能发生。"

其次，战争的性质和共产党人对战争的态度。马克思列宁主义认为，无论战争的形成规模如何，无论战争双方的力量对比和胜负如何，都可以依据战争的阶级性质、政治目的及在社会历史发展中的作用，区分为正义战争和非正义战争两人类。1900 年 12 月，列宁《火星报》创刊号发表《中国战争》一文，站在国际主义立场上，用马克思主义阶级观点，深刻地揭露了俄国和欧洲国家对中国实行掠夺政策，发动侵华战争的实质，驳斥了所谓"黄种人敌视白种人"，"中国人仇视欧洲文化和文明引起的"妄言。他说："欧洲资本家贪婪的魔掌现在伸向中国了。俄国政府恐怕是最先伸出魔掌的，但是它现在却扬言自己'毫无私心'。它'毫无私心地'占领了中国旅顺口，并且在俄国军队保护下开始在满洲修筑铁路。欧洲各国政府一个接一个拼命掠夺（所谓'租借'）中国领土"②。"沙皇政府把这场战争看作是转移人们对国内日益增长的不满情绪的注意力和镇压日益高涨的革命运动的一种手段……既然有可能对其他民族进行压迫和掠夺，经济停滞就会持续下去，因为在这种情况下往往是以对'异族人'的半封建的剥削作为收入来源，而不是靠发展生产力。因此，从俄国方面来说，这场战争就具有特别反动和反民族解放的性质。"③ 列宁指出："弄清战

———————————

① 《列宁全集》第 36 卷，人民出版社 1985 年版，第 80 页。

② 《列宁选集》第 1 卷，人民出版社 1995 年版，第 279 页。

③ 《列宁选集》第 2 卷，人民出版社 1995 年版，第 517 页。

争的性质是马克思主义者解决自己对战争的态度问题的必要前提。"①
马克思主义者对待两种不同性质的战争采取不同的态度，支持正义战
争，反对非正义战争，从而提出"变帝国主义战争为国内战争"的口
号。列宁指出："革命的阶级在反动的战争中不能不希望自己的政府
失败，不能不看到自己的政府在军事上的失利会使它易于被推翻。"
在《社会主义与战争》阐明俄国社会民主党对战争的态度时，列宁揭
露社会沙文主义就是在当前战争中为"保卫祖国"的思想辩护。同
时，列宁在《无产阶级革命的军事纲领》中还阐明，"就被压迫民族
方面说来，在他们反对帝国主义大国的战争中否认'保卫祖国'……
那简直是愚蠢的"。"它既同不分是非的反对一切战争的和平主义者观
点相区别，又同狂热地鼓吹战争的黩武主义者的观点相区别"。

　　毛泽东根据马克思列宁主义战争观，总结了人类社会战争的历
史，深刻论述了战争的起源问题。他指出：战争是"从有私有财产和
有阶级以来就开始了的、用以解决阶级和阶级、民族和民族、国家和
国家、政治集团和政治集团之间、在一定发展阶段上的矛盾的一种最
高的斗争形式"②。"由于阶级的出现，几千年来人类的生活中充满了
战争，每一个民族都不知打了几多仗，或在民族集团之内打，或在民
族集团之间打。打到资本主义社会的帝国主义时期，仗就打得特别广
大和特别残酷"③。毛泽东深刻揭露帝国主义、霸权主义的掠夺和扩张
是产生现代战争的主要根源。毛泽东这个论述，精辟地阐述了战争是
阶级社会的必然产物，是个历史范畴，深刻地揭示了战争与生产方
式、阶级和阶级斗争的内在必然联系。毛泽东还发展了马列主义战争
消亡论的观点，指出："战争——这个人类互相残杀的怪物，人类社
会的发展终久要把它消灭的，而且就在不远的将来会要把它消灭的。
但是消灭它的方法只有一个，就是用战争反对战争，用革命战争反对

① 《列宁全集》第26卷，人民出版社1988年版，第33页。
② 《毛泽东选集》第一卷，人民出版社1991年版，第171页。
③ 《毛泽东选集》第二卷，人民出版社1991年版，第474页。

反革命战争,用民族革命战争反对民族反革命战争,用阶级革命战争反对阶级反革命战争。"① 并且明确地划分了战争的性质与类型。即阶级和阶级之间的战争、民族和民族之间的战争、国家和国家之间的战争、政治集团和政治集团之间的战争。古今中外一切战争,都可以归入这四种类型中的一种,或是两种以上类型的交互转化。毛泽东明确指出:"我们共产党反对一切阻碍进步的非正义的战争,但是不反对进步的正义的战争。对于后一类战争,我们共产党人不但不反对,而且积极地参加。"② 在第一次世界大战期间,列宁曾提出:"变帝国主义战争为国内战争","使本国政府在战争中失败"的主张,并且反对"保卫祖国"的口号。中国共产党人是否也要实行这样的路线,曾经成为必须回答的一个问题。对此,毛泽东正确地分析了第二次世界大战与中日战争同第一次世界大战的不同性质和特点,明确提出不能照搬第一次世界大战期间帝国主义国家无产阶级政党的口号,因为两种战争的性质和特点不同。"我们的口号是为保卫祖国反对侵略者而战。""每一个共产党员必须发挥其全部的积极性英勇坚决地走上民族解放战争的战场,拿枪口瞄准日本侵略者。"③ 这是毛泽东对待两种性质战争的马克思主义态度。

第三,战争与政治的关系。战争是政治的继续。这是马克思主义经典作家对近代资产阶级军事理论家克劳塞维茨观点的肯定。克劳塞维茨最先提出:"战争无非是政治通过另一种手段的继续。"④ 这个论断深刻地反映出了战争与政治的本质联系,但是,克劳塞维茨所说的政治其内涵同马克思主义者们说的政治并不是或不完全是一回事,他所说的政治仅指一个国家的对外政策,是政府之间的事情。他把政治视为整个社会的一切利益的代表,是超阶级或非阶级的关系。他并

① 《毛泽东选集》第一卷,人民出版社 1991 年版,第 174 页。

② 《毛泽东选集》第二卷,人民出版社 1991 年版,第 476 页。

③ 《毛泽东选集》第二卷,人民出版社 1991 年版,第 520—521 页。

④ [德] 克劳塞维茨:《战争论》第一卷,商务印书馆 1978 年版,第 43 页。

不了解战争同经济、同阶级和阶级斗争深层次的关系。因此，他并没有真正揭示战争的政治实质和经济动因。马克思、恩格斯"把每次战争都看作是有关列强（及其内部各阶级）在当时的政治的继续"①。列宁说："如果忘记任何战争都不过是政治通过另一种手段的继续，那在理论上是完全错误的；现在的帝国主义战争是两个大国集团的帝国主义政治的继续，而这种政治是由帝国主义时代各种关系的总和所产生和培育的。但是这个时代又必然产生和培育反对民族压迫斗争的政治和无产阶级反对资产阶级斗争的政治，因此就可能有而且必然会有：第一，革命的民族起义和战争；第二，无产阶级反对资产阶级的战争和起义；第三，这两种革命战争的汇合等等。"②

毛泽东坚持并发展了马克思列宁主义关于战争与政治的关系，特别是战争是政治的继续的观点，他指出："'战争是政治的继续'，在这点上说，战争就是政治，战争本身就是政治性质的行动，从古以来没有不带政治性质的战争。""一句话，战争一刻也离不了政治。"③因此，他在指导战争的过程中总是把战争同政治紧密地联系在一起，坚决反对使战争脱离政治，把战争孤立起来的倾向。他说："抗日军人中，如有轻视政治的倾向，把战争孤立起来，变为战争绝对主义者，那是错误的，应加纠正。"④同时，"战争有其特殊性，在这点上说，战争不即等于一般的政治。'战争是政治的特殊手段的继续'。政治发展到一定的阶段，再也不能照旧前进，于是爆发了战争，用以扫除政治道路上的障碍"。"政治是不流血的战争，战争是流血的政治。"⑤这是毛泽东对马克思列宁主义关于战争与政治的关系，战争是政治的继续观点的寓意深刻的精辟发挥。

---

①　《列宁选集》第 2 卷，人民出版社 1995 年版，第 466 页。
②　《列宁选集》第 2 卷，人民出版社 1995 年版，第 723 页。
③　《毛泽东选集》第二卷，人民出版社 1991 年版，第 479 页。
④　《毛泽东选集》第二卷，人民出版社 1991 年版，第 479 页。
⑤　《毛泽东选集》第二卷，人民出版社 1991 年版，第 479—480 页。

（二）人民军队建设的理论

马克思主义认为，无产阶级要推翻剥削阶级的暴力统治，获得彻底解放，必须有无产阶级政党的领导；而无产阶级政党要达到自己的目的，又必须有强大的军队。这支军队是"为劳动者的利益斗争的工具"，是"由经验丰富的共产党员这支先进队伍领导着"的。毛泽东在领导湘赣边界秋收起义部队攻城受挫后，适时转向敌人统治薄弱地区，登上井冈山，总结了大革命失败的经验教训和井冈山赣南闽西建军经验，在古田会议上提出具有中国特色的马克思主义建军思想。最根本的首要的是确立了共产党对军队的"绝对领导"的建军原则。并且用一系列制度加以保证。党对军队绝对领导建军原则的主要内容是：中国工农红军（中国人民解放军）必须完全地无条件地置于中国共产党领导之下，军队最高领导权和指挥权集中于中国共产党中央委员会和中央军事委员会；一切行动听从中共中央、中央军委的指挥；不许向党闹独立；不允许其他政党在军队中建立组织和进行活动；不允许任何个人向党争夺兵权；不经党中央和中央军委授权，任何个人不得插手军队，更不得擅自调动和指挥军队。党对军队的绝对领导，是我军永远保持无产阶级性质的决定因素和胜利发展的根本保证。

中国共产党的性质和人民军队的阶级属性决定了军队必须接受党的领导。毛泽东指出，中国工农红军的性质是中国共产党缔造的无产阶级的新型人民军队，是执行革命的政治任务的武装集团，是为实现党的纲领而斗争的工具。1944 年，毛泽东曾在一份材料的批注中指出："党是阶级联合的最高形式，工会、合作社、军队、政府，均须受党的领导。"这里，毛泽东把包括军队在内的一切阶级组织形式同党的关系，作了简要而明确的概括，肯定了中国共产党是领导人民军队和其他无产阶级组织的核心力量这一真理。

按照马克思主义国家学说，军队是国家机器的重要组成部分。中华人民共和国成立后，宪法确定中国共产党在国家生活中的领导地位，人民解放军属于国家的军队。1982 年国家宪法规定国家设立中央军事委员会，统一领导全国武装力量，这并没有改变党对军队的绝对领导的地位，而是通过国家军委贯彻党中央对军事工作和国防部门的决策与指示，党的中央军委的成员同时也是国家军委成员。这种领导体制既坚持了党对军队的绝对领导的建军原则，又使党对军队的领导更具有法律的权威性。

党对军队的绝对领导主要是通过政治上、思想上、组织上的领导来实现的。政治领导，就是用党的纲领、路线、方针和政策统一全军的思想和行动，坚持正确的政治方向，同党中央保持高度一致，自觉为实现党的总目标总任务而奋斗。思想领导，就是以马克思主义武装干部、战士的头脑，树立无产阶级世界观、人生观，克服各种非无产阶级思想，提高思想政治觉悟。组织领导，就是在中共中央、中央军委的统一领导下，建立健全军队党委制和政治委员、政治机关制度，支部建在连上，充分发挥党委核心领导作用和支部的战斗堡垒作用，党员的先锋模范作用，保证党的政治领导和思想领导的实现。

"紧紧地和中国人民站在一起，全心全意地为中国人民服务"，是中国工农红军（人民解放军）建军的唯一宗旨。它要求军队必须为人民的利益而战斗、而工作，始终以人民的利益为最高原则，无条件地服务绝大多数人的利益；要求军队始终同人民群众同甘共苦，保持密切的联系，不容许脱离人民，凌驾于人民群众之上，要热爱人民，保护人民，向人民群众学习，自觉地接受人民群众监督；要求我军担负起打仗、做群众工作、生产"三位一体"的任务。全心全意为人民服务，是由我军的无产阶级性质所决定的，是我军团结战斗，英勇牺牲，永远立于不败之地的思想基础。它充分体现了中国共产党领导下的新型人民军队的特色与本质。

"政治工作是我军的生命线"，这是对军队中政治工作的地位和作用的形象比喻和科学概括，是经受历史检验的真理性结论。政治工作的基本原则包括坚持党对军队的绝对领导和坚持全心全意为人民服务的宗旨，紧紧围绕党和国家的中心任务进行。毛泽东还概括出政治工作三大原则：官兵一致、军民一致、瓦解敌军。军队政治工作关系到能否从政治上、思想上、组织上保证党对军队的绝对领导的大问题，关系到军队的生存、发展、强弱与胜败的大问题，须臾不可离。

（三）中国革命战争的特点与规律

马克思主义的辩证唯物主义认为事物的本质及其与其他事物之间的联系是有规律性的。规律是客观事物固有的，不依人们的主观意志为转移的。人的思想和实践如果能符合客观实际，按照客观规律办事，就会获得成功，反之，就会受挫遭到失败。毛泽东依据马克思主义的辩证唯物主义指出："不论做什么事，不懂得那件事的情形，它的性质，它和它以外的事情的关联，就不知道那件事的规律，就不知道如何去做，就不能做好那件事。"① 作为社会历史现象的战争，也有其固有的规律。战争的规律，是由战争双方的政治、经济、军事、自然条件相互联系而形成的战争活动的特点及其一般的发展趋势。指挥官要想掌握战争的主动权，多打胜仗，少打败仗，"这里的关键，就在于把主观和客观二者之间好好地符合起来"②。

重视研究战争的特点与规律，实际上是重视以唯物辩证法和历史唯物主义观点、方法指导革命战争问题。毛泽东说："战争的规律——这是任何指导战争的人不能不研究和不能不解决的问题。"他以马克思主义关于矛盾的普遍性与特殊性的关系的辩证法观点，既重视战争一般规律的研究，又重视战争特殊规律的研究。他说："我们不但要研究一般战争的规律，还要研究特殊的革命战争的规律，还要研究更加特殊的中国革命战争的规律。"③ 这是因为认识和掌握一般战争的规律，可以给战争实践提供一般的普遍性的指导原则；认识和掌握特殊战争的规律，可以给某一具体战争提供特殊的具体的指导

① 《毛泽东选集》第一卷，人民出版社 1991 年版，第 171 页。
② 《毛泽东选集》第一卷，人民出版社 1991 年版，第 181—182 页。
③ 《毛泽东选集》第一卷，人民出版社 1991 年版，第 171 页。

原则。当时存在着主张照抄照搬的两种错误意见：一种是根据苏联内战的经验，颁布的军事条令；一种是北伐战争长驱直进和夺取大城市的战略方针。毛泽东认为这两种意见是削足适履，要打败仗。战争情况的不同，决定着不同的战争指导规律。这种不同的情况，主要是时间、地域和性质的差别。

1936 年 12 月，毛泽东为解决土地革命战争时期党内在军事问题上的分歧，发表《中国革命战争的战略问题》一文。文中着重分析了中国革命战争的特点及其相互关系，揭示了中国革命战争的根本规律。毛泽东指出，中国革命战争有四个主要特点：第一个特点，中国是一个政治经济发展不平衡的半殖民地的大国，而又经过了 1924 年至 1927 年的革命，这个特点使中国革命战争有发展和胜利的可能性；第二个特点是敌人的强大，这个特点，使红军的作战不能不和一般战争以及苏联内战、北伐战争都有许多的不同；第三个特点是红军的弱小，红军数量少，武器装备差，物质供给非常困难，敌强我弱，双方力量对比悬殊，红军的战略战术，是在这种尖锐的对比上发生的；第四个特点是共产党领导的土地革命，这个特点产生两方面的作用，红军力量和根据地虽小，但战士觉悟高、官兵一致，为自己的利益而战，因而战斗力强，有农民的援助，国民党军虽多，但战士不愿为其拼命，官兵之间在政治上是分歧的，这就减少了它的战斗力。毛泽东指出："这是中国革命战争的根本规律，许多规律都是从这个根本规律发生而来的。"① 这些特点，规定了中国革命战争的指导路线及其战略战术原则。

（四）机动灵活的战略战术

第一，积极防御的战略方针。由于敌我军事力量对比悬殊，在优势敌军进攻面前，首要的是如何保存力量，待机破敌问题。因此必

① 《毛泽东选集》第一卷，人民出版社 1991 年版，第 191 页。

须实行有计划地战略退却，采取积极防御的战略方针。反对消极防御。毛泽东讲过，虽然马克思说过武装起义之后一刻也不应该停止进攻，这是说乘敌不备而突然起义的群众，应该不让反动的统治者有保守政权或恢复政权的机会，趁此一瞬间把国内反动的统治势力打个措手不及，而不满足于已取得的胜利，轻视敌人，放松对敌人的进攻，或者畏缩不前，坐失消灭敌人的时机，招致革命的失败。这是正确的。然而不是说，敌我双方已在军事对抗中，而且敌人是优势，当受敌人压迫时，革命党人也不应该采取防御手段。如果这样想，那就是第一号的傻子。这里，毛泽东不是照搬马克思的本本，而是区别不同情况，掌握马克思学说的精神实质。毛泽东还针对德日帝国主义军事家们认为战略防御会动摇人心的主张，指出那是说的阶级矛盾剧烈，而战争的利益仅仅属于反动的统治阶层乃至反动的当权政派的那种国家。而我们的情况不同，在保卫革命根据地和保卫中国的口号下，我们能够团结最大多数人民，万众一心地作战，因为我们是被压迫者和被侵略者。这里毛泽东以马克思主义观点区分了正义战争与非正义战争两种不同性质战争中战略防御的不同作用，肯定了革命战争中战略防御的必要。战略防御，是在优势敌军进攻面前实行有计划的战略退却，诱敌深入，集中优势兵力，各个击破或聚而歼之的积极方针。因为战争的目的是"保存自己，消灭敌人"，而不以一城池的得失为目标。战略退却的全部作用，在于保存军力，准备适时地实行战略反攻乃至进攻。毛泽东批评共产国际派来的军事顾问李德在第五次反"围剿"中所主张的"御敌于国门之外"，处处设防，节节防御，怕丧失寸土，反对战略退却的消极防御方针。他说："如果我们丧失的是土地，而取得的是战胜敌人，加恢复土地，再加扩大土地，这是赚钱生意。"① 事实证明，第五次反"围剿"时期，"左"倾冒险主义者不愿丧失一部分土地，结果丧失了全部土地。

---

① 《毛泽东选集》第一卷，人民出版社 1991 年版，第 211 页。

第二，集中优势兵力，打歼灭战。集中优势兵力，各个歼灭敌人是在战略上以弱胜强，积极防御，克敌制胜的重要作战原则。毛泽东指出：集中兵力之所以必要，是为了改变敌我形势。具体地说，一是为了改变进退的形势；二是为了改变攻守的形势；三是为改变内外线的形势。"从战略防御中争取胜利，基本上靠了集中兵力的一着"，"我们的战略是'以一当十'，我们的战术是'以十当一'，这是我们制胜敌人的根本法则之一"①。毛泽东批评共产国际军事顾问，第五次反"围剿"时，伴随军事冒险主义而来的是军事平均主义，主张"大路分兵""全线抵御"，以为可以制敌，结果为敌所制。

歼灭战，毛泽东认为这是对于几乎一切都取给予敌方的红军基本的方针。"击溃战，对于雄厚之敌不是基本上决定胜负的东西。歼灭战，则对任何敌人都立即起了重大的影响。对于人，伤其十指不如断其一指，对于敌，击溃其十个师不如歼灭其一个师。"②只有给敌人歼灭，给自己以补充，逐步转变敌我力量对比，才能争取战争最后胜利。

第三，作战形式。游击战、运动战和阵地战，是中国革命战争的三种基本作战形式。毛泽东对这三种作战形式及其相互配合与互相转变的关系作出许多精辟的符合中国革命战争特点的论述。

游击战是分散流动的作战形式。毛泽东从中国革命战争的特点出发，指出："它就是在落后的国家中，在半殖民地的大国中，在长时期内，人民武装队伍为了战胜武装的敌人、创造自己的阵地所必须依靠的因而也是最好的斗争形式。"③游击战在三种作战形式中系属低级形式，一般是辅助的配合作用。但是毛泽东在抗日战争时期，基于中国既不是小国，又不像苏联，而是一个大而弱的国家，被一个小而强的国家攻击，曾提出抗日游击战争的战略地位问题。由于敌人在我们这个大国中占地甚广，但他们的国家小，兵力不足，在占领区留了

————————
① 《毛泽东选集》第一卷，人民出版社1991年版，第225页。
② 《毛泽东选集》第一卷，人民出版社1991年版，第237页。
③ 《毛泽东选集》第二卷，人民出版社1991年版，第609页。

很多空虚的地方，这就要求把游击战争问题放在战略的观点上加以考察。主要体现在一是抗日游击战争主要地不是在内线配合正规军的战役作战，而是在外线单独作战；二是抗日游击战争不是小规模的，而是大规模地辅助正规战；三是有根据地的作为无后方的后方；四是在长时间作战中把自己发展为运动战。这样又广又持久的游击战争，在整个人类战争史中，是颇为鲜见的，毛泽东把它提高到战略地位乃是战争史和军事理论上首创。

运动战"是正规兵团在长的战线和大的战区上面，从事于战役和战斗上的外线的速决的进攻战的形式。同时，也把为了便利于执行这种进攻战而在某些必要时机执行着的所谓'运动性的防御'包括在内，并且也把起辅助作用的阵地攻击和阵地防御包括在内。它的特点是：正规兵团，战役和战斗的优势兵力，进攻性和流动性"①。毛泽东特别强调运动战的流动性特点，红军运动战的基本特点是没有固定的作战线，"打得赢就打，打不赢就走"。这种机动灵活的作战形式，最有利于发挥红军作战的优长，保存自己，消灭敌军，能动地夺取战争的胜利。

阵地战。在中国革命战争历史上，绝大部分时间内都是敌强我弱，以少量的兵力，简陋的武器装备，难以同扼守着有坚固防御的城市和据点打阵地攻坚战。在红军时期，毛泽东就指出，没有广大兵力，没有弹药补充，每一个根据地打来打去仅只有一支红军的条件下，阵地战对于我们是基本上无用的。抗日战争时期毛泽东鉴于敌我双方力量对比的特点，指出防御的和攻击的阵地战，在当时的技术条件下，一般都不能执行，这也是我们表现弱的地方。解放战争时期，由战略防御转入战略反攻的时刻，毛泽东适时提出："要准备打阵地战（以后运动战要大大减少），学会近迫作业，善于攻坚。"②1947年

---

① 《毛泽东选集》第二卷，人民出版社1991年版，第497页。
② 宋时轮：《毛泽东军事思想的形式及其发展》，军事科学出版社1984年版，第134页。

9月，毛泽东在《解放战争第二年的战略方针》的指示中进一步指出：必须极大地注重学习阵地攻击战术，加强炮兵、工兵建设，以便广泛地夺取敌人据点的城市。"一切守备薄弱之据点和城市则坚决攻取之，一切有中等程度的守备则又环境许可之据点和城市则相机攻取之，一切守备强固之据点和城市则暂时弃置之。"① 按照这个指示，解放军连续攻克石家庄、开封、济南等大中城市，在战略决战阶段又攻克锦州、天津等城市，不仅进行了大规模的运动战，而且进行了大规模的阵地战。

游击战、运动战和阵地战，各种作战形式互相配合，并适时地实行战略转变。三种作战形式各具特点，根据不同的情况有不同的作用。即是互相配合又不能相互代替。毛泽东在指导中国革命战争的过程中，一贯重视三种不同作战形式的运用及其互相的配合。他既根据战争情况确定以哪种作战形式为主，又强调主要作战形式的配合。他说："在军事上我们若能运用运动战、阵地战、游击战三种方式互相配合，必能使敌军处于极困难的地位。"② 抗日战争时期，毛泽东根据敌、我、友三方的力量对比，规定我军的作战方针为："基本的是游击战，但不放松有利条件下的运动战。"③ 并把抗日游击战提高到战略地位。解放战争时期，则"以集中兵力打运动战为主，以分散兵力打游击战为辅"④。后期还实行运动战与大规模的阵地攻歼战相结合的作战形式取得战略决战的胜利。毛泽东在指导中国革命战争的长期过程中，在理论上、实践上，根据敌我力量的变化和战争发展的进程，正确地阐述并实施了以改变作战形式为主要内容的战略转变，有效地达到保存自己，消灭敌人，改变力量对比的变化，夺取战争的胜利。

第四，战略与战役战术的军事辩证法。战略上要藐视敌人，战

① 《毛泽东选集》第四卷，人民出版社1991年版，第1233页。
② 《毛泽东文集》第二卷，人民出版社1993年版，第99页。
③ 《毛泽东选集》第二卷，人民出版社1991年版，第500页。
④ 《毛泽东选集》第四卷，人民出版社1991年版，第1199页。

术上要重视敌人，是毛泽东运用唯物辩证法和历史唯物主义总结中国革命战争历史经验指出的一个重要战略思想。中国革命面临的敌人是异常强大而凶恶的，在相当长的时期内敌我力量对比总是处于敌强我弱的形势之中。毛泽东从未被表面现象所迷惑，更没被气势汹汹的敌人的猖狂进攻吓倒，而是以唯物辩证法和历史唯物主义观点正确认识和估量反革命力量与革命力量及其发展总趋势。明确提出，帝国主义和一切反动派都是纸老虎的著名论断。他认为一切马克思主义者，真想要领导被压迫人民推翻反动统治，就必须敢于斗争，敢于胜利。要在战略上藐视敌人，在战役战术上重视敌人。这是从事物的本质上、从长远的观点和发展的观点、从局部和整个的关系上观察分析敌我力量的变化趋势所得出的科学论断。

战略的持久战，战役和战斗的速决战。这是一件事的两方面，是国内战争的两个同时并重的原则，也可以适用于反对帝国主义的战争。敌强我弱，决定了战争的长期性，只有在战略上的持久战中才能削减敌之优势，暴露敌之弱点。我方则与之相反，克服弱点，发挥优长，从而逐步改变双方力量对比。毛泽东说，在战争问题上，古今中外莫不要求速决，唯独中国的战争不能不以极大的忍性对待之，不能不以持久战对待之。然而，在战役和战斗上则与之相反，在战役战术上则必须速战速决，这就是持久中的速决作战方针。防御中的进攻，内线中的外线作战方针。毛泽东辩证地对此作出深刻地分析。敌凭其优势兵力，在战略上分路向我进攻，敌处战略外线，我处战略内线，敌是战略进攻，我是战略防御，看起来我是很不利的。然而，我可以利用地广和在战役和战斗上集中优势兵力，采取外线上的进攻战，各个歼灭敌人，积小胜为大胜，逐渐改变力量对比，于是敌之战略作战上的外线和进攻，在战役和战斗上就变成了内线和防御。我之战略作战上的内线和防御，在战役和战斗的作战上变成了外线和进攻，乃至最后取得革命的胜利。

第五，人民战争的思想。革命战争必须依靠人民群众，实行人民战争的方针，这是毛泽东把马克思主义历史唯物论运用于中国革命战争的实际，形成一系列军事思想的核心。马克思主义关于人民群众是历史的创造者的唯物史观是毛泽东人民战争思想的理论基础。1849年，恩格斯指出："一个想争取自身独立的民族，不应该仅限于用一般的作战方法。群众起义，革命战争，到处组织游击战——这才是小民族制胜大民族，不够强大的军队抵抗比较强大的组织良好的军队的唯一方法。"[①]1905 年 11 月，列宁在《新生活报》发表的《军队和革命》一文中明确提出："如果武装的人民消灭了军阀，把所有的士兵变成公民，把一切能够拿起武器的公民变成士兵，如果俄国自由的砥柱是这样的武装的人民，那么世界上就没有任何力量敢来侵犯自由的俄国。"[②] 他说："只有全民武装才能彻底打倒反动势力。"1919 年 11 月，列宁在全俄东部各民族共产党组织第二次代表大会上的报告中指出："革命战争如果真正吸引被压迫劳动群众参加并同他们的利益息息相关，使这些群众意识到自己是在同剥削者作斗争，那么，这种革命战争就会唤起创造奇迹的毅力和才能。"[③] 马克思主义经典作家从来都是充分肯定人民群众作为历史的创造者在革命战争中的伟大作用。这乃是唯心史观同唯物史观的一个重要区别。

　　毛泽东把马克思主义唯物史观和关于人民群众在战争中的作用的基本原理，应用于指导中国革命战争的实际，形成系统的人民战争思想和一整套人民战争战略战术原则。这是把马克思主义中国化的一个重要内容。毛泽东深刻地论述了人民群众是革命战争的主体，是最后决定战争胜负的力量，革命战争必须依靠人民群众的重要思想。他说："革命战争是群众的战争，只有动员群众才能进行战争，只有依靠群众，才能进行战争。"[④] 这是对人民战争的实质的科学概括。抗日

---

① 《马克思恩格斯选集》第 1 卷，人民出版社 1972 年版，第 336—337 页。
② 《列宁选集》第 1 卷，人民出版社 1995 年版，第 670 页。
③ 《列宁选集》第 4 卷，人民出版社 1995 年版，第 72 页。
④ 《毛泽东选集》第一卷，人民出版社 1991 年版，第 136 页。

战争时期，毛泽东在《论持久战》一文中提出"兵民是胜利之本"的精辟论断。他说："战争最浓厚的根源，存在于民众之中"，"动员了全国的老百姓，就造成了陷敌人于灭顶之灾的汪洋大海，造成了弥补武器等缺陷的条件，造成了克服一切战争困难的前提。"①

为了说明人民群众在战争中的决定性作用，毛泽东还深刻地论述了在战争中人和武器的关系。关于战争中人与物的作用关系问题的分歧实际上是机械唯物论和唯物辩证法在军事思想上的体现。毛泽东在指导中国革命战争的长期实践中，以辩证唯物主义观点正确分析和处理了人与武器的关系，既重视武器的重要作用，更重视人的作用。他指出，武器是战争的重要因素，归根到底决定性因素是人而不是物。力量的对比不但是军力和经济力的对比，而且是人力和人心的对比。军力和经济力是要人去掌握的，从而有力地批评了"唯武器论"和"亡国论"。

人民战争的武装力量体制是实现人民战争的有效组织形式。毛泽东在长期指导革命战争的实践中创立了以党领导的人民军队为骨干，建立野战军、地方部队和民兵三结合的武装力量体制。实行主力兵团和地方兵团相结合，正规军和游击队、民兵相结合、武装群众和非武装群众相结合，形成全民皆兵的强大军事力量，充分发挥广大人民群众在革命战争中的浓厚威力。

三、党的建设理论

毛泽东建党思想是毛泽东思想科学体系的重要组成部分，是马克思列宁主义关于党的学说同中国共产党建设实践相结合的产物。它既坚持了马克思列宁主义的基本精神，又融汇了中国共产党的实践经验，还适应中国特殊的社会历史条件，是对马克思列宁主义党的学说

---

① 《毛泽东选集》第二卷，人民出版社1991年版，第480页。

的重大发展。

（一）加强无产阶级政党的建设是马克思列宁主义的重要内容

无产阶级进行革命，是要消灭一切剥削制度，实现社会主义和共产主义的社会制度，使全人类都过上幸福美好的生活。无产阶级如果没有自己政党的领导，一盘散沙，是无法完成这一历史使命的。列宁指出："只有工人阶级的政党，即共产党，才能团结、教育和组织无产阶级和全体劳动群众的先锋队，也只有这个先锋队才能抵制这些群众中不可避免的小资产阶级动摇性，抵制无产阶级中不可避免的种种行业狭隘性或行业偏见的传统和恶习的复发，并领导全体无产阶级的一切联合行动，也就是说在政治上领导无产阶级，并且通过无产阶级领导全体劳动群众。不这样，便不能实现无产阶级专政。"[①] 斯大林也认为："党是无产阶级的指挥员和司令部，它领导无产阶级在一切斗争部门中的不同形式的斗争，并把各种不同斗争形式联成一个整体。如果说不需要共产党，那就等于说无产阶级的斗争可以不要有专门研究斗争条件和拟定斗争方法的司令部和领导核心，就等于就没有司令部比有司令部要战斗得好，这样说是愚蠢的。"[②] 正因为工人阶级政党对无产阶级革命斗争具有决定性的作用，所以马克思、恩格斯十分重视建立无产阶级政党的问题。为了建立无产阶级政党，马克思、恩格斯在制定科学共产主义理论的同时，积极参加工人运动，教育工人群众，和各种工人政治组织建立联系，争取把这些组织改造成为受科学共产主义理论指导的、革命的工人政党。

革命斗争需要建立无产阶级政党，这种政党的性质如何，具有哪些特点呢？对此，马克思、恩格斯、列宁、斯大林从不同的方面作了论述。从他们的论述中可以看出作为无产阶级政党，主要应具有下

---

① 《列宁选集》第4卷，人民出版社1995年版，第474页。
② 《斯大林全集》第5卷，人民出版社1957年版，第58页。

列特点：

第一，无产阶级政党是以广大工人阶级为其阶级基础、为广大群众求解放的党。这就是说，无产阶级政党是工人阶级的一部分，是和广大工人群众及一切劳动者保持血肉联系的。党必须相信和依靠广大群众，时刻不脱离群众，关心群众利益，全心全意为人民服务。这是对无产阶级政党的根本要求。判断一个政党的阶级属性，要认清它是否真正具有无产阶级属性，不能单纯看它是否由工人组成，最主要的是看它的政治主张、路线、方针和政策，要看它代表哪个阶级的利益。马克思和恩格斯指出："共产党人同全体无产者的关系是怎样的呢？共产党人不是同其他工人政党相对立的特殊政党。他们没有任何同整个无产阶级的利益不同的利益。他们不提出任何特殊的原则，用以塑造无产阶级的运动。共产党人同其他无产阶级政党不同的地方只是：一方面，在无产者不同的民族的斗争中，共产党人强调和坚持整个无产阶级共同的不分民族的利益；另一方面，在无产阶级和资产阶级的斗争所经历的各个发展阶段上，共产党人始终代表整个运动的利益。"[1]

第二，无产阶级政党是工人阶级的先锋队。无产阶级政党不仅是工人阶级的一部分，而且是工人阶级最先进的部分，是工人阶级的先锋队或先进部队。列宁说："党是阶级的先锋队；它的任务决不是反映群众的一般水平，而是带领群众前进。"[2]斯大林也指出："党首先应当是工人阶级的先进部队。党应当把工人阶级的一切优秀分子，把他们的经验、他们的革命性、他们对无产阶级事业无限忠诚精神都吸收进来。但是要成为真正的先进部队，党应当用革命理论，用运动规律的知识，用革命规律的知识把自己武装起来。否则它就不能领导无产阶级的斗争，就不能引导无产阶级。"[3]党应当站在工人阶级的前

---

①　《马克思恩格斯选集》第 1 卷，人民出版社 1995 年版，第 285 页。

②　《列宁专题文集　论无产阶级政党》第 26 卷，人民出版社 2009 年版，第 338 页。

③　《斯大林选集》上卷，人民出版社 1979 年版，第 261 页。

面，应当看得更远，引导无产阶级，而不应当作工人阶级的尾巴。

第三，无产阶级政党是工人阶级有组织有纪律的部队。无产阶级政党是按照民主集中制原则组织起来的统一的战斗集体。每个党员都必须参加党的一定组织，遵守党章和党纲，执行党的决议，参加党所分配的工作，服从党的领导，遵守党的纪律。这样，全党才能形成统一的意志和行动，才能保证党的路线、方针、政策的贯彻执行。

第四，党是无产阶级组织的最高形式。斯大林指出，党是工人阶级的有组织的部队。可是，党并不是工人阶级的唯一组织。无产阶级还有其他许多为顺利地进行反对资本的斗争所绝对必需的组织，如工会、合作社、工厂组织、议会党团、非党妇女团体、出版机关、文化教育组织、青年团、革命战争组织（在公开的革命发动时期）以及作为国家组织形式的代表苏维埃（当无产阶级执掌政权时）等等。但是作为先锋队的无产阶级政党，则是一切组织的最高形式。党必须把无产阶级的一切组织统一领导起来，把它们的行动引向一个共同目标。"党是无产阶级阶级组织的最高形式。"[①]

第五，"无产阶级专政只有通过作为无产阶级专政的指导力量的党才能实现；无产阶级专政只有一个党，由共产党来领导，才能成为完全的专政，共产党不和而且不应当和其他政党分掌领导"[②]。

无产阶级政党必须加强自身建设，这是纯洁党的队伍，保持党的无产阶级先锋队性质，提高党的素质和战斗力的重要途径。

（二）毛泽东把马克思主义党的学说运用于中国，提出了具有中国特色的党建理论

中国是一个半殖民地半封建社会，工人阶级人数少但战斗力很强，农民和其他小资产阶级占人口绝大多数，中国共产党的主要部分

---

① 《斯大林选集》上卷，人民出版社 1979 年版，第 267 页。

② 《斯大林选集》上卷，人民出版社 1979 年版，第 615 页。

又长期生活在分散的农村游击战争的环境中。在这种条件下建设一个具有广大群众性的、马克思主义的无产阶级政党，是马克思、列宁建党时没有遇到的问题，也是一个非常艰巨的任务。毛泽东把马克思列宁主义的建党学说与中国革命的实际相结合，创造性地完成了这一任务，并形成了具有中国特色的党建理论。

1. 中国共产党是中国无产阶级的先锋队，是中国各族人民利益的忠实代表

毛泽东指出："我们的党是无产阶级政党，是无产阶级的先进部队，是用马克思列宁主义武装起来的战斗部队。"① 这就明确地规定了中国共产党的性质是中国无产阶级的先锋队，是用马克思列宁主义武装起来的，代表着工人阶级和全国各族人民的根本利益。

中国共产党的性质首先反映在它的纲领中。中国共产党的最低纲领是反对帝国主义和封建主义，实现中华民族的独立、民主和解放，最高纲领是实现社会主义和共产主义的社会制度，使全人类都获得解放。这是中国共产党的基本纲领，这反映了党的性质。实现这一纲领是一个漫长的过程。毛泽东根据中国的实际情况，把实现党的纲领分作两步走，即民主主义革命和社会主义革命。

中国共产党的宗旨是全心全意为人民服务。中国共产党是工人阶级的先锋队。工人阶级和其他劳动阶级有着共同的命运，有着共同的敌人，有着共同的解放条件，他们的命运是密切相关的。解放各族人民也就是在解放自己，解放自己也有利于解放各族人民。因此，工人阶级的先锋队必须全心全意为各族人民服务。毛泽东把全心全意为人民服务规定为党的唯一宗旨，他说："我们共产党人区别于其他任何政党的又一个显著的标志，就是和最广大的人民群众取得最密切的联系。全心全意地为人民服务，一刻也不脱离群众；一切从人民的利益出发，而不是从个人或小集团的利益出发；向人民负责和向党的领

---

① 《毛泽东著作选读》，人民出版社 1986 年版，第 834 页。

导机关负责的一致性；这些就是我们的出发点。"① 刘少奇也说："共产党是无产阶级的政党，除开无产阶级解放的利益以外，共产党没有它自己特殊的利益。无产阶级的最后解放，必然是全人类的最后解放。无产阶级如果不能解放一切劳动人民，解放一切民族，即解放全人类，那么，无产阶级就不能完全解放自己。无产阶级解放的利益同一切劳动人民解放的利益，同一切被压迫民族解放的利益，同全人类解放利益，是一致的，分不开的。因此，无产阶级解放的利益，人类解放的利益，共产主义的利益，社会发展的利益，就是共产党的利益。"②

2. 把思想建设放在党的建设的首位

把思想建设放在党的建设的首位，是中国共产党自身建设的一个突出特点。所谓思想建党，就是用马克思列宁主义的科学理论武装全党，克服党内的各种非无产阶级思想，提高全体党员的觉悟，树立共产主义的世界观和科学的人生观，从而提高党的整体素质，完成无产阶级的历史使命。把思想建设放在党的建设的首位，对保持党的无产阶级先锋队性质，对于党的巩固和发展，都起了重要的作用。

把思想建设放在首位的根本目的，是为了保持党的无产阶级先锋队性质。中国共产党的产生和发展，是在与发达资本主义国家不同的社会环境中进行的。旧中国是半殖民地半封建的农业大国。在这里，工人阶级人数少，农民和其他小资产阶级占全国人口的绝大多数。1927 年大革命失败后，中国共产党将工作重心放在农村，领导农民开展武装斗争，实行土地革命，建立农村革命根据地。在这种条件下，中国共产党要发展壮大自己的组织，仅从城市产业工人中吸收党员是很有限的，必须从农民和其他小资产阶级中吸收先进分子入党。因此，大批农民和小资产阶级分子进入共产党内。农民和其他

---

① 《毛泽东选集》第三卷，人民出版社 1991 年版，第 1094 页。
② 《刘少奇选集》上卷，人民出版社 1981 年版，第 130 页。

小资产阶级出身的党员，愿意接受党的教育，愿意为革命事业而奋斗。但是，他们参加到共产党的队伍中来的时候，不可避免地把小资产阶级的自私、狭隘等非无产阶级思想带到党内，引起党内的种种思想矛盾。在这种情况下，要保持党的无产阶级先锋队性质，必须加强思想建设，用马克思主义的科学理论，用共产主义思想教育全党，克服各种非无产阶级思想。为此，中国共产党和毛泽东特别重视思想建设，把它放到了首要的位置上。毛泽东指出："我们感觉无产阶级思想领导的问题，是一个非常重要的问题。边界各县的党，几乎完全是农民成分的党，若不给以无产阶级的思想领导，其趋向是会要错误的。"[1]"因此，掌握思想教育，是团结全党进行伟大政治斗争的中心环节。如果这个任务不解决，党的一切政治任务是不能完成的。"[2]

党的思想建设的根本任务，是要用马克思列宁主义来教育党员，用无产阶级思想改造和克服非无产阶级思想，把党建设成为一个思想上、政治上、组织上完全巩固的无产阶级先锋队。刘少奇说，马克思列宁主义的理论，是我们观察一切现象、处理一切问题的武器，特别是观察一切社会现象、处理一切社会问题的武器。"一个共产党员如果不努力学习马克思列宁主义的理论和方法，如果不用马克思列宁主义指导自己的思想和行动，他要在一切革命斗争中坚持无产阶级的立场，体现无产阶级的思想意识，这也是不可能的。"[3]在对党员进行马克思主义理论教育的同时，还要号召他们学习历史，学习和研究中国的国情，毛泽东指出："一切有相当研究能力的共产党员，都要研究马克思、恩格斯、列宁、斯大林的理论，都要研究我们民族的历史，都要研究当前运动的情况和趋势；并经过他们去教育那些文化水准较低的党员。"[4]他特别强调党的干部更应加强学习和研究，因为，"指

---

[1]《毛泽东选集》第一卷，人民出版社1991年版，第77页。
[2]《毛泽东选集》第三卷，人民出版社1991年版，第1094页。
[3]《刘少奇选集》上卷，人民出版社1981年版，第115页。
[4]《毛泽东选集》第二卷，人民出版社1991年版，第532—533页。

导一个伟大的革命运动的政党，如果没有革命理论，没有历史知识，没有对于实际运动的深刻的了解，要取得胜利是不可能的"①。他告诫党员和干部在学习理论的时候，不应只学马克思列宁主义的词句，不应把马克思列宁主义理论当作教条，而应把它当成科学，当成行动的指南来学习。不但应当了解马克思、恩格斯、列宁、斯大林研究广泛的真实生活和革命经验所得出的关于一般规律的结论，而且应当学习他们观察问题和解决问题的方法。

关于思想建设的途径，毛泽东提倡加强党性修养，同时进行整党整风。用整党整风的形式对全党进行思想教育，是中国共产党在民主革命时期解决党内思想矛盾的一个创造。

在党的思想建设过程中，要注意反对主观主义——教条主义、经验主义错误倾向，学习马克思主义，坚持理论联系实际，实事求是的思想路线。毛泽东指出："只有打倒了主观主义，马克思列宁主义的真理才会抬头，党性才会巩固，革命才会胜利。我们应当说，没有科学的态度，即没有马克思列宁主义的理论和实践统一的态度，就叫做没有党性，或叫做党性不完全。"②他说，坚持科学的学习态度，"就是要有目的地去研究马克思列宁主义的理论，要使马克思列宁主义的理论和中国革命的实际运动结合起来，是为着解决中国革命的理论问题和策略问题而去从它找立场，找观点，找方法的。这种态度，就是有的放矢的态度。'的'就是中国革命，'矢'就是马克思列宁主义。我们中国共产党人所以要找这根'矢'，就是为了要射中国革命和东方革命这个'的'的。这种态度，就是实事求是的态度"③。

3. 加强党的政治建设

加强党的政治建设，首先就要有一个科学的纲领。恩格斯指出："一般说来，一个政党的正式纲领没有它的实际行动那样重要。但是，

---

① 《毛泽东选集》第二卷，人民出版社 1991 年版，第 532—533 页。
② 《毛泽东选集》第三卷，人民出版社 1991 年版，第 800 页。
③ 《毛泽东选集》第三卷，人民出版社 1991 年版，第 801 页。

一个新的纲领毕竟总是一面公开树立起来的旗帜,而外界就根据它来判断这个党。"① 列宁也说:"一个政党如果没有纲领,就不可能成为政治上比较完整的、善于在任何转折时期始终坚持自己的路线的有机体。"② 正因为纲领对一个政党具有十分重要的作用,中国共产党人十分重视制定革命纲领的问题。1921 年,中共一大提出了党的最高纲领。1922 年,中共二大制定了党在民主革命阶段的纲领,使党的纲领进一步健全。此后,中国共产党不断地为实现自己的纲领而努力奋斗。

其次,根据党的纲领,制定出适合中国情况的正确的路线、方针、政策,科学地规定党在各个历史阶段的战略任务和奋斗目标,使全党一心一意地为实现既定目标而奋斗。党的路线、方针、政策必须反映无产阶级和广大人民群众的意志和愿望,代表全国各族人民的根本利益,这样才能受到广大群众的拥护。

4. 加强党的组织建设

中国共产党组织建设的基本原则是民主集中制。

民主集中制是马克思列宁主义学说的重要内容,以毛泽东为代表的中国共产党人把这一原理运用到中国革命的实际斗争中,在理论上实际上发展了这一原理。

第一,把民主集中制确立为中国共产党组成的基本原则。中国共产党一开始就是按照民主集中制的原则建立起来,并在这个原则指导下进行活动的。在贯彻这一原则的过程中,一方面中国共产党在农村和长期分散的环境中保持了有机的统一整体,另一方面中国共产党人对民主集中制的科学含义有了深刻而全面的理解。毛泽东提出的党中央是全党的核心和中枢的思想,加强党的集中统一领导的思想,以及个人服从组织、少数服从多数、下级服从上级、全党服从中央的

---

① 《马克思恩格斯选集》第 3 卷,人民出版社 1995 年版,第 325—326 页。

② 《列宁全集》第 17 卷,人民出版社 1959 年版,第 262 页。

"四个服从"的思想，保证了全党的团结和统一。

第二，阐明了民主集中制的科学含义。民主集中制的基本内容，包括民主制和集中制两个方面。它既是民主的，又是集中的，是二者的辩证统一。刘少奇指出："党内民主的集中制，照党章规定，即是在民主基础上的集中和在集中指导下的民主。它是民主的，又是集中的。它反映党的领导者与被领导者的关系，反映党的上级组织与下级组织的关系，反映党员个人与党的整体的关系，反映党的中央、党的各级组织与党员群众的关系。"① 所谓民主基础上的集中，就是说，党的领导机关是在民主基础上由党员群众所选举出来并给予信任的，党的指导方针与决议是在民主基础上由群众中集中起来的，并且是由党员群众或者是党员的代表们所决定，然后又由领导机关协同党员群众坚持下去与执行的。党的领导机关的权力，是由党员群众所授予的。因此，它能代表党员群众行使它的集中领导的权力，处理党的一切事务，并为党的下级组织和党员群众所服从。党内的秩序，是由个人服从组织，少数服从多数，下级服从上级，全党服从中央的原则来建立的。这就是说，党的集中制是建立在民主基础上的，不是离开民主的，不是个人专制主义。所谓集中指导下的民主，就是说，党的一切会议是由领导机关召集的，一切会议的进行是有领导的，一切决议和法规的制订是经过充分准备和仔细考虑的，一切选举是有审慎考虑过的候选名单的，全党是有一切党员都要履行的统一的党章和统一的纪律的，并有一切党员都要服从的统一的领导机关的。就是说，党内民主制，不是没有领导的民主，不是极端民主化，不是党的无政府状态。可见，党的民主集中制并不是民主与集中的简单相加，而是民主与集中的有机结合。

第三，强调实行民主集中制与坚持群众路线是一致的。实行民主集中制，首先要相信和依靠广大群众，充分发扬民主，让群众发表

---

① 《刘少奇选集》上卷，人民出版社1981年版，第358页。

意见，然后把群众的意见集中起来，形成决议，再到群众中贯彻执行。这个过程就是贯彻"从群众中来到群众中去"的群众路线的过程。刘少奇在阐述这个问题时说："党内民主的集中制，即是党的领导骨干与广大党员群众相结合的制度，即是从党员群众中集中起来，又到党员群众中坚持下去的制度，即是反映党内的群众路线。"①

第四，主张用民主集中制去调动全党的积极性。毛泽东指出：指导伟大的革命，要有伟大的党，要造就大量最好的干部。"要达到这种目的，党内的民主是必要的。要党有力量，依靠实行党的民主集中制去发动全党的积极性。在反动和内战时期，集中制表现得多一些。在新时期，集中制应该密切联系于民主制。用民主制的实行，发挥全党的积极性。"②

第五，把民主集中制的精神应用于党的领导体制中，形成了集体领导与个人分工负责相结合的制度。

干部队伍建设，是党的组织建设的另一项重要内容。毛泽东指出："政治路线确定之后，干部就是决定的因素。"③干部队伍的状况如何，对于党的建设，对于革命事业的发展，关系极大。以毛泽东为代表的中国共产党人，在长期的革命斗争中，不仅培养了大批的干部，而且提出了系统的关于干部问题的理论。

毛泽东提出了"任人唯贤"的干部路线和政策。他说："共产党的干部政策，应是以能否坚决地执行党的路线，服从党的纪律，和群众有密切的联系，有独立的工作能力，积极肯干，不谋私利为标准，这就是'任人唯贤'的路线。"④坚持"任人唯贤"的干部路线，就必须反对"任人唯亲"的干部路线，反对"唯成分论""唯资格论"，反对搞"裙带关系"。这些错误的做法，只能破坏党的团结和统一，削

①　《刘少奇选集》上卷，人民出版社1981年版，第359页。

②　《毛泽东选集》第一卷，人民出版社1991年版，第278页。

③　《毛泽东选集》第二卷，人民出版社1991年版，第526页。

④　《毛泽东选集》第二卷，人民出版社1991年版，第527页。

弱党的战斗力。

毛泽东提出了选拔、培养和造就干部的方法。首先，"必须善于识别干部。不但要看干部的一时一事，而且要看干部的全部历史和全部工作，这是识别干部的主要方法。"① 同时，识别和选拔干部要注意群众舆论，把自上而下的考察与自下而上的考察结合起来。其次，要善于使用干部。毛泽东指出："领导者的责任，归结起来，主要地是出主意、用干部两件事。一切计划、决议、命令、指示等等，都属于'出主意'一类。使这一切主意见之实行，必须团结干部，推动他们去做，属于'用干部'一类。"② 再次，要善于爱护干部。爱护的办法是：指导他们，即让他们放手工作，使他们敢于负责，同时又适时地给以指示，使他们能在党的政治路线下发挥其创造性；提高他们，即给以学习的机会，教育他们，使他们在理论上和工作能力上提高一步；检查他们的工作，帮助他们总结经验，发扬成绩，纠正错误；对犯错误的干部，要帮助他们改正错误；照顾他们的困难。

毛泽东指出，党的干部要处理好各种关系。一是个人与组织的关系，要坚持党的利益高于一切的原则；二是干部与人民群众的关系，要克服干部中存在的各种脱离群众的不良倾向，全心全意为人民服务；三是干部之间的关系。

毛泽东提出了正确对待犯错误干部的方针："任何政党，任何个人，错误总是难免的，我们要求犯得少一点。犯了错误则要求改正，改正得越迅速，越彻底，越好。"③ 对犯错误的同志，党的方针是"惩前毖后，治病救人"，只要他老老实实承认错误，愿意改正错误，就欢迎他。

5. 加强党的作风建设

党的作风建设即党风的建设，是党的建设不可缺少的一个重要

---

① 《毛泽东选集》第二卷，人民出版社 1991 年版，第 527 页。

② 《毛泽东选集》第二卷，人民出版社 1991 年版，第 527 页。

③ 《毛泽东选集》第四卷，人民出版社 1991 年版，第 1480 页。

方面。马克思、恩格斯在创立无产阶级政党的时候，就提出了共产党人的作风问题。把作风建设摆到了党的建设的重要位置，形成了毛泽东建党思想的又一特色。

毛泽东指出："以马克思列宁主义的理论思想武装起来的中国共产党，在中国人民中产生了新的工作作风，这主要的就是理论和实践相结合的作风，和人民群众紧密地联系在一起的作风以及自我批评的作风。"① 这三大作风是中国共产党区别于其他任何政党的三个显著标志。

理论联系实际是共产党人的根本学风，也是中国共产党人的根本作风。国际共产主义运动的历史经验证明，马克思主义是放之四海而皆准的真理，但不是包治百病的灵丹妙药。马克思主义的生命力，只有在它和革命的具体实践相结合的时候，才能显示出来。马克思主义若脱离革命的具体实践，就会变成空洞无用的东西；同样，革命实践若离开了马克思主义理论的指导，就会变成盲目的实践。因此，能否把马克思主义理论和各国革命的具体实践相结合，是一个十分重要的问题。以毛泽东为代表的中国共产党人，非常重视把马克思主义理论同中国革命的具体实践相结合，认为这是中国共产党区别于其他政党的显著标志。毛泽东指出："马克思、恩格斯、列宁、斯大林的理论，是'放之四海而皆准'的理论。不应当把他们的理论当作教条看待，而应当看作行动的指南。不应当只是学习马克思列宁主义的词句，而应当把它当成革命的科学来学习。不但应当了解马克思、恩格斯、列宁、斯大林他们研究广泛的真实生活和革命经验所得出的关于一般规律的结论，而且应当学习他们观察问题和解决问题的立场和方法。"② 他强调说，共产党员是国际主义的马克思主义者，但是马克思主义必须和我国的具体特点相结合并通过一定的民族形式才能实现。

---

① 《毛泽东选集》第三卷，人民出版社 1991 年版，第 1093—1094 页。
② 《毛泽东选集》第二卷，人民出版社 1991 年版，第 533 页。

马克思列宁主义的伟大力量，就在于它是和各个国家具体的革命实践相联系的。对于中国共产党说来，就是要学会把马克思列宁主义的理论应用于中国的具体的环境。毛泽东批评了理论脱离实际的倾向，着重批评了教条主义的错误，指出：这种错误，拿来律己，则害了自己；拿来教人，则害了别人；拿来指导革命，则害了革命。

密切联系群众是中国共产党的又一根本作风。马克思主义认为，人民群众是历史的创造者和主人。无产阶级政党必须相信群众，依靠群众，全心全意为群众服务。毛泽东一直主张依靠群众进行革命和建设，把全心全意为人民服务作为中国共产党的宗旨。因此，"共产党员决不可脱离群众的多数，置多数人的情况于不顾，而率领少数先进队伍单独冒进；必须注意组织先进分子和广大群众之间的密切联系。这就是照顾多数的观点"。

毛泽东把联系群众同制定党的正确政策联系起来，认为："凡属正确的任务、政策和工作作风，都是和当时当地的群众要求相适合，都是联系群众的；凡属错误的任务、政策和工作作风，都是和当时当地的群众要求不相适合，都是脱离群众的。"[1] 他指出："应该号召全党提起警觉，注意每一个工作环节上的每一个同志，不要让他脱离群众。教育每一个同志热爱人民群众，细心地倾听群众的呼声；每到一地，就和那里的群众打成一片，不是高踞于群众之上，而是深入于群众之中；根据群众的觉悟程度，去启发和提高群众的觉悟，在群众出于内心自愿的原则之下，帮助群众逐步地组织起来，逐步地展开为当时当地内外环境所许可的一切必要的斗争。"[2] 密切联系群众，是我们党在敌我力量对比悬殊的艰难环境中进行长期革命斗争所取得的一条最基本的经验，是我们争取胜利、避免失败的一项基本条件。党风的实质，从根本上说，就是党能否同人民群众保持密切联系的问题。党

① 《毛泽东选集》第三卷，人民出版社1991年版，第1095页。
② 《毛泽东选集》第三卷，人民出版社1991年版，第1095页。

风不正，最大的危险就是脱离群众。广大群众总是直接通过我们党组织的活动和党员的表现来看我们党的，这个问题在党成为执政党的情况下就显得更为重要。

要密切联系群众，就要采取正确的工作方法。毛泽东指出："在我党的一切实际工作中，凡属正确的领导，必须是从群众中来，到群众中去。这就是说，将群众的意见（分散的无系统的意见）集中起来（经过研究，化为集中的系统的意见），又到群众中去作宣传解释，化为群众的意见，使群众坚持下去，见之于行动，并在群众行动中考验这些意见是否正确。然后再从群众中集中起来，再到群众中坚持下去。如此无限循环，一次比一次地更正确、更生动、更丰富。"① 从群众中集中起来又到群众中坚持下去，以形成正确的领导意见，这是基本的领导方法。在这个过程中，还要注意采用一般号召和个别指导相结合、领导和群众相结合、民主和集中相结合等具体方法，这样才能更好地坚持密切联系群众的原则。只要我们依靠人民，和人民打成一片，那就任何困难也能克服，任何敌人都能被我们战胜。

应该指出，在战争年代，我们党的大多数同志对密切联系群众的重大意义的认识是深刻的，在行动上是自觉的。在当前的新形势下，由于种种原因，一些同志对这个问题重要性的认识不那么清楚了。有些党员和党的干部，忘记了全心全意为人民服务的宗旨，利用党和人民给予的权力去搞不正之风，严重地脱离了人民群众，给党的形象和革命事业造成了极大的损害。这些事实说明，在新的历史时期，如何保持和发展党同群众的联系，使党永远立于不败之地，这仍然是摆在我们面前，需要认真解决的重大课题。我们应该坚持密切联系群众的优良传统和作风，把各项工作做好。

毛泽东指出："有无认真的自我批评，也是我们和其他政党互相区别的显著标志之一。"他用人们在日常生活中需要经常洗脸和经常

---

① 《毛泽东选集》第三卷，人民出版社 1991 年版，第 899 页。

打扫房子的通俗比喻，说明共产党人进行自我批评的必要性。他说："房子是应该经常打扫的，不打扫就会积满了灰尘；脸是应该经常洗的，不洗也就会灰尘满面。我们同志的思想，我们党的工作，也会沾染灰尘的，也应该打扫和洗涤。'流水不腐，户枢不蠹'，是说它们在不停的运动中抵抗了微生物或其他生物的侵蚀。对于我们，经常地检讨工作，在检讨中推广民主作风，不惧怕批评和自我批评，实行'知无不言，言无不尽'，'言者无罪，闻者足戒'，'有则改之，无则加勉'这些中国人民的有益的格言，正是抵抗各种政治灰尘和政治微生物侵蚀我们同志的思想和我们党的肌体的唯一有效的方法。"[1] 实行正确而认真的批评和自我批评，是解决党内思想矛盾和斗争的正确的方式和途径。共产党内存在不同思想的矛盾和斗争，这是正常现象。党内如果没有矛盾和解决矛盾的思想斗争，党的生命也就停止了。但是，党内斗争，主要的是思想斗争，因而只能采取批评和自我批评的思想斗争方式加以解决。舍此之外的其他做法，比如我们党内曾经出现过的"左"的残酷斗争、无情打击的做法和右的抹杀矛盾、回避斗争的做法，都不能正确解决党内矛盾，只能给党的事业造成损失。开展正确的批评和自我批评，必须坚持从团结的愿望出发，采取与人为善的态度，允许犯错误，允许改正错误；必须以科学的态度和方法分析批判过去的错误，着重总结和吸取历史经验和教训。既要坚持原则，敢于批评，又要注意方法，善于批评。

由毛泽东倡导和培育，在中国长期革命实践中形成的党的三大作风，以及其他许多优良传统和作风，如艰苦奋斗、自力更生、谦虚谨慎、不骄不躁等，使广大群众认识了中国共产党是中国各族人民利益的真正代表者，看到了党的伟大形象，从而使党在人民群众中具有崇高的威望，保证了党与人民群众的密切联系，使党获得了战胜一切敌人、克服一切困难的强大力量。在当前新的历史时期，我们要继

[1]　《毛泽东选集》第三卷，人民出版社1991年版，第1096页。

承和发扬党的优良传统和作风，把祖国的社会主义现代化建设推向前进。

毛泽东建党思想是在马克思列宁主义基本理论指导下，在认真总结中国革命实践经验的基础上，伴随着中国共产党的发展、成熟而产生、形成和成熟起来的。它又反过来指导了党的建设，使党不断克服困难，迅速发展壮大，成为中国革命坚强的战斗堡垒和领导核心，推动了中国革命的发展。事实证明，按照毛泽东建党思想进行党的建设，党就兴旺发达，背离毛泽东建党思想，党就会受到损害。

四、人民民主专政的理论

（一）革命的根本问题是政权问题

马克思主义认为："一切革命的根本问题是国家政权问题。"① 国家政权从一个阶级手里转移到另一个阶级手里，是革命的基本标志。

国家不是从来就有的，是社会发展到一定阶段的产物。恩格斯指出："曾经有过不需要国家，而且根本不知国家和国家权力为何物的社会。在经济发展到一定阶段而必然使社会分裂为阶级时，国家就由于这种分裂而成为必要了。"② "国家是承认：这个社会陷入了不可解决的自我矛盾，分裂为不可调和的对立面而又无力摆脱这些对立面。而为了使这些对立面，这些经济利益互相冲突的阶级，不致在无谓的斗争中把自己和社会消灭，就需要有一种表面上凌驾于社会之上的力量，这种力量应当缓和冲突，把冲突保持在'秩序'的范围以内；这种从社会中产生但又自居于社会之上并且日益同社会相并化的力量，就是国家"③，国家是阶级矛盾不可调和的产物。在"经济利益互相冲突"的阶级的社会中，国家只能根据在经济上占统治地位的阶级的意

---

① 《列宁选集》第 3 卷，人民出版社 1995 年版，第 19 页。

② 《马克思恩格斯选集》第 4 卷，人民出版社 1995 年版，第 174 页。

③ 《马克思恩格斯选集》第 4 卷，人民出版社 1995 年版，第 174 页。

志，维护有利于统治阶级的社会"秩序"。因此，从本质上说，"国家是阶级统治的机关，是一个阶级压迫另一个阶级的机关，是建立一种'秩序'来抑制阶级冲突，使这种压迫合法化、固定化"① 的工具。

一切国家，都是"维护一个阶级对另一个阶级的统治的机器"②，因而都是一个阶级对另一个阶级的专政。自从人类社会分裂为阶级以来，依次出现过奴隶制国家、封建制国家和资本主义国家。尽管这些国家在其存在的历史时期中形式不同，但就其本质而言，不过是奴隶主的专政、封建主的专政和资产阶级的专政。这些专政都是用强力维护一定的社会形态和占统治地位的阶级的利益。为了实现从一种社会形态向另一种社会形态的转变，首先表现为不同阶级争夺政权的斗争，因而革命的性质、进程和结果，取决于哪个阶级掌握国家政权。

无产阶级和广大劳动人民要获得解放，必须进行革命，打碎旧的国家机器，建立自己的政权。无产阶级革命不同于以往的任何革命。它不是用一种私有制代替另一种私有制，而是要消灭生产资料私有制本身，结束一切剥削阶级的统治。为达此目的，无产阶级必须掌握国家政权，运用国家政权这个强大的工具改造整个社会，逐步消灭一切剥削制度和剥削阶级，极大地发展社会生产力，完善和发展社会主义的生产关系和上层建筑，并在这个基础上逐步消灭一切阶级和国家，实现共产主义。

无产阶级专政与资产阶级专政有着根本区别。资产阶级专政是少数人对多数人的统治；无产阶级专政是多数人对少数人的统治，是新型民主的（对无产者和一般穷人是民主的）国家和新型专政的（对资产阶级是专政的）国家。"无产阶级专政就是对资产阶级即少数居民实行镇压，同时，它又充分发扬民主，也就是使全体居民群众真正平等地、真正普遍地参与一切国家事务，参加对消灭资本主义的

---

① 《列宁选集》第 3 卷，人民出版社 1995 年版，第 114 页。
② 《列宁选集》第 4 卷，人民出版社 1995 年版，第 31 页。

一切复杂问题的处理。"① 无产阶级专政的基本标志是：（1）无产阶级及其政党居于领导地位，起领导作用；（2）劳动人民当家作主，一切权力属于全体人民；（3）执行无产阶级的政策和实现无产阶级的历史使命。

无产阶级在打碎旧的国家机器后，应该建立自己的政权。这种政权应采取何种形式呢？对此，恩格斯在《共产主义原理》一文中指出，无产阶级革命首先将建立民主制度，从而直接或间接地建立无产阶级的政治统治。马克思、恩格斯还具体考察了英、法、德等国的社会历史条件，指出英国和法国、德国不同，无产阶级夺取政权后所建立政权的形式也应不同。在英国可以直接建立无产阶级专政，"因为那里的无产者现在已占人民的大多数。在法国和德国可以间接建立，因为这两个国家的大多数人民不仅是无产者，而且还有小农和小资产者"②。

列宁把马克思、恩格斯关于无产阶级专政的思想运用于俄国的具体实践，指出：无产阶级专政是劳动者的先锋队——无产阶级同人数众多的非无产阶级的劳动阶层（小资产阶级、小业主、农民、知识分子等等）或同他们的大多数结成的特种形式的阶级联盟。他还认为：在无产阶级专政的类型上，每个民族都会有自己的特点。每个国家的无产阶级专政究竟采取何种类型和形式，取决于各国革命斗争的历史条件、政治经济文化的发展情况以及民族传统等多种因素。列宁在领导俄国革命的实际斗争中，创造了无产阶级专政的一种形式——苏维埃政权。

（二）人民民主专政是中国人民革命斗争经验的结晶

中国的人民民主专政，是具有中国特色的无产阶级专政。它是

① 《列宁全集》第 23 卷，人民出版社 1958 年版，第 14 页。
② 《马克思恩格斯选集》第 1 卷，人民出版社 1995 年版，第 239 页。

以毛泽东为代表的中国共产党人，根据马克思主义关于无产阶级专政的基本原理，结合中国的实际，在不断总结革命斗争经验基础上逐步建立起来的，是中国人民革命斗争经验的结晶。

中国国情决定了在中国只能建立人民民主专政。所谓国情，主要指在一定历史时期的经济、政治、思想、文化、自然和社会环境等方面的基本状况。在这诸多因素中，社会性质、阶级结构、阶级关系占有重要的位置。毛泽东指出："中国社会的性质，亦即中国的特殊的国情，这是解决中国一切革命问题的最基本的根据。"中国革命的对象、任务、动力，都是"由于中国社会的特殊性质，由于中国的特殊国情"[①] 所决定的。近代中国是一个半殖民地半封建社会。在这种社会中，中国人民外受帝国主义的压迫，没有民族独立；内受封建主义的压迫，没有民主和自由。在帝国主义和封建主义的压迫下，人民过着饥寒交迫和毫无政治权利的生活，其"贫困和不自由的程度，是世界上所少见的"[②]。因此，"推翻帝国主义与封建势力的压迫，争取中国的独立自主与人民的民主自由，这就是中国革命目前所要做的相互联结的两件大事"。帝国主义和封建主义不仅压迫中国的工人阶级、农民阶级、城市小资产阶级，而且压迫民族资产阶级。因此，中国的工人、农民、城市小资产阶级和民族资产阶级都是革命的动力。他们迫切地要求用革命的手段，推翻帝国主义和封建主义的压迫，做国家的主人。这些人正是人民民主专政的主要的社会基础。可见，建立人民民主专政是由中国社会性质所决定的，是中国革命要达到的主要目的。

半殖民地半封建中国社会的阶级关系所呈现的"两头小中间大"的特征，决定了取代大地主大资产阶级专政的新政权只能是无产阶级领导下的广大人民的政权，而不能是某一个阶级的政权。在半殖民地

---

① 《毛泽东选集》第二卷，人民出版社 1991 年版，第 646 页。

② 《毛泽东选集》第二卷，人民出版社 1991 年版，第 631 页。

半封建的中国社会中，现代工业在国民经济总产值中只占 10% 左右，而分散落后的个体农业和手工业占 90% 左右。这就使中国社会的阶级结构和阶级关系具有以下几个显著特点：(1) 掌握全国性的国家政权的阶级是受帝国主义支持和操纵的封建地主阶级和官僚买办资产阶级。他们在全国人口中占极少数，不仅压迫工人阶级、农民阶级、城市小资产阶级，而且压迫民族资产阶级。反抗这种反动统治的社会力量是十分广大的。(2) 无产阶级人数虽然不多，但却是新的先进生产力的代表。他们不仅具有一般无产阶级的特点，而且有自己突出的优点，有很强的革命性和战斗力，有很高的政治觉悟，能够代表中国广大人民的利益，成为中国人民和中华民族解放事业的领导力量。(3) 农民占中国人口的 80%。在帝国主义、封建主义和官僚资本主义的剥削压迫下，广大农民陷入了极端贫困和破产的境地，这就使他们成了无产阶级的最可靠的同盟军和中国革命的主力军。(4) 中国的民族资产阶级是具有两面性的阶级。他们既有反对帝国主义、封建主义的革命性，又有软弱性，在斗争中常常表现出动摇和妥协。在这样的阶级结构和阶级关系中，民族资产阶级因为政治上经济上的软弱性，无法建立和巩固自己一个阶级统治的国家政权；农民、小资产阶级人数众多，却不代表新的生产力，更缺乏先进的思想武器，也不能建立并巩固自己的统治；大地主大资产阶级代表反动的生产关系，残酷地压迫剥削中国人民，必然会引起反抗和斗争，最后为人民所抛弃。中国无产阶级能够担负起领导革命的重任，但也不能超越历史条件，马上建立无产阶级专政，实现社会主义制度，而只能将革命分为两步走：第一步是新民主主义革命，建立与其他革命阶级联合专政的人民民主专政；第二步是社会主义革命，建立社会主义社会制度，最终逐步过渡到共产主义。

由此可见，中国的社会性质、阶级结构和阶级关系都决定了中国革命胜利所建立的政权，既不是民族资产阶级的政权，也不是巴黎公社和俄国十月社会主义革命胜利后建立的无产阶级专政政权，而是在工人阶级领导下的，以工农联盟为基础，包括民族资产阶级、小资产阶级等一切民主阶级在内的人民民主政权。

建立人民民主专政也是近代中国人民的历史性选择。在近代中国历史上，曾经一度建立过反对清王朝的农民政权——太平天国，建立过资产阶级共和国。但是，农民政权被中外反动派勾结起来所颠覆，辛亥革命的胜利果实也被帝国主义所支持的封建军阀所篡夺，代之而起的是北洋军阀和国民党新军阀的统治。代表大地主大资产阶级利益的国民党统治中国二十多年，"使得它自己和广大人民之间发生了深刻的裂痕，造成了民生凋敝、民怨沸腾、民变蜂起的严重危机。"① 即使是一些原来对国民党统治集团抱有希望的民主人士，目睹国民党政治上独裁专制、一党专政，经济上垄断国家经济命脉、扼杀民族资本，思想文化上剥夺人民言论、新闻、出版自由的事实，也逐渐与国民党离心离德，最后走上了与中国共产党合作的道路。所以，国民党所代表的大地主大资产阶级专政不可能长久地维持下去，必然会被人民推翻。

中国能否走建立资产阶级专政的道路呢？毛泽东指出："诚然，这是欧美资产阶级走过的老路，但无如国际国内的环境，都不容许中国这样做。"② 从国际上看，要在中国建立资产阶级专政的资本主义社会，"首先是国际资本主义即帝国主义不容许。帝国主义侵略中国，反对中国独立，反对中国发展资本主义的历史，就是中国的近代史。历来中国革命的失败，都是被帝国主义绞杀的，无数革命的先烈，为此而抱终天之恨"③。帝国主义侵略中国，是想把中国变成它的殖民地和附属国，变成它的原料产地和商品市场，因此反对中国发展资本主义，反对中国成为它的竞争对手。企图依赖帝国主义发展中国的民族资本、建立资产阶级专政，只能是一种幻想。"其次，是社会主义不

---

① 《毛泽东选集》第三卷，人民出版社 1991 年版，第 1045 页。
② 《毛泽东选集》第二卷，人民出版社 1991 年版，第 679 页。
③ 《毛泽东选集》第二卷，人民出版社 1991 年版，第 679 页。

容许。这个世界上，所有帝国主义都是我们的敌人，中国要独立，不能离开社会主义国家和国际无产阶级的援助。"① 国际无产阶级和社会主义国家不允许在中国建立资产阶级专政。

从国内环境看，资产阶级没有建立完全的资本主义社会的可能。"一部民国史，就是资产阶级共和国制度不断破产的世界。"② 辛亥革命打倒了一个皇帝，又出来了许多"皇帝"。政权落到了帝国主义的走狗封建军阀手中，袁世凯死后，中国的政权由一批大小军阀所掌握，资产阶级共和国仍是虚有其表。大资产阶级与帝国主义和封建势力结成了反革命联盟，实行大地主大资产阶级专政。一些民族资产阶级为建立资产阶级共和国而奔走，但最后以"第三条道路"的破产而告终。资产阶级共和国道路在中国的破产，这固然是因为民族资产阶级的软弱，但同时还因为：(1) 帝国主义、封建主义和大资产阶级力量的强大；(2) 中国无产阶级及其政党力量的强大。在这样的国内环境中，民族资产阶级是无法建立资产阶级专政的。

"不走资产阶级专政的资本主义的路，是否就可以走无产阶级专政的社会主义的路呢?"③ 对此，毛泽东回答说："也不可能。"④ 在民主革命任务没有完成时，毛泽东坚决反对那种毕其功于一役，急于在民主革命阶段完成社会主义革命任务的"左"倾错误。他指出，革命道路的选择和革命目标的确定不能离开当前的实际条件。依社会的发展，当时的革命要发展到社会主义，这是没有问题的。"中国也只有进到社会主义时代才是真正幸福的时代。但是现在还不是实行社会主义的时候。中国现在的革命任务是反帝反封建的任务，这个任务没有完成以前，社会主义是谈不到的。"⑤ 如果把中国的民主革命当作旧式

① 《毛泽东选集》第二卷，人民出版社 1991 年版，第 680 页。
② 《董必武选集》，人民出版社 1985 年版，第 493 页。
③ 《毛泽东选集》第二卷，人民出版社 1991 年版，第 683 页。
④ 《毛泽东选集》第二卷，人民出版社 1991 年版，第 683 页。
⑤ 《毛泽东选集》第二卷，人民出版社 1991 年版，第 683 页。

的民主主义革命，就会犯放弃革命领导权的右倾投降主义错误；如果把民主主义革命和社会主义革命两步并作一步走，就会混淆革命的性质，导致"左"倾错误，同样会给革命造成危害。

因此，中国人民的正确选择在当时只有一个，即建立工人阶级领导的以工农联盟为基础的人民民主专政。以毛泽东为代表的中国共产党人，正是根据马克思主义的基本原理，在科学分析了中国国情和阶级关系的基础上，才提出了人民民主专政的理论。

中国共产党人对政权问题的认识经历了较长的过程，是在总结实践经验的基础上逐步深化的。

中国共产党人对政权的重要性在建党前后就有所认识。1920 年 9 月 16 日，蔡和森在给毛泽东的信中明确指出，世界革命运动自俄国革命成功以来已经转了一个大方向，这方向就是无产阶级获得政权来改造社会。不懂的人以为无产阶级专政是以暴易暴的，不知列宁及万国共产党已再三宣言，专政是由资本主义变到共产主义过渡时代一个必不可少的办法。等到共产主义的社会组织世界组织完成以后，阶级没有了，于是政权与国家一律取消。要做到无政府的地步，一定要经俄国现在所用的方法，无产阶级专政乃是一个独一无二的方法。毛泽东对蔡和森的信中写到"没有一个字不赞成"，认为"非得政权则不能发动革命，不能保护革命，不能完成革命"①。1921 年，中国共产党成立后的第一个纲领宣布："革命军队必须与无产阶级一起推翻资本家的政权"，"承认无产阶级专政，直到阶级斗争结束，即直到消灭社会的阶级区分。② 无产阶级专政被列宁认为是马克思主义在国家问题上一个最重要的思想。中国共产党诞生伊始就把无产阶级专政写进党纲，说明中国共产党从一开始就以马克思主义国家学说为指导，明确了党的奋斗目标，但此时中国共产党人还不能把马克思主义基本原

---

① 《毛泽东书信选集》，人民出版社 1984 年版，第 15 页。
② 《中共中央文件选集》第一册，中共中央党校出版社 1989 年版，第 3 页。

理与中国实际有机结合起来。

1922 年，中共二大指出，中国共产党是中国无产阶级的政党，"目的是要组织无产阶级，用阶级斗争的手段，建立劳农专政的政治，铲除私有财产制度，渐次达到一个共产主义的社会"。在民主革命阶段，则要建立真正的"民主共和国"①。

1928 年，中共六大的政治决议案认为，民族资产阶级和城市上层小资产阶级都已背叛革命，"中国革命的动力，已经只有无产阶级和农民"，因此应该建立"以苏维埃为国家政权形式的工农民主专政"，并且在实际工作中把建立苏维埃政权作为"党的政治总方针"来执行。

1931 年 11 月，中华苏维埃第一次全国代表大会在江西瑞金召开，成立了以毛泽东为主席的中华苏维埃共和国临时中央政府。一个新的国家政权形式——"苏维埃"在中国诞生了。

"苏维埃"这一政权形式，经过十年土地革命战争时期的实践，逐渐形成了一些基本原则：政权由中国共产党领导；对反动阶级和反革命势力实行专政；保证大多数民众享有广泛的民主权利；以社会主义和无产阶级专政为前途。其中，对广大群众实行民主权利的问题上，积累了两方面的主要经验：一方面，形成了民主机制，如完善苏维埃选举，健全市与乡代表会议等；另一方面，建立民主集中制度。

抗日战争时期，鉴于以国共合作为基础的抗日民族统一战线的建立和国内政治的复杂状况，1940 年 1 月，毛泽东在《新民主主义论》中提出了建立无产阶级领导下的一切反帝反封建的人们联合专政的民主共和国的主张。3 月，在毛泽东起草的中共中央《抗日根据地的政权问题》的党内指示中，明确提出了三三制政权的组织形式，即规定在政权人员的分配上，共产党员占三分之一，非党的左派进步分

---

① 《中共中央文件选集》第一册，中共中央党校出版社 1989 年版，第 115 页。

子占三分之一，中间派占三分之一。各抗日根据地普遍实行了"三三制"原则。毛泽东指出，三三制政权的性质是新民主主义的，它是新民主主义政权在抗日民族统一战线阶段的具体形式。它是"一切赞成抗日又赞成民主的人们的政权，是几个革命阶级联合起来对于汉奸和反动派的民主专政。它是和地主资产阶级的反革命专政区别的，也和土地革命时期的工农民主专政有区别"[①]。三三制政权的基本组织原则是民主集中制。三三制政权需要坚持共产党的领导权。由于参加三三制政权的各党派在法律上政治上是完全平等的，任何阶级和党派都不能享有特权，所以，共产党对于政权的领导就不能靠人数的数量和法律来保证。对此，毛泽东指出："必须保证共产党员在政权中占领导地位，因此，必须使占三分之一的共产党员在质量上具有优越的条件。只要有了这个条件，就可以保证党的领导权，不必有更多的人数。所谓领导权，不要是一天到晚当作口号去高喊，也不是盛气凌人地要人家服从我们，而是以党的正确政策和自己的模范工作，说服和教育党外人士，使他们愿意接受我们的建议。"[②]

　　1944 年 9 月，中国共产党的代表林伯渠在国民参政会上提出迅速组织联合政府的主张，表明中共在政权问题上的主张进入一个新的阶段。1945 年 4 月，毛泽东在中共七大上所作的"论联合政府"的政治报告中，全面阐述了民主联合政府的思想。毛泽东指出，目前世界反法西斯战争取得了具有决定意义的胜利，打败日本侵略者已经为时不远了。但是，中国现在仍不团结，仍存在着严重的危机。因此，"中国急需把各党各派和无党无派的代表人物团结在一起，成立民主的临时的联合政府，以便实行民主的改革，克服目前的危机，动员和统一全中国的抗日力量，有力地和同盟国配合作战，打败日本侵略者，使中国人民从日本侵略者手中解放出来。然后，需要在广泛的

---

① 《毛泽东选集》第二卷，人民出版社 1991 年版，第 741 页。

② 《毛泽东选集》第二卷，人民出版社 1991 年版，第 742 页。

民主基础之上，召开国民代表大会，成立包括更大范围的各党各派和无党无派代表人物在内的同样是联合性质的民主的正式的政府，领导解放后的全国人民，将中国建设成为一个独立、自由、民主、统一和富强的新国家"①。这种以全国绝大多数人民为基础而在工人阶级领导之下的统一战线的民主联盟的国家制度，我们"称之为新民主主义的国家制度"。"新民主主义的政权组织，应该采取民主集中制，由各级人民代表大会决定大政方针，选举政府。"② 只有这种制度，才能既表现广泛的民主，使各级人民代表大会有高度的权力，又能集中处理国事，使各级政府能集中地处理被各级人民代表大会所委托的一切事务，并保障人民的一切必要的民主活动。

毛泽东阐述了民主联合政府的纲领，主要内容有：（1）动员一切力量，彻底打败日本侵略者，建立国际和平；（2）争取人民的自由，其中重要的是争取人民言论、出版、集会、结社、思想、信仰、身体等项自由；（3）取消国民党一党专政，建立一个包括一切抗日党派和无党派代表人物在内的、举国一致的民主的临时的联合政府；（4）成立一支站在人民立场上的军队；（5）实行土地制度的改革以解放农民，发展工业以使中国从农业国变为工业国；（6）发展民族的科学的人民大众的新文化和新教育；（7）反对民族压迫，实现民族团结；（8）改善人民生活；（9）外交政策的基本原则，是在互相尊重国家的独立平等地位，互相增进国家和人民利益、友谊的基础上，同各国建立邦交，解决一切相互关系问题，等等。

毛泽东批评了在中国建立大地主大资产阶级专政，或纯粹民族资产阶级专政，或社会主义国家制度的观点。指出，中国的国家制度不应该是一个由大地主大资产阶级专政的、封建的、法西斯的、反人民的国家制度，因为这种反人民的制度，已由国民党主要统治集团的

---

① 《毛泽东选集》第三卷，人民出版社1991年版，第1029—1030页。

② 《毛泽东选集》第三卷，人民出版社1991年版，第1057页。

18 年统治证明为完全破产了；中国不可能，因此就不应该企图建立一个纯粹民族资产阶级的旧式民主专政的国家，因为在中国，一方面，民族资产阶级在经济政治上都很软弱，另一方面，中国早已产生了一个觉悟了的、在中国政治舞台上表现了强大能力的中国无产阶级及其领袖——中国共产党这样的新条件；中国也不能立即建立社会主义的国家制度，因为在中国的现阶段，在中国人民的任务还是反对民族压迫和封建压迫，在中国社会经济的必要条件还不具备时，中国人民不可能实现社会主义的国家制度。因此，中国只能建立新民主主义的国家制度。

抗日战争胜利后，中国共产党在与国民党举行的重庆谈判中，在后来召开的政治协商会议前后，为实现民主联合政府的主张进行了不懈的努力。由于国民党发动了全面内战，使联合政府的主张未能实现。

随着人民解放战争的胜利发展，1948 年 12 月 30 日，毛泽东在为新华社写的新年献词中，提出了"坚决彻底干净全部地消灭一切反动势力，不动摇地坚持打倒帝国主义，打倒封建主义，打倒官僚资本主义，在全国范围内推翻国民党的反动统治，在全国范围内建立无产阶级领导的以工农联盟为主体的人民民主专政的共和国"[1] 的主张。1949 年 6 月 30 日，在《论人民民主专政》一文中，毛泽东系统地阐述了人民民主专政的理论。中华人民共和国成立后，人民民主专政的理论得到进一步的完善。

（三）人民民主专政理论是马克思主义国家学说的发展

人民民主专政理论有着丰富的内容，在许多方面丰富和发展了马克思主义国家学说。

---

[1]　《毛泽东选集》第四卷，人民出版社 1991 年版，第 1375 页。

1. 人民民主专政是工人阶级领导的、以工农联盟为基础的国家政权

在人民民主政权中，占统治地位的是人民。什么是人民呢？毛泽东指出："在中国，在现阶段，是工人阶级，农民阶级，城市小资产阶级和民族资产阶级。这些阶级在工人阶级和共产党的领导之下，团结起来，组成自己的国家，选举自己的政府，向着帝国主义的走狗即地主阶级和官僚资产阶级以及代表这些阶级的国民党反动派及其帮凶们实行专政，实行独裁。"① 这表明，人民民主政权主要包括了四个阶级，是这几个阶级的联合专政。地主阶级、官僚资产阶级是人民民主专政的对象，没有资格参加人民民主政权，是排除于人民民主政权之外的。

人民民主专政的主要成分是工人阶级、农民阶级、城市小资产阶级和民族资产阶级，但这些阶级在国家政权中的地位是不同的。

工人阶级是人民民主专政的领导力量。工人阶级是人类历史上最伟大的阶级，它与现代化的大工业生产相联系，是先进生产力的代表；它最有远见，大公无私，最富于革命的彻底性；它有严格的组织性、纪律性，是思想上、政治上、力量上最强大的阶级。列宁指出："在推翻资本压迫的斗争中，在推翻这种压迫的过程中，在保持和巩固胜利的斗争中，在创建新的社会主义的社会制度的事业中，在完全消灭阶级的全部斗争中，只有一个阶级，即城市的总之是工厂的产业工人，才能够领导全体被剥削劳动群众。"② 中国的工人阶级不仅具有工人阶级的一般优点，还有自己特殊的优点。它深受帝国主义、封建主义和官僚资本主义三座大山的压迫，革命最坚决、最彻底；它从开始登上政治舞台，就在本阶级的革命政党——中国共产党的领导下进行斗争；它与农民有着天然的联系，便于结成工农联盟。"人民民主

---

① 《毛泽东选集》第四卷，人民出版社1991年版，第1475页。

② 《列宁选集》第4卷，人民出版社1995年版，第10页。

专政需要工人阶级的领导……整个革命历史证明，没有工人阶级的领导，革命就要失败，有了工人阶级的领导，革命就胜利了。在帝国主义时代，任何国家的任何别的阶级，都不能领导任何真正的革命达到胜利。"①

无产阶级在国家中占领导地位，就意味着这个国家要执行无产阶级的政策，把无产阶级的意志通过宪法和其他法律上升为国家的意志，并按照无产阶级的意志去改造整个社会。无产阶级的解放，不仅要解放自己，而且要解放全人类。因此，无产阶级的利益同广大人民的利益是一致的，它能够成为各族人民利益的代表。

工农联盟是人民民主专政的基础。毛泽东指出："中国无产阶级应该懂得：他们自己虽然是一个最有觉悟性和最有组织性的阶级，但是如果单凭自己一个阶级的力量，是不能胜利的。而要胜利，他们就必须在各种不同的情形下团结一切可能的革命的阶级和阶层，组织革命的统一战线。"② 农民是无产阶级最主要的同盟军，同农民结成联盟，是解决无产阶级领导权的关键。无论从政治上还是经济上看，工农联盟都是极为重要的。列宁说：无产阶级"专政的最高原则就是维护无产阶级同农民的联盟，使无产阶级能够保持领导作用和国家权力"③。中国是一个大的农业国，农民占全国人口的绝大多数。针对这种情况，毛泽东指出，中国的主要人口是农民，革命靠农民的援助才获得了胜利，国家工业化又要靠农民的援助才能成功。人民民主专政只有建立在工农联盟的基础上，才能得到巩固。刘少奇认为："工人阶级领导和以工农联盟为基础，标志着我们国家的根本性质。这就表明我们的国家是人民民主国家。"④

小资产阶级是可靠的革命同盟军，是人民民主专政的一部分。

---

① 《毛泽东选集》第四卷，人民出版社 1991 年版，第 1479 页。
② 《毛泽东选集》第二卷，人民出版社 1991 年版，第 645 页。
③ 《列宁全集》第 32 卷，人民出版社 1958 年版，第 477 页。
④ 《刘少奇选集》下卷，人民出版社 1985 年版，第 147 页。

毛泽东指出，在新民主主义阶段，"就其国家组成来说"，"不能忽视无产阶级、农民阶级和其他小资产阶级的地位。谁要是想撇开无产阶级、农民阶级和其他小资产阶级，就一定不能解决中华民族的命运，一定不能解决中国的任何问题"。因此，中国革命所要造成的民主共和国，"一定要是一个工人、农民和其他小资产阶级在其中占一定地位起一定作用的民主共和国"①。

民族资产阶级能够参加民主革命，但不能充当中国革命的领导者，也不应当在革命胜利后建立的国家政权中占主要地位。他们具有革命性，愿意参加革命。民族资本主义经济除有剥削的一面以外，还有对付帝国主义压迫、发展经济、有利于国计民生的积极性。因此，人民民主专政还要吸收民族资产阶级参加。他们作为人民的一部分，不但享有宪法规定的人民应享有的各种民主权利，他们的代表还参加管理国家。这是人民民主专政的特点之一。

人民民主专政建立以后，各阶级在政权中的地位会发生一些变化。随着社会主义改造的基本完成，民族资产阶级作为一个阶级已经不复存在，原来的民族资产阶级分子已经成为社会主义的劳动者和拥护社会主义的爱国者。他们的政治代表通过多党合作和政治协商制度，积极参加国家的政治生活和政权的管理。这时，人民民主专政主要由工人、农民、知识分子和其他社会主义劳动者、拥护社会主义的爱国者组成，工人阶级居于领导地位。

2. 人民民主专政的内容和实质

毛泽东指出："对人民内部的民主方面和对反动派的专政方面，互相结合起来，就是人民民主专政。"② 这种表述清楚地说明了人民民主专政的内容有两个方面：对人民实行民主和对敌人实行专政。

在人民内部实行民主，是人民民主专政的本质体现。对人民内

---

① 《毛泽东选集》第二卷，人民出版社 1991 年版，第 649 页。
② 《毛泽东选集》第四卷，人民出版社 1991 年版，第 1475 页。

部实行民主，就是要保证占人口绝大多数的人民群众当家作主，保障人民的各项民主权利，如言论、出版、集会、结社、信仰自由等。实行民主制度，包括实行人民代表大会制度，共产党领导下的多党合作和政治协商制度，保障人民民主权利的各项法律制度、选举制度、民主集中制等。

对人民实行民主，必须保证人民有参政议政、管理国家和社会的权利。人民能否管理国家，这是人民民主专政是否名副其实的重要标志，也是人民民主权利的核心问题。资产阶级专政的国家在形式上承认全体公民一律平等，承认公民都有决定国家制度和管理国家的平等权利。但是，资产阶级的民主制作为一种国家制度是建立在生产资料的资本主义私有制基础之上的。资本家与工人之间是剥削和被剥削的关系，相互间不可能有真正的平等。资产阶级的国家政权不过是管理整个资产阶级共同事务的委员会。它在本质上是剥削阶级对劳动人民的统治，是少数人对多数人的专政。我国的人民民主专政与历史上一切剥削阶级的国家不同，它是建立在生产资料公有制基础上的。工人阶级和全体劳动人民共同享有对生产资料的不同形式的所有权和支配权，享有管理国家事务和社会事务的一切权利。人民的政权就应该保证广大人民群众充分享有这种民主权利。因此，毛泽东指出："人民必须有权管理上层建筑，我们不能够把人民的权利问题了解为人民只能在某些人的管理下面享受劳动、教育、社会保险等等权利"。"劳动者管理国家、管理各种企业、管理文化教育的权利，是社会主义制度下劳动者最大的权利，是最根本的权利，没有这个权利，就没有工作权、受教育权、休息权等等。"①

人民当家作主的重要方式和途径是通过民主选举出的人民代表组成的人民代表大会行使管理国家的权利。因为，不论在任何时候、

---

① 《中华人民共和国第五届全国人民代表大会第一次会议文件》，人民出版社1978年版，第114页。

任何国家，都不可能让所有的公民都直接参加国家机关的管理工作，只能由公民选出自己的代表来参与管理国家的工作，代表自己行使管理国家的权利。因此，选举代表的工作是非常重要的。毛泽东十分重视民主选举，把民主选举作为巩固人民政权的重要措施，强调必须清楚地认识到"这种政权与选举的严重意义"。

毛泽东提出了一系列搞好民主选举的原则、步骤和方法。他认为："必须实行无男女、信仰、财产、教育等差别的真正普遍平等的选举制"① 原则。他亲自主持制定的宪法性文件规定，凡年满18周岁的公民，除依法被剥夺政治权利的人以外，不分民族、种族、性别、职业、家庭出身、宗教信仰、教育程度、财产状况、居住期限，都有选举权和被选举权。为了更好地保证人民这一民主权利的实现，必须采取正确的步骤和方法。一是进行选举的宣传鼓动，使人民明确选举的重大意义；二是进行选民登记，将有选举权的居民与无选举权的居民实行严格的划分；三是注意工农代表的适当比例；四是规定选举单位，以保证多数选民参加选举；五是准备候选人名单；六是作工作报告，在选举前向选民报告工作；七是开好选民大会。

人民民主专政对人民实行的民主，是各方面的民主，不仅要有政治上的民主，而且在经济、文化等社会生活的各方面都要实行民主。毛泽东指出："民主必须是各方面的，是政治上的、军事上的、经济上的、文化上的、党务上的以及国际关系上的，一切这些，都需要民主。"② 这其中既包括民主的制度，也包括民主的权利、民主的作风、民主的方法、民主的精神等。

对人民实行民主，就要用民主的方法、说服教育的方法处理人民内部的矛盾。因此，严格区分和正确处理两类不同性质的矛盾具有重要的意义，不能把人民内部矛盾当作敌我矛盾来处理。

---

① 《毛泽东选集》第二卷，人民出版社1991年版，第677页。
② 《中共中央文件选集》第十四册，中共中央党校出版社1992年版，第256页。

　　实行和扩大人民民主，必须有步骤有领导地进行。刘少奇曾指出："我们党内党外缺少民主的训练，对于民主政治的精神、实质及方法，党内党外多数的人都是不大懂的，因此，我们的民主没有充分见之于实际。政府机关中，以及部队与民众团体中，官僚主义与宗派主义的作风还极端严重。不少的干部是站在民众之上，而不是站在民众之中；他们是以人民的上司自居，而不是以人民的勤务员自任；他们是越权垄断包办一切，而没有尽到与党外人士实行民主合作的义务；他们自以为是人民的统治者，而不是人民的公仆；他们不是听命于人民、以民意为依归（不要与尾巴主义相混淆）。这些现象，是我们根据地内组织民主政治生活之很大的障碍。不肃清这些现象，在根据地内组织很好的民主政治生活是不可能的。"① 因此，刘少奇提出了"必须在党内外及人民中进行关于民主的教育"的任务。但是，民主教育不是一朝一夕就能完成的。邓小平指出："民主化和现代化一样，也要一步一步地前进。"②

　　对敌人实行专政，是人民民主专政的另一项重要内容。对敌人实行专政，就是对极少数破坏社会主义的敌对分子实行专政。"压迫这些人，只许他们规规矩矩，不许他们乱说乱动。如要乱说乱动，立即取缔，予以制裁。"③ 在长期的革命斗争实践中，毛泽东一直很重视加强人民政权对反动派的镇压职能。早在 1926 年，毛泽东就指出：为巩固革命政府，对反革命者要用专政的手段，不客气地压迫反革命者。1949 年，毛泽东强调："工人阶级领导的人民共和国的国家政权，在人民民主革命胜利以后，不是可以削弱，而是必须强化。"④ "革命的专政和反革命的专政，性质是相反的，而前者是从后者学来的。这个学习很要紧。革命的人民如果不学会这一项对待反革命阶级的统治

① 《刘少奇选集》上卷，人民出版社 1981 年版，第 225—226 页。
② 《邓小平文选》第二卷，人民出版社 1994 年版，第 168 页。
③ 《毛泽东选集》第四卷，人民出版社 1991 年版，第 1475 页。
④ 《毛泽东选集》第四卷，人民出版社 1991 年版，第 1433 页。

方法，他们就不能维持政权，他们的政权就会被内外反动派所推翻，内外反动派就会在中国复辟，革命的人民就会遭殃。"① 在生产资料私有制的社会主义改造基本完成，中国进入社会主义初级阶段以后，1957 年 2 月，毛泽东在《关于正确处理人民内部矛盾的问题》一文中，进一步阐述了专政的作用和目的，指出："我们的国家是工人阶级领导的以工农联盟为基础的人民民主专政的国家。这个专政是干什么的呢？专政的第一个作用，就是压迫国家内部的反动阶级、反动派和反抗社会主义革命的剥削者，压迫那些对于社会主义建设的破坏者，就是为了解决国内敌我之间的矛盾"。专政的第二个作用，"就是防御国家外部敌人的颠覆活动和可能的侵略"。专政的目的，"是为了保卫全体人民进行和平劳动，将我国建设成为一个具有现代工业、现代农业和现代科学文化的社会主义国家"②。

在剥削阶级作为阶级被消灭以后，阶级斗争已经不是我国社会的主要矛盾。但"仍然有反革命分子，有敌特分子，有各种破坏社会主义秩序的刑事犯罪分子和其他坏分子，有贪污盗窃、投机倒把的新剥削分子，并且这种现象在长时期内不可能完全消灭。同他们的斗争不同于过去历史上的阶级对阶级的斗争（他们不可能形成一个公开的完整的阶级），但仍然是一个特殊形式的阶级斗争，或者说是历史上的阶级斗争在社会主义条件下的特殊形式的遗留"③。在这样的阶级和阶级斗争状况下，没有专政的手段是不行的。

对敌人实行专政，并不是一律从肉体上消灭，除了由极少数专政机关镇压外，主要是对他们进行教育改造，使其大多数转变反动立场，成为自食其力的劳动者。毛泽东指出："对于反动阶级和反动派的人们，在他们的政权被推翻以后，只要他们不造反、不破坏、不捣乱，也给土地，给工作，让他们活下去，让他们在劳动中改造自

① 《毛泽东选集》第四卷，人民出版社 1991 年版，第 1478 页。
② 《毛泽东著作选读》下册，人民出版社 1986 年版，第 759—760 页。
③ 《邓小平文选》第二卷，人民出版社 1994 年版，第 169 页。

己，成为新人。他们如果不愿意劳动，人民的国家就要强迫他们劳动。也对他们做宣传教育工作，并且做得很用心，很充分，像我们对俘虏军官们已经做过的那样。这也可以说是'施仁政'吧"，"这种对于反动阶级的改造工作，只有共产党领导的人民民主专政的国家才能做到"①。

人民民主专政这两方面的内容，即民主和专政，是互相区别、互相联系、不可分割的。首先，民主与专政的对象不同，二者不能混同。专政的制度只适用于敌人，不适用于人民。民主的权利只给予人民，不给予敌人。其次，民主和专政又是互相联系的。只有对人民内部实行民主，才能调动全国人民的积极性，从而有效地对反动派实行专政；只有对反动派实行有效专政，粉碎他们的一切反抗和破坏，才能保障人民的民主权利。二者不能割裂和偏废，更不能互相排斥和取代。董必武曾批评一些人在民主与专政关系问题上存在的模糊认识，指出："很多人对民主与专政两个名词弄不清，以为有民主即不能专政，有专政即不能民主。"这实际上是"不懂得专政与民主的关系，机械地了解民主，也机械地了解专政"。"要了解这个问题，只有辩证了解，才能弄清楚。"②

我国的人民民主专政在从新民主主义到社会主义的过渡时期和整个社会主义阶段，实质上是无产阶级专政。第一，人民民主专政是由中国工人阶级及其政党中国共产党所领导的，这是无产阶级专政的根本标志。第二，人民民主专政是以工农联盟为基础的，而工农联盟是无产阶级专政的基本原则。第三，人民民主专政是民主与专政的统一，是对人民内部的民主和对敌人专政的互相结合，无产阶级专政也是新型民主和新型专政的统一。第四，人民民主专政的历史使命和无产阶级专政的历史使命是一致的。它不仅要消灭一切剥削阶级和剥削

---

① 《毛泽东选集》第四卷，人民出版社1991年版，第1477页。
② 《董必武政治法律文集》，法律出版社1986年版，第37页。

制度，镇压国内敌人的反抗，防御国外敌人的颠覆和侵略，而且要发展生产力，建立、完善和发展社会主义的生产关系与上层建筑，最后实现共产主义。因此，人民民主专政的实质就是无产阶级专政。

3. 人民民主专政的形式与结构

马克思主义认为，任何事物都有它的内容和形式。国家政权也有它的内容和形式，国家的内容即通常所说的"国体"，指的是国家的阶级性质，也就是由哪个阶级掌权。国家的形式即通常所说的"政体"，指的是国家政权的组织形式，也就是统治阶级采取何种形式来组织自己的政权。在"国体"和"政体"的关系中，"国体"起着决定作用。相同的国体可以采取不同的组织形式，如无产阶级专政的国家就有苏维埃代表大会制度、人民代表大会制度等不同的组织形式。资产阶级专政的国家也有君主立宪制、共和制等组织形式。

无产阶级革命导师十分重视无产阶级专政的政权组织形式，指出，无产阶级在取得革命胜利后，必须用新的政权组织形式代替旧的政权组织形式，以适应巩固和加强无产阶级专政的需要。同时，由于各民族的特点不同、历史条件不同、革命的特点不同，无产阶级专政的政权组织形式可以有所不同。

我国人民民主专政的政权组织形式，是人民代表大会制度。所谓人民代表大会制度，就是以人民代表大会为政权组织形式，以民主集中制为组织原则，由人民选举代表组成国家权力机关，统一领导国家。这一制度的主要特点是：

第一，国家的一切权力属于人民，人民行使国家权力的机关是全国人民代表大会和地方各级人民代表大会。全国人民代表大会是国家的最高权力机关，地方各级人民代表大会是地方的国家权力机关。

第二，全国人民代表大会和地方各级人民代表大会都由民主选举产生，对人民负责，受人民监督。原选举单位有权依法罢免本单位选出的代表。选举权和被选举权是人民行使国家权力的重要标志。

第三，全国人民代表大会和县级以上的地方各级人民代表大会设立常务委员会，作为本级人民代表大会的常设机关。各级人民代表大会常务委员会既是权力机关，又是工作机关，它的组成人员不得担任国家行政机关、审判机关、检察机关的职务。全国人大和它的常委会行使立法权。全国人大还设立一些专门委员会，在全国人大和它的常委会领导下，研究、审议和拟定有关议案。这些规定，有助于全体人民更好地行使国家权力。

第四，各国家行政机关、审判机关和检察机关都由同级国家权力机关产生，对它负责，受它监督。在中央，国家主席、国务院、中央军委主席、最高人民法院和最高人民检察院，都由全国人大产生，都对全国人大和它的常委会负责，受其监督。

第五，全国人大和它的常委会行使国家立法权，地方各级人大在本行政区域内保证宪法、法律、行政法规、国家计划、国家预算和上级人大决议的遵守和执行。省、自治区、直辖市人大和它的常委会在不同宪法、法律、行政法规相抵触的前提下，可以制定和颁布地方性法规。这表明，我国人民代表大会制度既能保证中央的统一领导，又能发挥地方的主动性和积极性，还能适应我国地大人多、各地政治经济文化发展不平衡的国情，有利于各地因地因时制宜，充分发挥积极性。

第六，全国人大和地方各级人大实行民主集中制原则，法律的制定和重大问题的决策都经过充分讨论，民主协商，做到真正代表人民的意志和利益。

人民代表大会制度是我国基本的政治制度。刘少奇指出："人民代表大会制度，是我们国家的基本制度，是人民民主政权的最好的基本的组织形式。"① 这是因为：第一，人民代表大会制度代表了国家政治生活的各个方面。人民民主国家有很多制度，如婚姻制度、税收制度、司法制度等等，但这些制度都只能表示我国政治生活的某个方面，只有人民代表大会制度才能全面代表政治生活。第二，人民代表

---

① 《刘少奇选集》下卷，人民出版社 1985 年版，第 56 页。

大会可以制定和批准各种制度和法律。我国的人民代表大会是由人民革命直接创造出来的，不是依靠从前的任何法律规定产生的。它一经宣告成立，就可以相应地制订各种制度和法律，而其他任何制度则必须经过人民代表大会批准，或由它所授权的机关批准，才能生效。不仅如此，国家的许多制度都是在人民代表大会的基础上建立起来的。如国家的行政管理制度、司法制度等，都是以人民代表大会通过的宪法、法律和规范性文件为法律基础的。第三，人民代表大会统一行使国家权力。刘少奇指出："我们国家的大事不是由一个人或少数几个人来决定的。人民代表大会制既规定为国家的根本政治制度，一切重大问题就都应当经过人民代表大会讨论，并作出决定。全国性的重大问题，经过全国人民代表大会讨论和决定，在它闭会期间，经过它的常务委员会讨论和决定；地方性的重大问题经过地方人民代表大会讨论和决定。我国的人民代表大会就是这样能够对重大问题作出决定并能够监督其实施的国家权力机关。"①

我国的人民代表大会制度是中国人民在长期革命斗争实践中创造出来的政权组织形式，有一个逐渐形成的过程。

1927年大革命失败后，中国共产党在各地发动武装起义，陆续建立了许多革命根据地。在各根据地中，中国共产党领导建立了工农民主政权。当时，主要是学习苏联的经验，以全国工农兵苏维埃代表大会为最高权力机构。大会闭会期间，以全国苏维埃临时中央执行委员会为最高政权机关，下设人民委员会，处理日常政务，发布法律和决议案。

抗日战争时期，中国共产党领导的抗日根据地采取了参议会（实际上是人民代表会议）的政权组织形式。"边区各级参议会为代表边区之各级民意机关。"② 各级参议会采取普遍、直接、平等的无记名投票选举制产生。抗日根据地政权是民族统一战线性质的政权，其

---

① 《刘少奇选集》下卷，人民出版社1985年版，第157页。

② 《陕甘宁边区各级参议会组织条例》，《陕甘宁边区参议会文献汇辑》，科学出版社1958年版，第55页。

人员构成实行"三三制"原则。采取参议会的政权组织形式和实行"三三制"原则，有利于争取各抗日阶级、阶层，特别是争取民族资产阶级和开明绅士，扩大抗日力量，以争取抗日战争的胜利。

解放战争时期，解放区在进行土地改革的过程中，在农村中建立了贫农团和农会，代行基层政权的职权，并在此基础上建立区、村（乡）两级人民代表会议，产生人民政府。毛泽东指出："在反对封建制度的斗争中，在贫农团和农会的基础上建立起来的区村（乡）两级人民代表会议，是一项极可宝贵的经验。""这样的人民代表会议一经建立，就应当成为当地的人民的权力机关。一切应有的权力必须归于代表会议及其选出的政府委员会。"① 随着人民解放战争的迅速发展，各解放区都先后召开了各级人民代表会议。

人民代表会议与人民代表大会本质相同，但略有区别。前者由各党派、团体摊派，或是政府邀请；后者由选举产生。两者的职权不同。人民代表会议对政府只有建议权，没有决定权。人民代表大会是最高权力机关，它的决定，政府必须执行。此外，人民代表会议不能选举政府，而人民代表大会则可以选举政府。人民代表会议是人民参政的一种形式，在条件具备的地方，它可以代行人民代表大会职权，最后过渡到人民代表大会制度。

1949 年 9 月，中国人民政治协商会议第一届全体会议通过了起临时宪法作用的《共同纲领》，规定："中华人民共和国的国家政权属于人民。人民行使国家政权的机关为各级人民代表大会和各级人民政府。各级人民代表大会由人民用普选方法产生之。各级人民代表大会选举各级人民政府。各级人民代表大会闭会期间，各级人民政府为行使各级政权的机关。国家最高政权机关为全国人民代表大会。全国人民代表大会闭会期间，中央人民政府为行使国家政权的最高机关。"②

---

① 《毛泽东选集》第四卷，人民出版社 1991 年版，第 1308 页。
② 《中共中央文件选集》第十八册，中共中央党校出版社 1992 年版，第 586—587 页。

至此，人民代表大会制度作为我国根本的政治制度被确定下来了。1954 年 9 月，中华人民共和国第一届全国人民代表大会第一次会议通过的《中华人民共和国宪法》，总结了民主革命时期和新中国成立以来政权建设的经验，对人民代表大会制作了更加完备的规定。此后，人民代表大会制度又得到不断发展。

　　人民代表大会制度作为我国的政体，充分反映了人民民主专政的阶级本质，适应人民政权国体的需要，是适合中国国情的政权形式。毛泽东指出："我们的人民民主专政的国家制度是保障人民革命的胜利成果和反对内外敌人的复辟阴谋的有力的武器，我们必须牢牢地掌握这个武器。"[1] 在人民代表大会制度下，国家的一切权力属于人民，人民是国家的真正主人。政府由人民群众的代表人物所组成，政府直接与广大人民相联系，使人民代表大会成为人民"管理自己国家的最好的政治组织形式"[2]。由各方面代表人物组成的人民代表大会具有广泛的代表性，能够反映人民的意志，代表人民的根本利益，激发人民的主人翁责任感，加强全国人民的团结。刘少奇指出："新民主主义的人民代表会议与人民代表大会的国家制度，已经证明，在将来的历史上还会要证明，它是比任何旧民主主义的议会制度要无比优越的，对人民来讲，它比旧民主主义的议会制度要民主一万倍。"人民代表大会制度建立起来之后，可以依靠这样一个"有伟大功效的制度，把全国人民紧密地团结在各级人民政府的周围，在中央人民政府的统一领导之下，形成为一个强大的统一的力量，去履行我国全国人民迫切需要履行的建设任务和国防任务。这样，我们就没有任何困难是不能克服的，也没有任何任务不能完成"[3]。

　　在探索和建立人民代表大会制度的过程中，中国共产党人批评了在中国实行资产阶级议会制的观点。周恩来指出："我们所要反对

---

① 《毛泽东著作选读》下册，人民出版社 1986 年版，第 692 页。
② 《刘少奇选集》下卷，人民出版社 1985 年版，第 141 页。
③ 《刘少奇选集》下卷，人民出版社 1985 年版，第 57 页。

的是旧民主主义的议会制度，因为它不是事前协商，只是便于剥削阶级政党间互相争夺，互相妥协，共同分赃的制度。他们幕后分侵略殖民地的赃，分剥削本国劳动人民得到的赃，争夺不休。而我们却是长期合作，不是彼此互相交替。辛亥革命后，袁世凯、曹锟、段祺瑞等都搞过议会制、总统制等方式，结果换来了封建买办的专政。"① 邓小平也指出："我们的制度是人民代表大会制度，共产党领导下的人民民主制度"，我们"不能搬用西方那一套所谓的民主，不能搬用他们的三权鼎立，不能搬用他们的资本主义制度，而要搞社会主义民主"②，要保证社会主义的优越性。我们"不搞多党竞选，不搞三权分立、两院制。我们实行的就是全国人民代表大会一院制，这最符合中国实际"③。

　　在指出资产阶级议会制在中国行不通的同时，中国共产党人还阐明：苏维埃代表大会制度也不适合中国国情。毛泽东指出："过去我们叫苏维埃代表大会制度，苏维埃就是代表会议，我们又叫'苏维埃'，又叫'代表大会'，'苏维埃代表大会'就成了'代表大会代表大会'。这是死搬外国名词。"④ 不采用"苏维埃代表大会"的政权形式，除词语重复的原因外，主要是因为国情的不同所决定的。

　　俄国十月革命胜利后建立的政权采取了苏维埃代表大会的形式。列宁认为，苏维埃政权是俄国无产阶级专政的最好的政治形式。他在《四月提纲》中提出"一切政权归苏维埃"的口号，主张不要议会制共和国，"而要从下到上遍及全国的工人、雇农和农民代表苏维埃的共和国"⑤。列宁认为：苏维埃在俄国的建立具有国际意义。同时，他也指出：苏维埃是在俄国产生的，必然会带有俄国的特色，是一

①　《周恩来统一战线文选》，人民出版社 1984 年版，第 141 页。
②　《邓小平文选》第三卷，人民出版社 1993 年版，第 240—241 页。
③　《邓小平文选》第三卷，人民出版社 1993 年版，第 220 页。
④　《毛泽东文集》第五卷，人民出版社 1996 年版，第 136 页。
⑤　《列宁选集》第 3 卷，人民出版社 1995 年版，第 15 页。

种"特殊的、民族的形式",是"无产阶级专政的俄国形式"①。"苏维埃制度和无产阶级专政的各种形式还要靠许多国家来改进和完善"②。苏维埃代表大会制度以苏联最高苏维埃为苏联最高权力机关。最高苏维埃实行两院制,由联盟院和民族院组成,两院完全平等。中国共产党人根据苏联的经验,结合中国革命的实际,把苏维埃制度发展成为人民代表大会制。从体系上说:"人民代表大会制属于苏维埃工农代表大会制的体系。"③ 但是,二者也有区别。人民代表大会制是一元化的,实行一院制,不是两权并立的;苏联则实行两院制。对此,周恩来指出:"苏联是两院平行制,除联盟院外,还有民族院。这是因为苏联是个多民族的国家,少数民族的数量很大,如不成立民族院将不能完备地表现出民族平等。而中国的少数民族的人数只占全国人口的十四分之一,可以不成立民族院,但在人民代表大会中,少数民族代表按人口的比例数要大于汉族代表的比例数。此外,苏联只是工人和农民两个阶级的联盟,而中国是四个阶级的联盟,这也是不同的。"④ 人民代表大会的代表性比苏维埃要广泛些。

4. 人民民主专政基本的组织原则是民主集中制

民主集中制原则最初是马克思、恩格斯在创建和领导共产主义者同盟和第一国际、第二国际的活动中,在反对工人阶级政党内部的个人独裁倾向和否定集中的无政府主义倾向的斗争中提出的无产阶级政党的根本组织原则。列宁在创建俄国布尔什维克党的过程中,把民主集中制原则运用于俄国党的建设。1920 年 7 月,列宁又在《加入共产国际的条件》中提出:"加入共产国际的党,应该是按照民主集中制的原则建立起来的。"⑤ 后来,民主集中制成为各国无产阶级政党

---

① 《列宁选集》第 3 卷,人民出版社 1995 年版,第 615 页。
② 《列宁选集》第 4 卷,人民出版社 1995 年版,第 613 页。
③ 《周恩来统一战线文选》,人民出版社 1984 年版,第 244 页。
④ 《周恩来统一战线文选》,人民出版社 1984 年版,第 244 页。
⑤ 《列宁选集》第 4 卷,人民出版社 1995 年版,第 254 页。

所遵循的根本组织原则。在无产阶级政党执政的情况下，民主集中制成为国家政治生活的根本组织原则。中国共产党人坚持和发展了这一原则，把这一原则作为党和国家政治生活的根本组织原则。

民主集中制是人民民主制度的组成部分，也是人民民主制度的基本组织原则，它在人民代表大会制度中得到了充分的体现。人民代表大会制度就是民主制与集中制的结合，民主制与集中制的统一。不论是人民与代表机关的关系，还是代表机关同其他国家机关的关系，或是中央与地方的关系，都既有民主，又有集中。毛泽东指出：我们的"政权组织，应该采取民主集中制，由各级人民代表大会决定大政方针，选举政府。它是民主的，又是集中的，就是说，在民主基础上的集中，在集中指导下的民主。只有这个制度，才既能表现广泛的民主，使各级人民代表大会有高度的权力；又能集中处理国事，使各级政府能集中地处理被各级人民代表大会所委托的一切事务，并保障人民的一切必要的民主活动。"①

民主和集中是相互联系、辩证统一的。毛泽东指出："在人民内部，不可以没有自由，也不可以没有纪律；不可以没有民主，也不可以没有集中。这种民主和集中的统一，自由和纪律的统一，就是我们的民主集中制。在这个制度下，人民享受着广泛的民主和自由；同时又必须用社会主义的纪律约束自己。"② 民主和集中的关系是：民主是集中的前提、基础和条件，同时也是民主集中制的根本特征和内在要求；集中是在民主的基础上建立起来的，反映民主要求，是实行民主的保证。另一方面，民主又不是无限制的，它是在集中指导下实行的。如果没有民主，大家有话不敢说，有意见不敢发表，就不能正确地总结经验，就无法统一认识，因而不可能有真正的集中；如果没有集中，民主就会偏离正确的方向，就容易出现无政府状态，一盘散

---

① 《毛泽东选集》第三卷，人民出版社 1991 年版，第 1057 页。
② 《毛泽东著作选读》下册，人民出版社 1986 年版，第 762 页。

沙，就无法做到统一政府、统一计划、统一指挥、统一行动。因此，既要有民主，又要有集中，只强调一个侧面而否定另一个侧面是错误的。只有既实行民主又实行集中，才能造成一种既有纪律又有自由，既有统一意志又有个人心情舒畅、生动活泼的政治局面，从而保证革命和建设事业的顺利发展。

一方面要民主，另一方面又要集中，这不是矛盾吗？毛泽东指出："民主和集中之间，并没有不可越过的深沟，对于中国，二者都是必需的。一方面，我们所要求的政府，必须是能够真正代表民意的政府；这个政府一定要有全中国广大人民群众的支持和拥护，人民也一定要能够自由地去支持政府，和有一切机会去影响政府的政策。这就是民主制的意义。另一方面，行政权力的集中化是必要的；当人民要求的政策一经通过民意机关而交付与自己选举的政府的时候，即由政府去执行，只要执行时不违背曾经民意通过的方针，其执行必能顺利无阻。这就是集中制的意义。"①刘少奇也说："有不少的人，常常错误地把民主和集中看作是绝对对立而不能互相结合的两回事。他们以为，有了民主就不能有集中，有了集中就不能有民主。他们看到我们国家机关中的人民的政治一致性，看到全国高度的统一领导，就企图证明在我们这里'没有民主'。他们的错误在于他们不了解人民民主，也就不能了解建立于人民民主基础上的集中。"②

民主集中制确定了个人和组织、下级和上级、地方和中央之间的正确关系。其基本内容是：各级领导机关和领导人员由民主和选举产生，并可按照一定的程序予以罢免或撤换；各领导机关必须对群众负责，定期向群众（通过他们的代表）报告工作，注意倾听下级组织和群众的意见，接受群众的监督；一切方针、政策、法规的制定和重大问题的决定，都必须在民主的基础上从群众中集中起来，然后再

① 《毛泽东选集》第二卷，人民出版社1991年版，第383页。
② 《刘少奇选集》下卷，人民出版社1985年版，第158—159页。

经过群众坚持下去，见之于行动；各级领导机关实行集体领导和个人分工负责相结合的原则；个人服从组织，少数服从多数，下级服从上级，地方服从中央，等等。

5. 人民民主专政的特征

我国的人民民主专政是具有中国特色的无产阶级专政的一种形式，具有自己的特点：

第一，人民民主专政体现了民主与专政的统一，突出了两者的相互结合和人民民主这一主体，不仅在实质上而且在形式上直接标明了我国的阶级状况和民主的性质，使人民群众更容易理解我国政权的性质、内容和职能，有利于实现政治民主化。

第二，人民民主专政的社会基础十分广泛。人民民主专政是工人阶级领导的、工农联盟为基础的统一战线性质的政权。毛泽东指出："人民民主专政的基础是工人阶级、农民阶级和城市小资产阶级的联盟，而主要是工人和农民的联盟，因为这两个阶级占了中国人口的百分之八十到九十。推翻帝国主义和国民党反动派，主要是这两个阶级的力量。由新民主主义到社会主义，主要依靠这两个阶级的联盟。"①

人民民主专政除以工人、农民和城市小资产阶级为基础外，还包括无产阶级同民族资产阶级的联盟。毛泽东指出："民族资产阶级在现阶段上，有其很大的重要性。我们还有帝国主义站在旁边，这个敌人是很凶恶的。中国的现代工业在整个国民经济上的比重还很小。""为对付帝国主义的压迫，为了使落后的经济地位提高一步，中国必须利用一切于国计民生有利而不是有害的城乡资本主义因素，团结民族资产阶级，共同奋斗。"② 可见，人民民主专政的社会基础比无产阶级专政更广泛。

---

① 《毛泽东选集》第四卷，人民出版社1991年版，第1478—1479页。
② 《毛泽东选集》第四卷，人民出版社1991年版，第1479页。

第三，人民民主专政实行共产党领导下的多党合作制度。一般说来，在无产阶级专政下，是不容许资产阶级政党，或带有资产阶级性质的政党、派别、团体存在的。我国的人民民主专政不仅不排斥各民主党派的存在，而且赋予他们参政议政管理国家的权力，这体现了我国政治生活的民主性。

第四，我国的人民民主专政经历了新民主主义和社会主义两个历史时期，并随着民主主义向社会主义的转变，由民主主义性质的国家转变为社会主义性质的国家政权，充分体现了它的适应性。

总之，人民民主专政的理论发展了马克思主义国家学说，也为人民政权的建立、巩固和发展奠定了基础。

第十七章　中国特色社会主义理论体系的逻辑结构

　　中国特色社会主义理论体系是马克思主义与中国实际相结合第二次历史性飞跃的重大理论成果，是党的十七大对十一届三中全会以来理论创新成果的科学总结，是新时期马克思主义中国化历史进程中的一个标志性总结和里程碑。它是对党的基本理论、基本路线、基本纲领、基本经验在理论形态上的坚持、丰富和发展，反映了中国共产党对执政规律、社会主义建设规律、人类社会发展规律的深刻认识和准确把握。

　　党的十七大以来，理论界对中国特色社会主义理论体系的研究取得了一批有价值的研究成果。2008 年 3 月 1 日，习近平在中共中央党校春季学期开学典礼上发表了题为《关于中国特色社会主义理论体系的几点学习体会和认识》的重要讲话，其中把中国特色社会主义理论体系围绕一个主题、回答三个基本问题展开分析。这是十七大之后对中国特色社会主义理论体系进行科学分析和完整概括的重大研究成果，为理论界的深入研究提供了重要启迪。2008 年 12 月 28 日，胡锦涛在《纪念党的十一届三中全会召开三十周年上的讲话》中又提出第四个基本问题（什么是马克思主义、怎么样对待马克思主义）。因此，研究中国特色社会主义理论体系可以从"围绕一个主题、探索和回答四个基本问题"的角度加以研究。中国特色社会主义理论体系博大精深、思想深邃。理论界对它的研究在方法和角度上不尽一致，都有各自的特点和合理性。中国特色社会主义理论体系的研究是一个理论层次很深的学术性问题，有广泛的研究空间。邓小平曾经指出"毛泽东思想是个思想体系"，"我们要高举旗帜，就是要学习和运用这个思想体系"①。后来又在党的十一届三中全会上强调指出："毛泽东思想是个体系，是发展了的马克思主义"，因此"做理论工作的同志，要花相当多的功夫，从各个领域阐明毛泽东思想的体系"②。今天，理论界对中国特色社会主义理论体系的研究也应如此，应该不断进行深入学习、宣传、研究、践行。同时，应站在新的历史起点上，拓宽视野、多维度地进行深入研究。

中国特色社会主义理论体系不是邓小平理论、"三个代表"重要思想、科学发展观等重大战略思想的简单叠加，它是由一系列有着内在逻辑性的基本观点、基本理论构建成的科学体系。笔者认为这个体系应包括 14 个基本理论：社会主义本质论、初级阶段论、时代论、党的基本路线、改革开放论、经济论、政治论、文化论、社会论、国际战略论、军队国防论、和平统一论、党建论、党的思想路线。但作为体系研究，我们不能仅止于平面的罗列，还需要对其逻辑结构进行深入剖析，把各个基本理论观点在整个体系内部的地位、作用以及相互内在逻辑关系厘清，这样会给人以立体感，便于深刻理解把握其丰富内涵和精神实质。本文把中国特色社会主义理论体系包括的 14 个基本理论分为理论基石、基本内容、理论核心、体系灵魂 4 个层次。

一、中国特色社会主义理论体系的理论基石

社会主义本质论、初级阶段论、时代论共同构成中国特色社会主义理论体系的基石部分。三者都有各自的特点和作用，但它们又是有机的不可分割的统一整体。社会主义本质论是对科学社会主义基本

① 《邓小平文选》第二卷，人民出版社 1994 年版，第 39 页。
② 《邓小平文选》第二卷，人民出版社 1994 年版，第 43—44 页。

原则的更深层次的揭示和理解，中国特色社会主义理论体系的其他理论、观点实际上都是它的延伸和反映，都是以它为立论前提和基础。初级阶段论准确地揭示了中国社会现阶段的历史方位，是构建中国特色社会主义理论体系的客观依据和出发点。时代论是中国共产党关于时代问题的理论创新和科学论断，主要包括时代特征、时代变革、时代思维、时代走向等理论观点。从空间来看，必须具有世界眼光；从时间来看，应该站在世界时代潮流的最前沿。当今世界发生深刻变革，中国的发展离不开世界，世界的发展也离不开中国，互动关系非常密切。在经济全球一体化、政治多极化、科技信息化的新时代，马克思主义中国化必须吸收人类文明一切优秀成果，即包括发达资本主义在内的世界先进经验的滋养，同时必须回应国际上新时期不断出现的重大理论和实践课题，譬如世界上普遍面临的经济危机、金融风暴、生态恶化、恐怖主义，等等一系列问题。因此，理论创新必须结合时代特征，赋予其鲜明的时代感。在全球化愈益明显，时代特征日益突出的新时期，中国特色社会主义体系的理论基石还应包括时代论。

社会主义本质论、初级阶段论、时代论是不可分割的统一有机整体。建设和发展中国特色社会主义必须坚持社会主义本质论，否则就不能称其为社会主义；同时必须根据我国仍处于并将长期处于社会主义初级阶段，社会的主要矛盾是人民日益增长的物质文化需要同落后的社会生产之间的基本国情，一切从具体实际出发，不然就不能称其为中国特色；还必须紧密结合时代特征，站在时代高度，把握时代脉搏，否则中国特色社会主义理论体系就会落后于时代潮流，中国特色社会主义事业便会陷入孤立困境。正如习近平指出："中国特色社会主义理论体系，是科学社会主义基本原则同中国实际和时代特征相结合的产物"①。这就启示我们社会主义本质论、初级阶段论、时代论

---

① 习近平：《关于中国特色社会主义理论体系的几点学习体会和认识》，《求是》2008 年第 7 期。

在中国特色社会主义理论体系构建中具有极其重要地位，发挥着基石作用。

二、中国特色社会主义理论体系的基本内容

中国特色社会主义理论体系的基本内容包括改革开放论、经济论、政治论、文化论、社会论、国际战略论、军队国防论、和平统一论、党建论等。它们实际上都是以"社会主义本质论、初级阶段论、时代论"的理论基石为立论前提和基础的。

改革开放论——作为一场新的伟大革命，为经济社会发展提供动力的改革开放理论。基本观点包括：改革的目的、方向是破除一切阻碍生产力发展的藩篱，进而发展生产力，激活社会活力，不断完善和发展中国特色社会主义制度，坚持发展中国特色社会主义道路。改革的原则是坚持四项基本原则，以维护社会公平正义、增进人民福祉为出发点和落脚点，正确处理改革、发展、稳定的关系。改革的领域是经济、政治、文化、社会、生态及党的建设等全方位各领域的改革，对外开放是一项基本国策，利用国际、国内两个资源，两个市场，实施互利共赢的开放战略。

经济论——以建设社会主义市场经济为中心的中国特色社会主义经济建设理论。基本观点包括：在基本经济制度方面，以公有制为主体、多种所有制经济共同发展的所有制结构，健全现代市场体系；在基本分配制度方面，以按劳分配为主体、多种分配方式并存；在经济管理体制方面，建立和完善社会主义市场经济体制，既发挥市场在资源配置中的决定性作用，又要更好的发挥政府的宏观调控作用；在经济发展方式方面，提高自主创新能力，转变发展方式，统筹城乡区域协调发展，走中国特色新型工业化道路，建设生态文明，等等。

政治论——坚持党的领导、人民当家作主、依法治国有机统一的中国特色社会主义政治建设理论。基本观点包括：在社会主义政治

制度建设方面，坚持和完善人民代表大会制度、中国共产党领导的多党合作和政治协商制度、民族区域自治制度以及基层群众自治制度，壮大爱国统一战线，团结一切可以团结的力量；在社会主义民主法制建设方面，积极稳妥地扩大人民民主，发展基层民主，保证人民当家作主，完善制约和监督机制，落实依法治国基本方略，健全中国特色社会主义法律体系，建设社会主义法治国家；在社会主义政治体制改革方面，推进行政管理体制改革，转变政府职能，建设服务型政府，等等。

文化论——以建设社会主义核心价值体系为主导的中国特色社会主义文化建设理论。基本观点包括：在社会主义文化意识形态方面，以马克思主义为指导，坚持党对文化事业的领导，以社会主义核心价值观为魂，确保正确导向和宏观控制力，坚持为人民服务、为社会主义服务的方向；在社会主义先进文化建设方面，坚持马克思主义指导思想一元化和社会文化多样性相统一，坚持百花齐放、百家争鸣方针，提高国家文化软实力，推进文化创新，增强文化发展活力和全民族文化创造活力，继承历史文化优秀传统，吸取世界文化有益成果，发展面向现代化，面向世界，面向未来的、民族的、科学的、大众的中国特色社会主义先进文化；在文化体制改革方面，改革文化创新体制机制，推进文化产业化，加强国际文化交流，繁荣文化市场；等等。

社会论——以建设和谐社会为目标的中国特色社会主义社会建设理论。基本观点包括：和谐社会建设的总要求是民主法治、公平正义、诚信友爱、充满活力、安定有序、人与自然和谐相处；和谐社会建设的重点是改善民生，缩小收入差距；和谐社会建设的原则是共同建设、共同享有，努力使全体人民学有所教、劳有所得、病有所医、老有所养、住有所居；和谐社会建设的战略举措是优先发展教育，扩大就业，健全社会保障体系，完善社会管理，深化收入分配制度改革，建立基本医疗卫生制度，提高全民健康水平；和谐社会建设的前景是全体人民各尽其能、各得其所而又和谐相处；等等。

国际战略论——互利共赢的开放性国际战略和独立自主的和平外交理论。基本观点包括：在国际政治上，遵循联合国宪章宗旨和原则，恪守国际法和公认的国际关系准则，相互尊重、平等协商，弘扬民主、和睦、协作、共赢精神，共同推进国际关系民主化和政治多极化，始终不渝地走和平发展道路，坚持在和平共处五项原则的基础上同所有国家发展友好合作；在国际贸易上，相互合作、优势互补，共同推动经济全球化朝着均衡、普惠、共赢方向发展，始终不渝奉行互利共赢的开放战略；在文化交流上，相互借鉴，求同存异，尊重世界文化多样性，共同促进人类文明繁荣进步；在国际安全上，相互信任、加强合作，坚持用和平方式解决国际争端，共同维护世界和平稳定；在地球环保上，凝聚共识、加强合作，责任共担、相互帮助，协力推进，坚持节能减排，保护生态环境；等等。

军队国防论——以保卫和建设中国特色社会主义为使命的军队国防建设理论。基本观点包括：军队建设必须坚持党对军队的绝对领导，军队革命化、现代化、正规化统一协调推进；国防建设方针是积极防御，国防建设与经济建设协调发展，完善国防动员体系，提高预备役部队和民兵建设质量；军队国防建设的历史使命是"三个提供，一个发挥"；在中国特色军事变革上，以信息化为核心和本质，走中国特色的精兵之路，坚持军事理论、军事技术、军事组织、军事管理创新；等等。

"一国两制"论——祖国和平统一理论。基本观点包括：和平统一的核心和基础是以一个中国为前提，和平统一的原则是以社会主义制度为主体，两种制度并存，保持香港、澳门长期繁荣稳定，实行高度自治；坚持"九二共识"，反对台独，深化两岸利益融合、互利双赢。

党建论——以建设先进的马克思主义执政党为目标、以改革创新精神全面推进党的建设新的伟大工程的党建理论。基本观点包括：

建设目标方面，以建设立党为公、执政为民的先进马克思主义执政党为目标，从严治党；思想建设方面，始终以思想理论建设为根本建设，坚持党的思想路线，深入学习贯彻中国特色社会主义理论体系，着力用马克思主义中国化最新成果武装全党；组织建设方面，健全民主集中制，推进党内民主建设，增强党的团结统一，建设学习型党组织，把执政能力建设和先进性建设作为执政党建设的根本任务，坚持科学执政、民主执政、依法执政，建设高素质领导班子和人才队伍，深化干部人事制度改革，加强基层党的建设，发挥党委领导核心作用、基层党组织战斗堡垒作用、共产党员先锋模范作用；作风建设方面，坚持理论联系实际、密切联系群众、批评和自我批评的作风，谦虚谨慎，艰苦奋斗，求真务实，以优良党风促政风、带民风；制度建设方面，不断推进制度创新，建立健全以党章为根本、以民主集中制为核心的制度体系；反腐倡廉建设方面，坚持标本兼治、综合治理、惩防并举、注重预防的方针，严格执行党风廉政建设责任制，坚决惩治腐败；等等。

三、中国特色社会主义理论体系的理论核心

中国特色社会主义理论体系由一系列基本理论、基本观点构成，其理论核心应该是党的基本路线。它是立论在"社会主义本质论、初级阶段论、时代论"理论基石的基础上。党的"一个中心，两个基本点"的基本路线是社会主义本质的内在要求和鲜明体现，也是以初级阶段的基本国情为客观依据的，是现时代的内在要求。

党的基本路线是在总结建党以来正反两方面的宝贵经验教训，深刻认识社会主义初级阶段基本国情的基础上制定出来的。党的基本路线集中体现了全国各族人民的根本利益和愿望要求，是我们党和国家的生命线。胡锦涛在十七大上指出，"以经济建设为中心是兴国之要，是我们党、我们国家兴旺发达和长治久安的根本要求；四项基本

原则是立国之本，是我们党、我们国家生存发展的政治基石；改革开放是强国之路，是我们党、我们国家发展进步的活力源泉。"①这一精辟的科学论断深刻阐明了党的基本路线在中国特色社会主义建设中的极端重要性。它既是坚持中国特色社会主义道路的总纲，也是中国特色社会主义理论体系的核心。中国特色社会主义的一切理论和实践都必须毫不动摇地围绕和坚持党的基本路线这个理论核心。

党的基本路线作为中国特色社会主义理论体系的理论核心，同时也是其他基本理论、基本观点的总的纲领。中国特色社会主义理论体系的基本内容都是理论核心在理论形态上的具体展开，并紧密围绕理论核心阐述各自的理论观点。

四、贯穿中国特色社会主义理论体系的灵魂

党的思想路线是构建中国特色社会主义理论体系和发展中国特色社会主义的方法论，是贯穿中国特色社会主义理论体系的灵魂。党的思想路线是中国特色社会主义理论体系的一个基本理论，同时，它也是整个体系的灵魂，它是能够认识和提出其他基本理论的思想武器，辐射贯穿于这个体系的理论基石、基本内容、理论核心之中。党的思想路线与中国特色社会主义理论体系的基本理论、基本观点不是并列的关系，而是贯穿于中国特色社会主义理论体系形成的全过程，是建设和发展中国特色社会主义的方法论和科学指南。如果不能解放思想、实事求是、与时俱进，就不能从对社会主义教条式的认识中解放出来，就不能创立社会主义本质论；如果不能解放思想、实事求是、与时俱进，彻底否定"以阶级斗争为纲"的错误理论和实践，就不能作出以经济建设为中心、实行改革开放的历史性决策，就不能毫不动摇地坚持党的基本路线；如果不能解放思想、实事求是、与时

---

① 《十七大以来重要文献选编》（上），中央文献出版社2009年版，第13页。

俱进，就不能认清经济社会发展不平衡对建设和谐社会的危害性，就不能把社会建设、生态文明建设置于与经济建设、政治建设、文化建设并列为五位一体的战略布局。胡锦涛指出："解放思想、实事求是、与时俱进，是马克思主义活的灵魂，是我们适应新形势、认识新事物、完成新任务的根本思想武器"①，是"发展中国特色社会主义的一大法宝"。

实践表明，面对十年"文化大革命"造成的危难局面，以邓小平为核心的第二代中央领导集体如果不能解放思想、实事求是，就不能彻底否定"文化大革命"的错误，科学评价毛泽东的历史地位和毛泽东思想；如果不能解放思想、实事求是，就不能深刻揭示社会主义本质，提出"三个有利于"的判断标准，把握社会主义和资本主义的本质区别；如果不能解放思想、实事求是，就不能打破人们长期形成的把计划经济与市场经济作为区别社会主义和资本主义两种社会制度的标准的传统观念，就不能提出社会主义也可以有市场经济的崭新论断。以江泽民为核心的党的第三代中央领导集体，继承和坚持了解放思想、实事求是的思想路线，并把与时俱进丰富发展到党的思想路线中去，创造性地提出了"三个代表"重要思想，坚持不懈地推进中国特色社会主义伟大事业。以胡锦涛为总书记的中央领导集体，坚持党的思想路线，发扬求真务实、改革创新的精神，不断开辟马克思主义新境界，提出了科学发展观等重大战略思想，继续推动改革开放和现代化建设事业科学发展，为中国特色社会主义事业的发展开拓广阔的前景。回顾改革开放以来中国特色社会主义理论体系的形成和发展历程，邓小平理论、"三个代表"重要思想以及科学发展观等重大战略思想都是在坚持和贯彻党的解放思想、实事求是、与时俱进思想路线这一灵魂基础上创立和发展的。

解放思想、实事求是、与时俱进是我们党的思想路线，是我们

---

① 《解放思想实事求是与时俱进开拓创新》，《人民日报》2007 年 10 月 16 日。

推进中国特色社会主义事业的根本思想武器，是中国特色社会主义理论体系的活的灵魂。坚持以中国特色社会主义理论体系为指导，就必须坚持党的思想路线这个活的灵魂。正如习近平指出："抓住机遇需要进一步解放思想，应对挑战需要进一步解放思想，解决前进道路上的突出矛盾和问题需要进一步解放思想，夺取全面建设小康社会新胜利、开创中国特色社会主义事业新局面更需要进一步解放思想"。他进一步要求全党充分认识解放思想的极端重要性，强调指出："在新的时代条件下、新的历史起点上、新的发展进程中，坚持以中国特色社会主义理论体系为指导，坚定不移地继续解放思想，创新发展理念、创新发展思路、创新发展举措、创新领导方法，更加自觉地把继续解放思想落实到坚持改革开放、推动科学发展、促进社会和谐上来。"①

　　总之，我们在深化学习中国特色社会主义理论体系的过程中，应该深入研究它的丰富内涵。在研究方法上，应该多视角、多维度地对其逻辑结构进行深入剖析，厘清各个基本理论观点在整个体系内部的地位、作用以及相互之间的内在逻辑关系，这样有助于深化中国特色社会主义理论体系的研究，推进马克思主义中国化、时代化、大众化。

---

① 习近平：《关于中国特色社会主义理论体系的几点学习体会和认识》，《求是》2008 年第 7 期。

第十八章 邓小平"南方谈话"与习近平 "全面深化改革观"

　　1992年年初，在国际社会主义运动发生重大曲折、中国特色社会主义发展面临关键选择的重要时刻，邓小平发表了影响深远的南方谈话，提出社会主义本质论、改革动力论、社会主义市场经济论、共同富裕论等重要理论观点，深刻改变了中国特色社会主义建设走势。南方谈话，是马克思主义发展史上的一个重要篇章，是对科学社会主义的突破性发展，标志着邓小平理论达到成熟，为落后国家进行社会主义现代化建设的实践奠定了坚实的理论基础，指明了方向。他在理论上深刻揭示出社会主义的本质，强调改革开放重要性，首次提出走社会主义市场经济发展道路的世纪命题，指明了实现共同富裕的实践路径，对"什么是社会主义，怎样建设社会主义"这个首要基本理论问题提出了卓越见解和崭新论断，进行了科学精炼的阐述，吹响了改革开放破冰起航的号角。在实践上破除了思想疑惑困局，将人们从对社会主义的教条化理解中解放出来，极大推动改革开放历史进程，为党的十四大确定建立社会主义市场经济体制目标奠定了坚实基础。从长远而言，南方谈话为中国特色社会主义的进一步发展开拓了巨大空间，是中国特色社会主义发展进程中一个承上启下的里程碑，为今天乘风破浪全面深化改革，锐意推进体制机制创新，实现中华民族伟大复兴，奠定了坚实的理论基础。习近平"全面深化改革观"，是在新的历史起点上，对邓小平"南方谈话"重要思想的深化与升华的必然要求和最新成果，是对改革开放理论的重大突破。

一、社会主义本质论

"南方谈话"开宗明义指出社会主义的本质，社会主义本质论有三层含义：一是解放和发展生产力；二是消灭剥削，消除两极分化；三是最终达到共同富裕。其中，解放和发展生产力是社会主义的本质要求和消灭剥削、消除两极分化，最终达到共同富裕的基础；消灭剥削、消除两极分化是实现共同富裕的根本保障；而实现共同富裕则是发展社会主义的最终目标。这三层含义有机统一，不可分割。社会主义本质论是"南方谈话"的核心和基础部分：社会主义的本质是不断解放和发展生产力，这就要求我们不断改革，破除阻碍生产力发展的体制、机制；改革的目标，是改革传统社会主义计划经济，建立社会主义市场经济；共同富裕，是社会主义本质的根本所在，是社会主义发展的最终目的。今天，全面深化改革，是社会主义本质和优越性的必然要求和充分体现，没有对社会主义本质的把握与坚持，改革所取得的一切成果都有得而复失的危险，中国特色社会主义事业将难以为继。

党的十八届三中全会指出，全面深化改革的总目标，是"完善和发展中国特色社会主义制度，推进国家治理体系和治理能力现代化"[1]。这一总目标能否实现，同我们是否对社会主义本质有着科学深刻认识息息相关。什么是社会主义，怎样建设社会主义？这是邓小平推动改革开放首要解决的基本问题。改革开放之初，邓小平反复强调要将这个问题搞清楚。他认为，改革开放前我国社会主义建设所经历的曲折与失误，正是在于对社会主义本质认识不清，而改革开放过程中所遇到的疑虑、困惑和误解，归根到底在于没有对这一关键问题有清醒认识。早在 1980 年，邓小平就指出："社会主义是一个很好的名

---

[1] 《中共中央关于全面深化改革若干重大问题的决定》，人民出版社 2013 年版，第 3 页。

词,但是如果搞不好,不能正确理解,不能采取正确的政策,那就体现不出社会主义的本质。"①1984年,邓小平继续指出:"什么叫社会主义,什么叫马克思主义?我们过去对这个问题的认识不是完全清醒的。"②1987年,邓小平又指出,总结十年"文化大革命","最根本的一条经验教训,就是要弄清什么叫社会主义和共产主义,怎样搞社会主义"③。经过数年的深入思考与不懈探索,在1992年的"南方谈话"中,针对当时人们对改革开放的质疑,邓小平开宗明义提出了社会主义本质论,揭示出社会主义的根本任务和根本目的,突出了发展生产力的首要地位,厘清了不符合时代发展进步的模糊观点与错误认识,深化了对科学社会主义的认识,突破了人们对科学社会主义教条化理解的藩篱。

解放和发展生产力是马克思主义的一贯主张和基本原则。马克思主义经典著作就此提出过两条重要论断:一是生产力是一切社会变革和进步的最终动力;二是社会主义必须发展出比资本主义高的生产力水平和劳动生产率才能体现出其优越性。邓小平在酝酿社会主义本质论的过程中,围绕生产力的发展提出了一系列重要论点:"贫穷不是社会主义,社会主义要消灭贫穷","社会主义的首要任务是发展生产力,逐步提高人民的物质和文化生活水平"④;大力发展社会生产力,是社会主义的首要任务、主要任务、第一个任务、压倒一切的中心任务。邓小平指出,改革开放前我国社会主义理论与实践一度陷入误区,究其原因就在于脱离生产力发展空谈社会主义,认为只要不断改变生产关系,提高公有化程度,就能顺利推动生产力发展。实践证明,不重视、不集中力量大力发展生产力,就无法满足人民生活所需,就不能提升国力,就只能搞普遍贫穷的社会主义。本质论告诫我

---

① 《邓小平文选》第二卷,人民出版社1994年版,第313页。

② 《邓小平文选》第三卷,人民出版社1993年版,第63页。

③ 《邓小平文选》第三卷,人民出版社1993年版,第223页。

④ 《邓小平文选》第三卷,人民出版社1993年版,第116页。

们，发展社会主义，解放和发展生产力是必备的前提和基础。没有这一基础，消灭剥削、消除两极分化、最终达到共同富裕的美好期待都将成为幻想。在社会主义生产力并不发达的阶段，仅靠主观愿望急于消灭私有制，不符合生产力、生产关系的基本原理，相反会影响社会生产力的发展。同样的，共同富裕也不能一蹴而就。因此在现有阶段，发展社会主义，必须致力于不断解放和发展生产力。要做到生产力的不断解放和发展，必须扫除一切障碍，因而必须对经济基础、上层建筑，进行全方位的改革。

二、改革动力论

改革，是社会主义本质和解放生产力、发展生产力的必然要求，是民族复兴的核心驱动力。"南方谈话"中，邓小平在对"什么是社会主义"这个基本问题作出回答的基础上，又对"怎样发展社会主义"这个世纪命题进行了阐释。以改革为动力，不断从根本上改变束缚生产力发展的体制、机制，建立社会主义市场经济，推动生产力的持续解放和发展，是促使社会主义事业不断前进的根本任务。改革由问题倒逼产生，又在不断解决问题中得以深化。今天全面深化改革，是社会主义本质题中应有之义，是解决面临的新挑战的战略抉择，是坚持和发展中国特色社会主义，发挥社会主义优越性的必由之路。

首先，邓小平明晰了改革的原则和方向，深化了人们对生产关系和上层建筑范畴的准确理解。他紧抓解放和发展生产力这一社会主义本质要求，突破性地把上层建筑中的基本制度和具体体制、机制剥离开来，从而确定了改革的原则和方向。邓小平指出："我们建立的社会主义制度是个好制度，必须坚持"[①]，但"社会主义制度并不等于

---

① 《邓小平文选》第三卷，人民出版社 1993 年版，第 116 页。

建设社会主义的具体做法"①,"党和国家现行的一些具体制度中,还存在不少的弊端,妨碍甚至严重妨碍社会主义优越性的发挥"②。社会主义的基本制度不能改变,具体体制、机制必须创新。改革是要巩固和完善社会主义制度,在社会主义制度下解放、发展生产力。以改革为动力发展社会生产力,意味着必须要改革一切阻碍生产力发展的具体体制、机制,如社会经济结构、经济管理体制和生产方式,这就找到了束缚生产力发展的症结,为坚持改革、深化改革找准了突破口,指明了方向。

其次,邓小平指出,改革是中国的第二次革命。改革不是细枝末节式的修补,而是全面性、根本性的变革,包括对经济体制、政治体制和相应的其他各个领域的全面深入改革。多年实践证明:"改革促进了生产力的发展,引起了经济生活、社会生活、工作方式和精神状态的一系列深刻变化","全国人民的生活都有了不同程度的改善"③。开弓没有回头箭,改革一旦开始,就不能因为改革过程中呈现出这样那样的问题而裹足不前,只能通过深化改革、促进发展来解决。

最后,邓小平明确提出判断改革是非得失的"三个有利于"标准:"是否有利于发展社会主义社会的生产力,是否有利于增强社会主义国家的综合国力,是否有利于提高人民的生活水平。"④他针对人们对改革的困惑和质疑,一针见血地指出,要害是姓"资"还是姓"社"的问题。只要是"三个有利于",就要坚定不移,不能裹足不前。"摸着石头过河"是必要的,但前提必须是向前进了,而且还要有相当的速度,否则改革的成果就有得而复失的危险。因此,改革要大胆一些,步伐要加快一些,确保这项事业为人民带来福祉。

---

① 《邓小平文选》第三卷,人民出版社1993年版,第250页。
② 《邓小平文选》第二卷,人民出版社1994年版,第327页。
③ 《邓小平文选》第三卷,人民出版社1993年版,第142页。
④ 《邓小平文选》第三卷,人民出版社1993年版,第372页。

改革是一项关乎中国前途命运的紧迫事业。在"南方谈话"中，邓小平强调："不坚持社会主义，不改革开放，不发展经济，不改善人民生活，只能是死路一条。"① 正是从历史经验与现实需要的高度出发，根据邓小平这一重要思想，党的十八大以来，习近平围绕全面深化改革作出一系列精辟论述，形成了"全面深化改革观"，提出了全面深化改革的指导思想、目标任务、重大原则，并合理布局了深化改革的战略重点、优先顺序、主攻方向、工作机制、推进方式和时间表、路线图。这是邓小平"南方谈话"强调的改革动力论的继承与创新性发展、深化与升华的必然要求和新的重大成果，是对改革开放理论和政策的重大突破，是党在新的历史起点上全面深化改革科学指导和行动纲领。

三、社会主义市场经济论

改革的重点和目标，是建立社会主义市场经济体制，这是邓小平"南方谈话"之"眼"。他在"南方谈话"中提出社会主义本质论，旨在破除姓"资"姓"社"的思想桎梏，他明确指出："计划多一点还是市场多一点，不是社会主义与资本主义的本质区别。计划经济不等于社会主义，资本主义也有计划；市场经济不等于资本主义，社会主义也有市场。计划和市场都是经济手段。"② 计划和市场都是经济手段，这一论断切中要害、一语中的，清晰表明邓小平已突破性地将社会主义基本制度与具体管理体制剥离开来，明确了计划与市场的性质，厘清了社会主义与市场经济之间的关系，指明了我国经济改革的目标。与此同时，邓小平还指出，经济体制改革的同时还必须进行政治体制改革。在"南方谈话"中他明确指出："抓住时机，发展自己，

---

① 《邓小平文选》第三卷，人民出版社 1993 年版，第 370 页。

② 《邓小平文选》第三卷，人民出版社 1993 年版，第 373 页。

关键是发展经济。"① 发展经济，必须发挥经济体制改革牵引作用，扫
除一切阻碍生产力发展的体制、机制障碍，推动经济社会持续健康发
展。他早在 20 世纪 80 年代中期就反复强调："现在经济体制改革每
前进一步，都深深感到政治体制改革的必要性。不改革政治体制，就
不能保障经济体制改革的成果，不能使经济体制改革继续前进，就会
阻碍生产力的发展，阻碍四个现代化的实现。"② 这表明邓小平对于社
会主义市场经济的理念已基本成型。根据邓小平"南方谈话"这一重
要思想，党的十四大正式确立："我国经济改革的目标就是建立社会
主义市场经济体制"，"就是要使市场在社会主义国家宏观调控下对资
源配置起基础性作用"③。至此，中国经济体制改革的航船在"南方谈
话"吹响破冰起航号角后，终于用一句话明晰了航行的明确目标：建
设社会主义市场经济体制。

　　党的十四大确立建设社会主义市场经济体制后，我国一直持续
探索市场在不断发展变革的社会主义经济中的准确定位和市场与政府
的关系。从党的十六大到十八大，党中央持续强调，增强市场作用是
社会主义经济体制改革取向。经过不断探索发展，党的十八届三中全
会将市场的基础性作用提升为决定性作用，明确提出"紧紧围绕使市
场在资源配置中起决定性作用深化经济体制改革"④，始终坚持"处理
好政府和市场的关系，使市场在资源配置中起决定性作用和更好发挥
政府作用"⑤。作为经济发展中的两大推动力，市场在解决效率方面具
有优势，政府在解决公平问题方面具有优势。处理好两者的关系，就
是要让政府与市场各司其职，相互支撑，对市场而言做到"法无禁止

① 《邓小平文选》第三卷，人民出版社 1993 年版，第 375 页。
② 《邓小平文选》第三卷，人民出版社 1993 年版，第 176 页。
③ 《十四大以来重要文献选编》(上)，人民出版社 1996 年版，17—18 页。
④ 《中共中央关于全面深化改革若干重大问题的决定》，人民出版社 2013 年版，第
　3 页。
⑤ 《中共中央关于全面深化改革若干重大问题的决定》，人民出版社 2013 年版，第
　5 页。

即可为"，对政府而言做到"法无授权不可为"。既充分提高资源配置效率，又充分保障资源配置公平。

党的十八届三中全会通过《中共中央关于全面深化改革若干重大问题决定》，明确提出，让市场起决定性作用并同时更好地发挥政府作用的重大战略部署，核心是正确处理政府与市场的关系，是对邓小平"南方谈话"强调改革开放，解放生产力、发展生产力，建立社会主义市场经济体制，正确处理政治与经济关系这一重要思想在新的历史起点上深化与升华的必然要求与突破性发展。

四、共同富裕论

共同富裕理论，由邓小平在"南方谈话"中作为社会主义本质提出，是改革开放之轴，是发展社会主义的最终目的。邓小平指出："走社会主义道路，就是要逐步实现共同富裕。"[①] 党的十八大报告提出："共同富裕是中国特色社会主义的根本原则"，这是对"南方谈话"共同富裕重要思想的深化与升华的新论断。共同富裕是社会主义制度不可动摇的原则，是社会主义最本质的规定。作为改革的一个重要原则，共同富裕理论在中国特色社会主义道路进程中，指引中国人民从温饱踏上了全面建成小康社会的征程。但在今天，一部分地区一部分人先富起来的过程中出现了两极分化现象，引起人们对共同富裕理论的困惑甚至质疑。因此，在改革步入深水区的关键时刻，完整准确深入理解邓小平共同富裕理论，对于凝聚改革共识，扬帆再行具有重大的理论价值和实践意义。

"南方谈话"中，邓小平解决了有关共同富裕的两个核心问题，阐释了共同富裕的含义，指出了实现共同富裕的路径。第一，什么是共同富裕？在邓小平看来，共同富裕既非造成社会尖锐对立的贫富悬

---

① 《邓小平文选》第三卷，人民出版社 1993 年版，第 373 页。

殊两极化，也非"均贫富"的平均主义，而是在解决生计问题后，社会全体成员在物质财富占有方面得到整体提高且趋向均衡。从内涵上理解，"共同富裕"蕴含着两层含义：首先，"富裕"意味着我国人民物质财富生活超越温饱，达到充裕，具有显著的经济生活特点；其次，"共同"包含更为深刻的制度内涵。在全球经济一体化和世界信息化的时代，一个国家要走上富裕之路，必须发展市场经济，市场经济的自发发展却会带来社会财富分布的不公，导致两极分化。因此，消除两极分化的共同富裕是社会主义区别于资本主义的本质所在。第二，邓小平明确了共同富裕的实现路径，即先富带动后富，最终实现共同富裕。在"南方谈话"中他指出："共同富裕的构想是这样提出的：一部分地区有条件先发展起来，一部分地区发展慢点，先发展起来的地区带动后发展的地区，最终达到共同富裕。"① 邓小平认为先富可以带动后富，这包括先富对后富的示范作用所产生的带动效应及通过税收的渠道和自愿捐助的形式所实现的利益分配均衡。邓小平主张对先富起来的人有所限制，同时也反对财富分配的平均主义，认为共同富裕不是也不可能是同时、同步、同等的富裕，过早让先富支援后富只会适得其反，削弱发达地区发展活力，先富带动后富也就无从谈起；同样，如果不适时地实施战略措施，缩小贫富差距，使改革成果惠及全体人民，共同富裕的最终目标也难以实现。邓小平指出，可以设想，在 20 世纪末达到小康水平的时候，就要突出地提出和解决这个问题。到那个时候，发达地区要继续发展，并通过多交利税和技术转让等方式大力支持不发达地区。不发达地区又大都是拥有丰富资源的地区，发展潜力巨大。就全国范围来说，先富带动后富能够逐步解决沿海同内地、城市和乡村及先富与未富之间贫富差距过大问题。当然，最终实现共同富裕，不止是先富带动后富的问题，还需要采取一系列重大战略措施。因此，"南方谈话"后，在 21 世纪初，中央相继将西部大

---

① 《邓小平文选》第三卷，人民出版社 1993 年版，第 373—374 页。

开发、三农问题、振兴东北老工业基地纳入国家发展战略规划之中。
十八大以来，中央加大收入分配制度改革，建立公共资源合理共享机
制，等等。努力缩小城乡、区域、行业收入分配差距，逐步形成橄榄
型分配格局。这是贯彻落实邓小平共同富裕思想的时代体现，旨在解
决东西部地区、城乡之间及先富与未富之间贫富差距过大这一长期困
扰中国经济和社会健康发展的全局性问题，以最终实现共同富裕。

随着时代的发展、社会的进步、人民生活质量的提升，共同富
裕的内涵也在不断丰富、拓展。早在 20 世纪 70 年代末，邓小平就提
出介于温饱和富裕之间的小康社会阶段的概念，不久又在 80 年代初
提出"两个文明建设"即物质文明建设和精神文明建设的目标。这就
意味着，邓小平对共同富裕内涵的理解不仅局限于物质财富的增长，
同时在政治、文化、社会、生态等方面都有所考虑，但也要看到，由
于历史客观条件所限，邓小平对共同富裕内涵的理解和实践路径的探
索难免具有历史局限性。今天，改革开放已使人民生活水平得到质的
提高。亿万民众不仅对物质生活水平和质量提出了新的更高的要求，
而且在充分行使当家作主权利、享有丰富精神生活、维护社会公平正
义、拥有健康美好生活环境等方面有了新的期待。因此，伴随着时代
的发展与社会的不断进步，"共同富裕"的内涵在不断丰富、拓展。
它不再仅仅只是改革开放之初充实中国人民腰包的目标，而是深化发
展为全方位提升人民生活质量的目标。这就要求我们必须从经济、政
治、文化、社会、生态"五位一体"的建设总布局出发，走中国特色
社会主义现代化发展道路，全方位实现共同富裕。只有从"五位一
体"总体出发推进改革，坚持社会主义市场经济改革方向，以促进社
会公平正义、增进人民福祉为出发点和落脚点，坚决破除各方面体制
机制弊端，不断冲破思想束缚，突破利益固化的藩篱，完善社会主义
制度，才能将改革红利惠及全体人民，形成经济富裕、政治民主、文
化繁荣、社会公平、生态良好的发展格局，最终实现共同富裕这一美
好愿望和历史性目标。

第十九章 "三个代表"重要思想的深厚理论底蕴

党的十六大把"三个代表"重要思想同马克思列宁主义、毛泽东思想、邓小平理论一道确定为党必须长期坚持的指导思想并载入党章，是历史性的重大决策，在党的发展史上具有划时代意义。"三个代表"重要思想既与马克思列宁主义、毛泽东思想、邓小平理论一脉相承，又充分反映时代精神，具有深厚的理论底蕴，在马克思主义中国化的进程中具有重要地位，是马克思主义中国化又一次历史性飞跃，为马克思主义中国化的历史进程树起了一座新的里程碑。

一、马克思主义中国化进程中的重要思想

中国共产党是一个富于理论创新精神的马克思主义政党。20 世纪中国社会发生两次历史性巨变的根本原因，首先应归结为中国共产党把马克思主义中国化，是用中国化的马克思主义指引的结果。由于马克思主义独具的与时俱进的理论品格和中国特殊国情，决定中国革命和建设以中国化的马克思主义为指导。九十多年来，中国共产党在领导中国人民长期奋斗中把马克思主义与中国实际相结合发生两次历史性飞跃，使马克思主义中国化产生两大理论成果：毛泽东思想、中国特色社会主义理论体系。在毛泽东思想指引下走中国特色革命道路，开创了中国历史新纪元。在邓小平理论指引下开创中国特色社会主义道路，中国由落后的农业国变为社会主义工业国，由贫穷到小

康。新世纪新形势对党和国家提出新的要求，国家建设要保持国民经济持续、快速、健康发展，全面建设小康社会、基本实现现代化和民族伟大复兴；党的建设则面临如何提高领导水平和执政水平，增强拒腐防变能力和抵御风险能力两大历史性课题。以江泽民为主要代表的当代中国共产党人，站在时代高度，总结党 80 年奋斗特别是社会主义建设的正反两方面的历史经验，借鉴其他社会主义国家执政党兴衰成败的经验与教训，提出"三个代表"重要思想。这一重要思想围绕着建设中国特色社会主义这个主题，在建设有中国特色社会主义的思想路线、发展道路、发展阶段和发展战略、根本任务、发展动力、依靠力量、国际战略、领导力量和根本目的等重大问题上都取得了丰硕成果，用一系列紧密联系，相互贯通的新思想、新观点、新论断，进一步回答了什么是社会主义、怎样建设社会主义的问题，创造性地回答了建设什么样的党、怎样建设党的问题。从而在改革发展稳定、内政外交国防、治党治国治军等诸多方面都取得了重大理论成就，这些理论构成了一个完整的科学体系。这一科学体系的形成，表明我们党对建设有中国特色社会主义的认识达到了一个新的阶段，这是我们党艰辛探索和伟大实践的必然结论，是马克思主义与中国实际相结合所产生的最新理论成果。这一科学理论体系的形成，为我们党建设新的伟大工程的开展，制定了正确纲领，同时也为我国全面建设小康社会，开创中国特色社会主义事业的新局面指明了方向。

二、"三个代表"重要思想是社会主义本质在党的建设上的必然要求、唯物史观在党的建设上的集中体现

"三个代表"重要思想具有深厚的理论底蕴，需要我们深入学习和研究，增强对其科学性、真理性的认识，从而树立坚定的信仰，增强贯彻执行的自觉性、坚定性。

（一）"三个代表"重要思想是社会主义本质与党的建设的必然要求的统一

邓小平关于社会主义本质的新论断，有力地解除了人们头脑里长期形成的把马克思、恩格斯所论社会主义教条化的传统观念，为在我国社会主义初级阶段，坚持社会主义原则，发挥社会主义制度的优越性，走中国特色社会主义道路，指明了前进方向，奠定了理论基础。

江泽民基于对社会主义本质的深刻认识，从中国特殊国情出发，根据国际国内新形势和党的建设面临的重大历史课题，适时地提出了"三个代表"重要思想。按照社会主义本质要求，执政党只有坚持"三个代表"，把发展作为执政兴国第一要务，以改革为动力，不断改革那些与生产力发展要求不相适应的制度、体制和机制，不断克服那些与经济基础不完全适应的上层建筑和思想观念，才能不断完善社会主义制度，发挥社会主义制度的优越性，不断推动生产力发展和社会全面进步，不断满足人民群众日益增长的物质文化需要，充分调动广大群众的积极性，赢得他们的信赖和拥护，获得不竭的前进动力。坚持"三个代表"重要思想是坚持党的领导核心地位与发挥社会主义制度优越性的结合点。只有坚持"三个代表"重要思想，才能坚持社会主义本质，发挥社会主义制度的优越性。把"三个代表"重要思想与社会主义本质结合起来，认清两者的必然联系，有助于我们从深层次上理解"三个代表"重要思想的科学内涵及其深厚的理论底蕴。

（二）"三个代表"重要思想是对党的性质、宗旨认识的深化与拓展

中国共产党自诞生之日起就确定是中国工人阶级的先锋队，以全心全意为人民服务为宗旨。多年来，不论国际国内形势发生什么样的变化，遇到多么大的困难与挫折，处于什么历史地位，党的性质、宗旨及最高纲领始终如一。党的性质、宗旨不是抽象的口号，它贯穿于党的纲领路线的始终，体现在党的行动的全过程。保持党永不变色的核心问题是保持党的先进性。只有保持先进性，才能保持创造力和凝聚力、战斗力，具有旺盛的生命力。先进性是历史的、具体的，不同历史时期有不同体现。在民主革命时期，党的先进性集中体现为率领中国人民为推翻压在中国人民身上的"三座大山"和创建新中国而英勇奋斗，为解放生产力和发展生产力创造前提，开辟广阔天地。正如毛泽东在 1945 年党的七大上论及中国工业发展的问题时所指出的："没有独立、自由、民主和统一的中国，不可能发展工业……解放中国人民的生产力，使之获得充分发展的可能性，有待于新民主主义的政治条件在全中国境内的实现。"① 在社会主义时期，党的先进性集中体现在领导全国人民为实现社会主义现代化和中华民族伟大复兴而奋斗的纲领路线与实践中。要保持党的先进性、坚持党的宗旨，必须把握时代脉搏，把党的纲领路线方针政策和行动置于中国先进生产力的发展中，置于先进文化的前进中去考察，党的一切工作必须以最广大人民的根本利益为出发点和归宿。归根到底，要保持党的先进性、坚持党的宗旨，就要不断推动生产力发展和社会全面进步，全面建设小康社会，奔向共同富裕。这是中国共产党区别于资产阶级政党的根本标志。江泽民在新世纪伊始，针对党的建设面临的重大历史课题，明确提出"三个代表"重要思想，作为我们党的建设伟大工程的纲领和我国现代化建设各项工作的指针，反映了时代精神、时代特征，深化了对党的性质、宗旨的认识。有人把中国工人阶级先锋队同"三个代表"对立起来，似乎"三个代表"改变了党的性质，这是一种形而上学的观点。因为在当今世界经济全球化和科技竞争日趋激烈条件下，在中国现代化和新型工业化道路的跨越发展中，作为中国工人阶级先锋队的共产党，只有坚持"三个代表"，才能跟上时代步伐，保持党的先进性，掌握主动权，巩固在中国特色社会主义事业中的领导核心

---

① 《毛泽东选集》第三卷，人民出版社 1991 年版，第 1080—1081 页。

地位。否则，势必丧失先进性，脱离人民，无从体现其工人阶级先锋队的性质和全心全意为人民服务的宗旨。其实，即使在民主革命时期也是如此。

党的十六大通过的《中国共产党章程》总纲指出："中国共产党是中国工人阶级的先锋队，同时是中国人民和中华民族的先锋队，是中国特色社会主义事业的领导核心，代表中国先进生产力的发展要求，代表中国先进文化的前进方向，代表中国最广大人民的根本利益。党的最高理想和最终目标是实现共产主义。"这种表述充分体现了中国工人阶级利益同中国人民和中华民族利益的统一性、增强阶级基础同扩大群众基础的统一性，体现了坚持党的性质不变与体现时代精神的统一性，这是对中国共产党性质、宗旨认识上的深化与拓展，是对马克思主义建党学说的重大发展。

（三）"三个代表"重要思想是"三个规律"在党的建设上的集中反映和高度概括

规律是事物内在本质的必然联系，是不以人的意志为转移的客观必然性。人们只有认识它、运用它，才能获得意志自由，由必然王国进到自由王国。执政党要掌好权、用好权，巩固执政地位，完成历史使命，必须认识和运用执政规律。执政规律受社会主义建设规律制约。社会主义建设规律又受制于人类历史发展规律。人们只能运用马克思主义观点，通过反复实践进行比较和总结，在不断探索中才能逐步认识和运用社会主义建设规律和执政规律。只有认识和运用规律才能掌握主动权、领导权，立于不败之地。这就是执政党必须解放思想，与时俱进，把发展作为执政兴国的第一要务，坚持执政为民的本质。20世纪下半叶各社会主义国家兴衰成败的历史经验，有力地证明了这个真理。在民主革命时期，以毛泽东为代表的中国共产党人，认识了中国特殊国情，运用中国近现代社会发展的特殊规律，制定了正确的中国革命发展战略，走中国特色革命道路，开创了中国历史新纪元。在社会主义时期，党所处的历史方位发生了根本性变化，由领导人民夺取政权的党变为领导人民进行社会主义现代化建设的执政党。执政党应当运用什么样的领导方式和执政方式，应当遵循什么样的规律，经历了艰辛的曲折探索，直到十一届三中全会以后，才逐步认识到中国社会主义建设规律：必须把马克思主义与中国具体实际相结合，走自己的路，即从中国社会主义初级阶段这个历史方位出发，走中国特色社会主义道路。正如邓小平在党的十二大开幕词中指出的："和八大的时候比较，现在我们党对我国社会主义建设规律的认识深刻得多了，经验丰富得多了，贯彻执行我们的正确方针的自觉性和坚定性大大加强了。"① 经二十多年改革开放和现代化建设实践，我们党对社会主义建设规律的认识不断加深，对执政规律的认识也不断加深。正如江泽民指出的："只要我们站在时代前列，立足于新的实践，把握时代特点，运用马克思主义基本理论研究现实中的重大问题，不断深化对共产党执政的规律、对社会主义建设的规律、对人类社会发展的规律的认识，不断吸取一切科学的新经验、新思想、新成果，我们就能够对丰富和发展马克思主义做出新的贡献。"② "三个代表"重要思想正是在深刻认识"三个规律"的基础上提出并被确定为党长期的指导思想的，它是"三个规律"在党的建设上的集中反映和高度概括。

（四）"三个代表"重要思想是唯物史观在党的建设上的集中体现

马克思主义唯物史观是无产阶级的科学世界观，是中国共产党革命、建设、改革的理论武器，是"三个代表"重要思想的坚实理论基础。历史唯物主义告诉我们，生产力和生产关系的矛盾是社会发展的基本矛盾，它们相互作用、相互冲突产生伟大的历史运动。生产力

---

① 《邓小平文选》第三卷，人民出版社1993年版，第2页。
② 《江泽民文选》第三卷，人民出版社2006年版，第284页。

是最活跃、最革命的力量,生产力决定生产关系,只有新的生产力比较充分地发展,新的关系才能得到最后的巩固。生产力的发展是社会进步的最高标准。人类社会总是在先进的生产力代替落后的生产力的变革中得到不断发展的。毛泽东运用这一基本观点,对如何衡量判断政党的作用作出了精辟的论断:"中国一切政党的政策及其实践在中国人民中所表现的作用的好坏、大小,归根到底,看它对于中国人民的生产力的发展是否有帮助及其帮助之大小,看它是束缚生产力的,还是解放生产力的。"[①] 江泽民站在时代高度,以新的视角对中国共产党革命、建设、改革的历史经验作出新总结、新概括,提出"三个代表"重要思想,其中把代表中国先进生产力的发展要求作为第一条。这是马克思主义唯物史观在党的建设上的集中体现。

社会存在决定社会意识是唯物史观的本质和基石,同时社会意识对社会存在又有反作用。社会意识一经产生,便反过来影响社会存在,旧的社会意识会阻碍社会发展,新的社会意识能够促进社会发展,并对社会发展的趋势具有预见性。江泽民正是基于这一唯物史观的基本原理提出中国共产党代表中国先进文化的前进方向,要求把弘扬民族优秀文化传统与吸收世界先进文化相结合,创造中国特色社会主义文化。这样才能引导和保证社会发展的正确方向,并为经济建设提供智力支撑,推动社会全面进步。

历史唯物主义认为历史活动是群众的事业,人民群众决定历史的结局,是社会变革的最终决定力量。社会主义国家是人民当家作主的国家,社会主义是人民群众的事业。共产党的职责在于领导人民当家作主,发展经济,推动社会全面进步,不断满足人民群众日益增长的物质文化需要,实现中华民族伟大复兴。其实质就是要坚持执政为民,把人民的根本利益作为党的一切工作的出发点和落脚点。权为民所用,情为民所系,利为民所谋,共产党除了人民的根本利益以外,

---

① 《毛泽东选集》第三卷,人民出版社 1991 年版,第 1079 页。

别无私利。"三个代表"重要思想的最后一条即代表最广大人民的根本利益正是这一历史唯物主义的基本观点在党的建设上的集中体现。

三、"三个代表"重要思想是马克思主义 党建学说的理论创新

马克思主义党建学说的创建是同一定的历史环境、革命形势、任务和党的历史方位及党内组织状况、思想状况分不开的,是围绕党的政治路线进行的。列宁的党建理论是在 20 世纪初,面对并解决如何领导俄国无产阶级和农民夺取政权,推翻地主资产阶级统治,建立无产阶级专政这样一个革命的根本问题时形成的,但在无产阶级需要建立一个什么样的政党,才能完成这样一个艰巨的历史任务问题上,却同第二国际机会主义发生严重分歧。为了同社会民主党、议会党团划清界限,列宁特别重视党的建设,突出强调党的性质及其在无产阶级各种组织中的政治领袖地位和无产阶级专政体系中的地位。列宁党的建设的基本观点概括起来说,就是共产党是无产阶级的先进部队,是有组织有纪律有统一意志的战斗司令部,是无产阶级组织的最高形式。

中国共产党是在共产国际指导下按照列宁党建理论建立起来的马克思主义政党。中国共产党领导中国革命、建设和改革,以马克思主义为指导的真谛在于运用中国化的马克思主义。这是由马克思主义与时俱进的理论品格和中国社会特殊国情所决定了的。因此,运用马克思主义基本原理同中国具体实际相结合的理论成果即中国化的马克思主义指导我们的实践,不断地进行理论创新,是党的思想理论建设的永恒主题。马克思主义基本原理同中国具体实际相结合的历史进程中曾产生两次历史性飞跃、两种伟大理论成果:毛泽东思想和邓小平理论。中国革命面临的历史课题是在一个贫穷落后的半殖民地半封建

社会里，如何夺取政权，走社会主义道路的问题。在毛泽东思想旗帜的指引下，中国共产党探索出中国特色的革命道路，开创了中国历史新纪元，实现了中国社会历史性的跨越。中国建设面临的历史课题是在一个经济文化比较落后的国度里，如何进行社会主义现代化建设，走什么样的社会主义道路的问题。在邓小平理论旗帜的指引下，中国共产党领导全国各族人民解除困惑，实现了历史性的伟大转折，开创了有中国特色的社会主义道路，坚持"一个中心，两个基本点"的基本路线，在市场经济条件下发展经济。人民的生活水平由贫困达到小康，中国社会又一次实现了历史性的跨越。

在民主革命时期，毛泽东把列宁的党建理论同中国具体实际相结合，从中国共产党所处历史环境、历史方位及党的状况出发，着力解决在一个以农民和其他小资产阶级为主要成分，又长期生活在农村革命战争条件下的基层组织状况，如何坚持工人阶级先锋队的本色，这样一个国际共产主义运动中从没有遇到的新的历史性课题。毛泽东突出强调思想建党，并把它放在首位，同时重视组织建设和作风建设，指出三者是有机统一的整体。党的建设不论是思想、组织、作风建设都要围绕党的政治路线和中心任务进行。如果无视马克思主义的指导地位，不用马克思主义武装、改造党员，无视克服各种非无产阶级思想，不树立正确的世界观、人生观、价值观，势必会丧失党的先进性，中国共产党不能称其为工人阶级的先锋队。因此要求共产党员不仅要组织入党，而且要解决思想入党问题。在社会主义时期以邓小平为核心的第二代党中央，在坚持思想建党原则的同时，又不断地强化作风建设和制度建设，强调密切联系群众，把党风问题提高到关系党的生死存亡的大问题的高度。历史表明，我们党的发展壮大，从党的自身建设层面说来，毛泽东、邓小平的党建思想是党始终坚持工人阶级先锋队本色不变的根本保证，也是党的建设的成功经验和一大政治优势。

江泽民的"三个代表"重要思想继承和发展了列宁、毛泽东、邓小平关于党的建设的理论，一是突破了长期以来基本上是就思想、组织、作风方面进行党的建设的范围，二是从外延上、宏观上、根本上、更高层面上，全方位地回答了建设一个什么样的党，怎样建设党的根本问题。2000 年 2 月、5 月，江泽民在广东和江苏、浙江、上海党建座谈会上的讲话、2001 年"七一"讲话、2002 年"5·31"讲话以及十六大报告等文件中阐述了"三个代表"重要思想的科学内涵、精神实质、历史背景、传承关系、实践要求、体现途径及实践价值等一系列重要观点，构建了一个比较完整的理论体系，这是理论创新。二是"三个代表"重要思想赋予党的性质以时代精神，丰富了它的内涵。中国共产党的性质自成立之日起就是中国工人阶级的先锋队，是中国工人阶级和中国人民利益的代表。尽管随着形势、阶级关系和党的任务的变化，党章进行过多次修改，但总的来讲，中国工人阶级先锋队性质及其代表的阶级利益却始终如一。早在 1922 年，党的二大文件中就明文规定："中国共产党为代表中国无产阶级及贫苦农民群众的利益而奋斗的先锋军。"① "共产党是所有阶级觉悟的无产阶级分子的组合，是无产阶级的先锋军"，"只有共产党是工人的先锋军工人的政党"②。1935 年，瓦窑堡会议决议指出，中国共产党是"中国无产阶级的先锋队……又是全民族的先锋队"③。1945 年，党的七大通过的《中国共产党党章》总纲中对党的性质进一步明确规定为："中国共产党，是中国工人阶级的先进的有组织的部队，是它的阶级组织的最高形式。中国共产党代表中国民族与中国人民的利益。"④ 刘少奇在《关于修改党的章程的报告》中说我们党是中国人民的先锋。党的八大关于党的性质基本上沿用七大的写法，党的十二大对党的性质明确表述为"中国工人阶级的先锋队"。十三、十四、十五大始终按照十二大

① 《中共中央文件选集》第十册，中共中央党校出版社 1989 年版，第 74 页。
② 《中共中央文件选集》第十册，中共中央党校出版社 1989 年版，第 80 页。
③ 《中共中央文件选集》第十册，中共中央党校出版社 1989 年版，第 620 页。
④ 《中共中央文件选集》第十五册，中共中央党校出版社 1989 年版，第 115 页。

的表述。直至党的十六大通过的《中国共产党章程》对党的性质做出完整的表述，由一个先锋队变为三个先锋队，由一个代表变为三个代表。即"中国共产党是中国工人阶级先锋队，同时是中国人民和中华民族的先锋队，中国特色社会主义事业的领导核心，代表中国先进生产力发展的要求，代表中国先进文化前进的方向，代表中国最广大人民的根本利益。"这种表述充分体现了工人阶级利益与中国人民和中华民族利益的统一性，增强阶级基础与扩大群众基础利益的统一性，坚持党的性质不变与体现时代精神的统一性。有人把工人阶级先锋队同"三个代表"对立起来，似乎"三个代表"改变了工人阶级先锋队的性质，这是一种形而上学观点。他们无视新世纪、新阶段和党的历史方位的重大变化，用僵化的模式理解党的性质的内涵，不知在新的历史条件下，只有坚持"三个代表"才能跟上时代步伐，永葆党的先进性，掌握主动权，巩固在中国特色社会主义事业中的领导核心地位。这恰恰是中国工人阶级先锋队在新的历史条件下应当具备的品质。否则，势必使党丧失先进性，脱离人民，工人阶级先锋队的性质也就无从谈起。因此"三个代表"重要思想深刻地揭示了党的本质特征，是对党的性质认识上的深化与发展。

总之，江泽民"三个代表"重要思想对马克思主义党建学说做出了历史性的贡献，是马克思主义中国化进程中又一历史丰碑。

第二十章 科学发展观的时代 价值与科学意义

党的十八大高举中国特色社会主义的伟大旗帜，对科学发展观作出了新的历史定位，这是党的指导思想与时俱进的重要标志，表明党更加成熟。它为推进中国特色社会主义历史进程提供了保障，为实现社会主义现代化目标指明了方向。

一、指导思想与时俱进是马克思主义 政党成熟的重要标志

指导思想的与时俱进是马克思主义政党成熟的重要标志，是保持党的先进性，不断提高党的领导水平和执政能力的历史必然。

马克思主义是无产阶级革命政党行动的科学指南。但是在具体革命实践中如何以马克思主义为指导，这就必然涉及怎样理解马克思主义理论属性的问题。马克思主义经典作家从不认为他们的理论是永恒不变的，而总是要求根据实践的发展和时代的变化来运用和丰富发展他们的学说。马克思指出："我们的理论是发展着的理论，而不是必须背得烂熟并机械地加以重复的教条。"[①] 列宁也认为"我们决不把马克思的理论看作某种一成不变的和神圣不可侵犯的东西；恰恰相

---

① 《马克思恩格斯选集》第 4 卷，人民出版社 1995 年版，第 681 页。

反，我们深信：它只是给一种科学奠定了基础"①。由此可见，与时俱
进是马克思主义的理论品质与固有属性。中国共产党九十多年的革
命、建设与改革实践也证明，指导思想只有与时俱进才能真正坚持马
克思主义的基本原则与立场、观点、方法，才能使马克思主义焕发出
强大的生命力。

　　中国共产党从建党伊始，就是一个以马克思主义理论为基础的
党。但是，在怎样对待马克思主义、要不要把马克思主义中国化的问
题上，党内却一度存在着两种截然不同的态度、观点，一是以王明为
代表，僵化、教条地对待马克思主义，把马克思主义的本本视为教
条，奉苏联经验为圭臬，唯共产国际的指示、决议马首是瞻；一是以
毛泽东为代表，倡导主观与客观、理论与实践相统一，并指出："马
克思主义的'本本'是要学习的，但是必须同我国的实际情况相结
合。"② 走出了一条独立自主的有中国特色的革命道路。实践出真知，
经过血与火的革命洗礼，全党同志逐渐领悟到，马克思主义指导中国
革命的真谛在于如何使马克思主义中国化。1945 年 4 月，党的七大
把毛泽东思想确立为党的指导思想，七大党章明确指出："以马克思
列宁主义的理论与中国革命的实践之统一的思想——毛泽东思想，作
为我们党一切工作的指针。"③ 这是在中国共产党历史上首次以中国化
的马克思主义作为党的指导思想。十一届三中全会后，以邓小平为代
表的中国共产党人始终坚持解放思想、实事求是的思想原则，在系统
地、科学地总结我国社会主义革命、建设正反两方面的历史经验，并
对毛泽东的历史地位以及毛泽东思想作出客观的、全面的评价基础
上，把马克思主义基本原则与中国实际和时代特征相结合，紧扣时代
主题，准确把握我国所处历史方位，制定了社会主义基本路线、基本
纲领，实现了从社会主义计划经济向市场经济的转变，突破了人们对

---

① 《列宁选集》第 1 卷，人民出版社 1995 年版，第 274 页。
② 《毛泽东选集》第二卷，人民出版社 1991 年版，第 111—112 页。
③ 《建党以来重要文献选编》第二十二册，人民出版社 2011 年版，第 533 页。

社会主义的传统观念和某些教条式认识，创立了邓小平理论。1997年9月，党的十五大把邓小平理论确立为党的指导思想，十五大党章明确指出："中国共产党以马克思列宁主义、毛泽东思想、邓小平理论作为自己的行动指南。"① 十三届四中全会后，以江泽民为核心的第三代中央领导集体，本着解放思想、实事求是、与时俱进的精神，在深刻地总结党的历史经验特别是十三届四中全会后治党治国治军的新鲜经验基础上，创立了"三个代表"重要思想。2002年8月，党的十六大把"三个代表"重要思想确立为党的指导思想，十六大党章明确指出："中国共产党以马克思列宁主义、毛泽东思想、邓小平理论和'三个代表'重要思想作为自己的行动指南。"② 十六大以后，以胡锦涛为总书记的党中央，在对人类社会发展问题进行深入反思的基础上，立足于国内外形势的发展变化，着眼于党和国家事业发展全局，在理论上不断扩展新领域、得出新结论、作出新概括，提出了科学发展观。2012年11月，党的十八大将科学发展观确立为党的指导思想，十八大党章明确指出："中国共产党以马克思列宁主义、毛泽东思想、邓小平理论、'三个代表'重要思想和科学发展观一道作为自己的行动指南。"③

纵观中国共产党九十多年的光辉历程，正是因为有了毛泽东思想的指导，我们才能取得新民主主义革命的胜利，进行社会主义改造，确立了社会主义基本制度，进而开始对中国特色社会主义建设道路的初步探索；正是因为有了邓小平理论的指导我们才开创了一条有中国特色的社会主义道路，实现了伟大的历史转折；正是因为有了"三个代表"重要思想的指导我们才能坚定不移地把中国特色社会主义推向21世纪；正是因为有了科学发展观的指导，我们才能在改革开放进入深水区时，一往无前，攻坚克难，不断将中国特色社会主义事业推向

① 《十五大以来重要文献选编》（上），人民出版社2000年版，第53页。
② 《十六大以来重要文献选编》（上），人民出版社2005年版，第46页。
③ 《中国共产党第十八次全国代表大会文件汇编》，人民出版社2012年版，第62页。

前进。

二、科学发展观开辟了当代中国
马克思主义发展新境界

党的十八大报告指出，科学发展观是马克思主义关于发展的世界观和方法论的集中体现，是中国特色社会主义理论体系最新成果，是党必须长期坚持的指导思想。

（一）科学发展观系统地科学地回答了实现什么样的发展、怎样发展的重大问题

发展是人类社会的永恒主题，是社会文明演进的必然趋势。但是对于什么是发展、如何发展的问题，不同的时代、不同的族群、不同的国家给出的答案却不尽相同。比如说，中国古代遵循的"天不变，道亦不变"的思想，19 世纪西方国家信奉的"物竞天择，适者生存"的"丛林法则"等，都是不同地域、不同时代发展观在现实生活中的集中体现。第二次世界大战后，特别是 20 世纪 60 年代以后，随着以计算机、互联网为代表的第三次科技浪潮叠加而至，科学技术日新月异，科技创造层出不穷，"不仅给世界生产力的发展带来了巨大推动，而且也给人类的生产方式和生活方式造成了深刻影响"[1]。同时，由于只是一味追求经济的迅猛发展，一些问题也渐渐浮出水面，两极分化的鸿沟越挖越大、能源和物资日趋紧张、生态环境持续恶化、政治动荡接连不断。这些问题都在不同程度上制约了人类社会的发展。如何转变发展观念、破解发展难题，成为一个全人类面临的重大问题。

历史的渡轮驶入新世纪的港湾，中国改革开放成就斐然。奥运

---

[1]　《十六大以来重要献选编》（中），人民出版社 2005 年版，第 112 页。

会、世博会的成功举办彰显了国家雄厚的经济实力，神州飞天、嫦娥揽月、蛟龙入海印证了国家强大的科技力量。但随之而来，"社会发展呈现出一系列新的阶段性特征，进入了发展关键期、改革攻坚期、矛盾凸显期"①。如何解决好发展中凸显出的种种问题和矛盾，保持我国经济社会发展的良好势头，成为摆在我们面前的一项重大而又紧迫的任务。十六大以后，以胡锦涛为总书记的党中央运用马克思主义世界观方法论在深刻反思和科学总结我国改革开放的历史经验，借鉴国外发展经验教训的基础上，紧紧抓住了"发展"这个问题的实质，提出了科学发展观，集中回答了实现什么样的发展、怎样发展的问题，并在贯彻和落实科学发展观重大战略部署的过程中拓展了发展布局，提升了发展境界。

（二）科学发展观是社会主义本质的内在要求和鲜明体现

邓小平在"南方讲话"中提出社会主义的本质论，从实质上回答了什么是社会主义、怎样建设社会主义这个根本问题，同时为科学回答实现什么样的发展、怎样发展奠定了坚实的理论基础。新世纪新阶段，要全面发挥社会主义制度的优越性，体现社会主义的本质，实现中华民族的伟大复兴，就必须要从传统的、片面的发展观中彻底解脱出来，创立一种全新的发展理念。2003 年，胡锦涛首次提出了科学发展观。科学发展观的内涵包含了五个方面，其核心内容却由两点构成：一是发展，二是以人为本。

解放生产力、发展生产力是"发展"的动力和基础，"发展"是解放生产力、发展生产力的内在要求和必然结果。社会主义本质论，首先是解放生产力发展生产力，它是消灭剥削、消除两极分化的前提和基础，因此也是社会主义的根本任务。科学发展观的第一要义是"发展"，发展的动力和基础是解放生产力、发展生产力。

---

① 刘云山：《科学发展观的历史地位和指导意义》，《人民日报》2012 年 11 月 22 日。

发展才是硬道理，中国目前在社会主义现代化建设中呈现的矛盾问题归结起来只有靠发展才能从根本上得以解决，但是这一发展不能是形而上学的、唯 GDP 的、竭泽而渔的，而必须是全面的、科学的、可持续的，而且在具体方法上一定要本着统筹兼顾的原则，决不能以点带面、以偏概全，因此，只有科学发展才能不断地解放生产力、发展生产力。

实现共同富裕是"以人为本"的价值取向，"以人为本"是实现共同富裕的前提和保障。社会主义本质论，最终目标是实现共同富裕，它是解放生产力、发展生产力，消灭剥削和消除两极分化的目标要求和必然结果，因此也是社会主义的本质特征。科学发展观的核心立场是"以人为本"，"以人为本"的价值取向是实现共同富裕和人的全面发展。改革开放以来，沿海地区和大城市经济迅猛发展，一部分地区、一部分人迅速富裕起来，贫富差距拉大。为了缩小差距，推进中国现代化历史进程，实现发展成果由人民共享，达到共同富裕的目标，促进人的全面发展，胡锦涛提出要用"以人为本"为核心的科学发展观统领全局，加强以改善民生为重点的社会建设，实施西部大开发和"三农"战略，进一步拓宽共同富裕的实现路径，力求让全体人民都能在 2020 年以前过上殷实、富裕的小康生活。由此可见，"以人为本"是实现共同富裕必须具备的基本理念，是实现共同富裕的前提和保障。

（三）科学发展观是对社会主义建设规律认识的深化和理性升华

规律是客观事物内在的本质的必然联系，是客观存在的，但不会自然而然地为人所掌握，只有在实践中不间断地总结经验才能逐渐地认识规律、总结规律、掌握规律，使规律为我所用。中国共产党九十多年理论创新的历史就是一部认识、总结、掌握规律的历史。毛泽东洞悉了民主革命的规律才创立了毛泽东思想，邓小平深刻认识社会主义建设规律才形成了邓小平理论，江泽民在掌握党的建设规律基础上才提出"三个代表"重要思想，胡锦涛把握社会主义发展规律才提出科学发展观。科学发展观的提出并被确立为党的指导思想的过程，表明我们党对于社会主义建设规律的认识又达到一个新水平、新高度。

社会主义建设是经济、政治、文化、社会、生态诸多领域辩证统一的发展过程，是满足人们日益增长的物质文化需要、达到共同富裕的过程，是化解矛盾、解决问题实现社会和谐的过程。科学发展观是社会主义建设规律在发展理念上的集中体现，因此，只有按照科学发展观的要求，不断深化对社会主义建设规律的认识，用创新理论指导创新实践，我们的工作才能减少盲目性、增强自觉性，才能有效地推动改革开放和现代化建设的历史进程，引领中国特色社会主义事业蓬勃发展。

三、科学发展观是实现社会主义现代化目标的指针和保障

党的十七大报告指出：科学发展观"是我国经济社会发展的重要指导方针，是发展中国特色社会主义必须坚持和贯彻的重大战略思想"[1]。十七大到十八大的五年间，科学发展观得到了全面的贯彻落实，从理论层面向实践层面转化，党的十八大在充分肯定科学发展观引领作用的同时将其与毛泽东思想、邓小平理论、"三个代表"重要思想一同列为党的指导思想。科学发展观从指导方针、战略思想一跃而上升为党的指导思想，必将全面推进中国特色社会主义历史进程，是实现国家现代化目标的指针和保障。

---

① 《十七大以来重要文献选编》（上），人民出版社 2005 年版，第 10 页。

（一）科学发展观是中国现代化建设事业攻坚克难、总体推进的指针

从社会主义现代化发展进程的纵向看，改革开放进入矛盾凸显期，必须用科学发展观统领全局推向前进。改革开放以来，我国的社会主义现代化建设取得了举世瞩目的辉煌成就，从生产力到生产关系、从经济基础到上层建筑都发生了意义深远的重大变化，我国正处于大有可为的黄金发展期。与此同时，我国的基本国情和社会主要矛盾没有变，影响发展的体制机制障碍依然存在，城乡、区域发展差距拉大，贫富两极分化的问题仍待妥善解决，我国进入矛盾凸显期。科学发展观正是在全面把握和深入分析我国现实国情、借鉴外国经验的基础上而提出的崭新理念。实践证明，只有在科学发展观的指导下，坚持以人为本，全面协调可持续发展，才能攻坚克难，把中国现代化建设事业推向前进。

从中国现代化建设的横向看，建设中国特色社会主义是"五位一体"总布局，必须用科学发展观统领全局，总体推进。建设中国特色社会主义是一个庞杂的系统工程，其总布局的形成经历了从"两个文明"到"五位一体"的发展过程。十一届三中全会后，中央明确提出要在建设高度物质文明的同时，建设高度的精神文明，并强调物质文明与精神文明"两手抓，两手都要硬"。十二届六中全会第一次提出了"总布局"的概念，同时指出"我国社会主义现代化建设的总体布局是：以经济建设为中心，坚定不移地进行经济体制改革、坚定不移地进行政治体制改革、坚定不移地加强精神文明建设，并且使这个几个方面互相配合、互相促进"①，中国特色社会主义"三位一体"总布局的基本框架初步构成。十六届六中全会确立了建设社会主义和谐社会的重大命题，使总布局由"三位一体"发展到"四位一体"。从"两个文明"到"四位一体"的发展过程，既是我们党对社会主义建

① 《十二大以来重要文献选编》（下），人民出版社1988年版，第1173页。

设规律深化认识的过程，也是新的发展理念、新的战略思想形成的过程。党的十七大将科学发展观确立为"我国经济社会发展的重要指导方针"，同时又把"生态文明"写入党的代表大会政治报告。在此基础上，党的十八大进一步将"生态文明建设"纳入总体布局，形成"五位一体"。这就要求在以科学发展观为统领，以经济建设为中心的同时，经济建设、政治建设、文化建设、社会建设、生态文明建设必须全面推进，协调发展。只有这样才能使经济社会"又好又快"发展，实现富强、民主、文明、和谐的社会主义现代化目标。

（二）科学发展观是提高党的建设科学化水平的保障

进入新世纪以来，世情、国情、党情都相继发生了重大变化，我们党面临着重重考验与危险，这就为党的建设提出了新课题、新挑战。为了进一步应对考验、防范危险，党的十八大向全党提出了"全面提高党的建设科学化水平"的总体要求。所谓党的建设科学化就是在把握党自身发展、变化规律的基础上来开展党的建设。从党建的领域、内容上看，要全面提高党的建设科学化水平一定要把思想建设放在首位，同时，思想建设、组织建设、作风建设、制度建设、反腐倡廉建设五大建设要总体推进，而不能仅仅只偏重于某一领域、某一方面。因此，必须要用科学发展观来全面协调统筹。从保持党的先进性、提高党的领导水平和执政能力上看，全面提高党的建设科学化水平一定要在全党范围内树立全新的、科学的发展理念。只有用科学发展观来武装全党，我们的党才能准确把握时代脉搏，及时调整发展战略，才不会落后于时代、落后于形势，才能真正做到驾驭全局、统领全局。从建设学习型、服务型、创新型的马克思主义执政党上看，要全面提高党的建设科学化水平一定要以科学发展观为指导，建立在学习中寻求发展的学习型政党，建立以人为本的科学执政、民主执政、依法执政的服务型政党，建立解放思想、实事求是、与时俱进、求真务实的创新型政党。

（三）科学发展观是实现人的全面发展的前提和基础

2003 年 7 月 28 日，胡锦涛首次对科学发展观内涵进行了阐释，其中就包括了坚持以人为本，实施全面、协调、可持续的发展，促进经济社会和人的全面发展。由此可见，实现人的全面发展是科学发展观题中应有之义，两者之间是辩证统一的关系。人的全面发展的实现需要以科学发展观为指导，科学发展观的最终目标则是为了实现人的全面发展。

科学发展观为人的全面发展提供了现实可能性。人的全面发展只有在"以人为本"的社会中才有可能真正得以实现。所谓的"以人为本"是相对于"以物为本"而言的。改革开放以来，我国经济社会发生了翻天覆地的变化，但是在这种变化的背后却隐含着深层次发展危机。这主要体现在人们往往过于注重经济发展，却忽视了政治、文化、社会、生态的协调发展；过于看重物质力量对于推动生产力发展的巨大作用，却忽视了人才是物质的创造者这个客观事实。提出科学发展观的主要目的就是为了拓展人们的发展视野、转变人们的发展观念、破解种种发展难题，进而为人的全面发展创造各种有利条件，为人的全面发展铺平道路。

人的全面发展是科学发展观的最终目标。科学发展观的核心立场是以人为本。所谓的"以人为本"就是以实现人的根本利益作为发展的出发点和归宿，并实现发展的成果由人民共享。以人为本的"人"是泛指所有的人，而不是特指某个人或某个群体；"本"则集中代表了所有人的根本利益。人既是创造历史的主体，也是推动社会发展的主体，要尊重人、依靠人、关心人、塑造人、发展人、为了人。面对发展中遇到的种种问题，既要按照客观规律循序渐进去解决，又要充分考虑到其中人的因素。"以人为本"是对发展目标的精准定位，从而完全克服了传统发展观念中对物的依赖性，把科学发展的理念建立在对人终极关怀之上，从而实现了人的发展与社会发展的双向互动。

第二十一章　毛泽东思想与邓小平
理论特征比较

  以马克思列宁主义为指导思想的中国共产党，在七大郑重地把毛泽东思想写在自己的旗帜上，十五大又郑重地把邓小平理论写在自己的旗帜上。十五大通过的新党章明确规定：中国共产党以马克思列宁主义、毛泽东思想、邓小平理论作为自己的行动指南。这不仅为我国进入新世纪举起了旗帜，指明了方向，也为我们进一步对毛泽东思想、邓小平理论进行比较研究提供了权威性的依据。

一、毛泽东思想与邓小平理论的共同点

  毛泽东思想、邓小平理论同属于马克思主义即共产主义思想体系，都是马克思主义与中国实际相结合历史性飞跃的伟大理论成果，是中国革命和建设实践的科学总结和集体智慧的结晶。这乃是两者的基本共同点。

  首先，"马克思列宁主义、毛泽东思想、邓小平理论，是一脉相承的统一的科学体系。"十五大报告的这一论断明确了马克思列宁主义、毛泽东思想、邓小平理论三者的关系，对邓小平理论的属性作出了明确的定性和定位。从理论属性看，毛泽东思想、邓小平理论同属于马克思主义的科学体系，是马克思主义基本原理与中国实际相结合产生的历史性飞跃的伟大理论成果。从理论方位看，毛泽东思想把马克思主义与中国革命实际相结合，是中国化的马克思主义；邓小平理

论则是把马克思主义与中国社会主义建设实际和时代特征相结合，是当代中国的马克思主义。

马克思主义是无产阶级科学的世界观和方法论，是无产阶级和被压迫民族解放斗争的伟大理论武器。它的基本特点是理论和实践相结合，在斗争和实践中不断丰富和发展，是发展的科学，开放的科学。一个半世纪以来，马克思主义之所以还是我们的旗帜，就是因为它扎根于神州大地，在斗争的实践中不断地得到丰富和发展，形成了中国化的马克思主义——毛泽东思想和当代中国的马克思主义——邓小平理论。

马克思主义是毛泽东思想、邓小平理论的坚实理论基础。毛泽东思想的创立者毛泽东、邓小平理论的创立者邓小平在坚持马克思主义的同时，都能正确地理解和掌握马克思主义的基本原理和它的精神实质，而不是教条式地、机械地照抄照搬马克思主义，这是他们能够实现马克思主义历史性飞跃的思想认识基础。毛泽东说："马克思列宁主义的伟大力量，就在于它是和各个国家具体的革命实践相联系的。"① 他在领导中国共产党和中国革命的实际斗争中，以科学社会主义基本原理和马克思主义的立场、观点、方法为理论基础，从中国革命实际出发，总结中国革命独创性经验的理论成果，系统地回答了半殖民地半封建的中国无产阶级如何夺取政权和建立社会主义的问题，创立了中国化的马克思主义——毛泽东思想。

邓小平一贯主张把坚持和发展马克思主义结合起来，他说："真正的马克思列宁主义者必须根据现在的情况，认识、继承和发展马克思列宁主义。""中国伟大的马克思列宁主义者毛泽东，并不是在马克思、列宁的书本里寻找在落后的中国夺取新民主主义革命胜利的途径。"② 正是坚持把马克思列宁主义、毛泽东思想的基本原理与改革开

---

① 《毛泽东选集》第二卷，人民出版社 1991 年版，第 534 页。
② 《邓小平文选》第三卷，人民出版社 1993 年版，第 291—292 页。

放的伟大实践和时代特征相结合,邓小平找到了建设有中国特色社会主义道路,科学地回答了在经济落后、生产力不发达的中国如何实现社会主义现代化的问题,成为当代中国的马克思主义。可见,在开放的马克思主义思想体系中,把坚持和发展马克思主义结合起来,实现马克思主义与中国实际相结合的历史性飞跃,这是毛泽东思想、邓小平理论的共同特点。

其次,反对教条主义,坚持从中国特殊国情出发。两次历史性飞跃的伟大成果,就是在同教条主义的斗争中产生并进一步发展、成熟的。20世纪20年代后期和30年代初期,党内盛行把马克思主义教条化,把共产国际决议和苏联经验神圣化,使"左"倾教条主义者占据统治地位,导致了中国共产党的"左"倾冒险主义错误,使中国革命几乎陷于绝境。以毛泽东为代表的中国共产党人,在领导中国革命的实际斗争中同教条主义倾向进行了坚决的斗争。在实践上,毛泽东突破苏联十月革命城市暴动的模式,开辟农村包围城市、武装夺取政权的新道路,闯出了中国革命的新途径。在理论上,毛泽东率先举起"反对本本主义"的旗帜,提出没有调查就没有发言权、中国革命斗争的胜利要靠中国的同志了解中国的情况的独到见解,闪射出毛泽东思想活的灵魂的光辉。毛泽东写作的《实践论》《矛盾论》,用马克思主义的认识论和辩证法观点总结两次国内革命战争的历史教训,着重从思想认识根源上揭露了教条主义的实质,从而为毛泽东思想的发展和成熟奠定了哲学上的基础。为了彻底清算教条主义在人们思想中的影响,毛泽东领导了反对主观主义特别是教条主义的延安整风运动,号召全党用马克思主义之箭去射中国革命之的,在全党范围内进行了一次把马克思主义与中国实际相结合的实事求是的马克思主义学风教育,使中国化的马克思主义——毛泽东思想成为全党的共识,为把毛泽东思想作为指导思想写进党章打下了坚实的思想基础。作为第二次历史性飞跃的理论成果的邓小平理论也是在同教条主义的斗争中逐步形成的。"文化大革命"结束后,邓小平不顾个人的沉浮安危,首先反对"两个凡是"，冲破了教条主义的束缚，为拨正马克思主义中国化的航向、开创社会主义现代化建设的新局面打下了坚实的思想基础。在领导改革开放的第二次革命中，邓小平始终高举解放思想、实事求是的旗帜，不断冲破传统社会主义模式的束缚，大胆探索在中国这样生产力落后的国家如何建设社会主义的问题。1992 年，面对国内一阵高过一阵的关于姓"资"姓"社"的疑问，面对徘徊不前的经济状况，邓小平科学地阐述了社会主义的本质，提出了计划和市场都是经济手段的科学论断。这一论断不仅科学地阐释了社会主义本质，解除了只注重生产关系的传统社会主义模式的束缚，而且使邓小平理论更加丰富、完善起来，构成了一个比较完整的科学体系。

两次历史性飞跃都坚持从中国的特殊国情出发。马克思主义产生的社会基础是较早进入资本主义并使资本主义得到了充分发展的西欧一些国家，与半殖民地半封建的旧中国和生产力水平仍很低下的新中国都存在着巨大的差距，这使以马克思主义为指导思想的中国共产党始终肩负着从中国的特殊国情出发，把马克思主义与中国实际相结合的艰巨任务。毛泽东和邓小平是完成这一艰巨任务的巨匠和典范。毛泽东在领导新民主主义革命中反复强调，认清中国国情乃是认清一切革命问题的基本依据。正是树立了实事求是的中国国情观，毛泽东才正确地解决了中国革命的对象、动力、性质、任务等基本问题，制定了符合中国实际的新民主主义的总路线、总政策和过渡时期总路线，实现了马克思主义与中国实际相结合的第一次飞跃。打开《邓小平文选》第三卷，无论谈什么问题，邓小平都从两个方面出发：一是中国是一个社会主义国家；二是中国还是一个生产力不发达的国家。这种一切从实际出发的思维逻辑，是邓小平实事求是精神的突出反映。立足于中国和时代思考社会主义的问题，邓小平找到了中国现阶段的历史坐标。正是从社会主义初级阶段这个最大的实际出发，我们党制定了"一个中心、两个基本点"的社会主义初级阶段的基本路线，开创了社会主义建设的新局面。也是从这一实际出发，邓小平进一步揭示了社会主义的本质，回答了有中国特色社会主义的发展道路、根本任务、发展动力、外部条件、政治保证、战略步骤、党的领导和依靠力量以及祖国统一等一系列基本问题，开辟了建设社会主义道路，实现了马克思主义与中国实际相结合的第二次飞跃。由此可见，从中国的特殊国情出发，走自己的路，是毛泽东思想、邓小平理论的共同基础。

最后，两次历史性飞跃都是总结实践经验的结果，都体现了集体的智慧。毛泽东和邓小平分别是我党第一代和第二代领导集体的核心，亲自参与并领导了中国革命的伟大斗争和改革开放的伟大实践，所处的地位使他们必须立足于全局思考中国的问题，并能够及时、全面地把握各方面的情况，加以总结、推广或纠正、制止。作为最高领导层的决策者，他们能够使自己的意志化作方针、政策贯彻下去，在实践中接受检验，然后再提取出来，进行理论上的升华。正是从这个意义上，标志着毛泽东成为党中央领导核心的遵义会议，也成为毛泽东思想从形成到成熟的起点；标志着邓小平成为党中央领导核心的十一届三中全会，也成为邓小平理论形成和发展的起点。毛泽东和邓小平都善于总结正反两方面的经验教训，都十分重视人民群众的首创精神，并善于总结群众的独创经验，从群众中来到群众中去。

邓小平理论是在对我国社会主义建设几十年正反两方面历史经验总结的基础上，实事求是地对改革开放实践中"摸索"出的新经验进行的理论总结。其中包含人民群众的创造，比如联产承包；包含了集体的智慧，比如初级阶段理论。从个人的品格看，毛泽东、邓小平都有坚定的共产主义信仰和对党、对人民高度负责的精神，解放思想、实事求是的精神，都有极大的革命胆略和理论勇气，这是他们能够突破前人、达到历史性飞跃的必不可少的内在因素。

当然，毛泽东思想、邓小平理论的共性之中也存在着个性的差异，但总体上看是大同小异，即两次飞跃在对待马克思主义的科学态度，解放思想、实事求是的精神，坚持从中国实际出发，大胆探索的政治气魄和理论勇气上都是一致的。

二、毛泽东思想与邓小平理论的不同特点

毛泽东思想、邓小平理论既然是两次历史性飞跃的伟大成果，是两个各自完整的理论体系，两者之间就必然存在着不同的特点。

首先，从理论内容上看，两者面临和解决的历史课题不同，理论体系的侧重点不同。毛泽东思想形成在无产阶级领导中国人民进行反帝、反封建的新民主主义革命时期，它面临的历史课题是如何把马克思主义与半殖民地半封建的中国革命实际结合起来，抉择无产阶级领导中国人民夺取政权、建立人民民主专政进而建立社会主义制度的最佳途径。因此，毛泽东思想的主体内容是如何进行政治斗争和军事斗争。当然，毛泽东思想中也包含一定经济建设和其他方面的内容，但不占主导地位。

邓小平理论形成在和平与发展的社会主义建设时代，它所面临的历史课题是如何冲破条条框框的束缚，在一个经济落后、生产力不发达的国家如何实现社会主义现代化。因此，邓小平理论的核心是回答什么是社会主义、怎样建设社会主义的问题，经济思想内容占其著作的绝大部分。当然，邓小平理论中也有政治、军事、文化、外交等方面的内容，但不是主要方面，而且即使涉及这些内容，也多服从于解放生产力、发展生产力、加快经济发展这个中心。

其次，从理论特征看，毛泽东思想传统文化的气息更浓重，邓小平理论时代的特色更鲜明。毛泽东思想的理论基础是马克思列宁主义，同时，在马列主义的指导下，还吸收了中国传统文化的精华部分，包括近代资产阶级民主主义。毛泽东对待中西文化的态度是"古为今用""洋为中用""去其糟粕，取其精华"。这使毛泽东能够把中国传统文化中的精华作为接受和宣传马克思主义、使之与中国实际相结合的精神养料和思想土壤。另外，毛泽东思想中的一些内容明显表

现出马克思主义对中国传统文化批判继承的痕迹。例如，作为毛泽东思想的灵魂的实事求是，就是运用辩证唯物主义认识论原理，对中国古代"知行观"和"矛盾观"所作出的批判继承和科学概括，并用中国的成语加以命名。毛泽东军事思想中的战略战术原则，运用唯物辩证法并借鉴了中国古代的兵书兵法。新民主主义论中则吸收了孙中山三民主义的合理成分。由此可见，中国传统文化中的精华是构成毛泽东思想的血缘和基因。当然，毛泽东思想中也不无时代精神，也有对世界形势的分析和论述，特别是"中国革命是世界无产阶级革命的一部分"这样的论断，但在毛泽东的论述中占的比重不大。

邓小平理论是马克思主义与中国实际和时代特征相结合的历史性飞跃的伟大成果，它在当代世界社会主义运动由低谷转向复兴的过程中，回答什么是社会主义，如何建设社会主义的理论，是在世界探索发展中国家现代化道路的大背景下，回答怎样建设有中国特色社会主义的理论。正如党的十五大报告所说："邓小平理论坚持用马克思主义的宽广眼界观察世界，对当今时代特征和总体国际形势，对世界上其他社会主义国家的成败，发展中国家谋求发展的得失，发达国家发展的态势和矛盾，进行正确分析，做出了新的科学判断……这是邓小平理论鲜明的时代精神。"鲜明的时代精神闪烁在邓小平著作的字里行间，集中地体现在两个方面：一是关于和平与发展时代特征的论断；二是关于当今世界是开放的世界、中国的发展离不开世界的论断。当然，邓小平理论是立足本国、立足民族振兴而面向世界，并且是将爱国主义赋予时代精神而载入《邓小平文选》的。

这种不同的理论特征，源于两种理论不同的主体内容，不同的历史环境和创立者不同的文化基础。毛泽东思想立足于国内的政治斗争和军事斗争，这些内容更易于从历史典籍中借鉴，受到启发。特别由于中国的历史是一部充满政治斗争和军事战争的历史，有丰富的内容可以借鉴。另外，毛泽东本人博览群书，有极丰富的历史知识，运用史料、史实得心应手，这为他广泛地吸收传统文化的精华提供了可能。相反，在长期的战争环境中，在封闭和半封闭的状态里，在两大阵营对峙的形势下，毛泽东很难广泛地接触和了解世界。邓小平理论是在全球经济一体化形势下形成的，解决中国的发展问题、经济建设问题必须面向世界，把中国的发展和世界的发展联系起来。处在和平与发展的时代，广泛接触世界、了解世界已有了可能，这就必然使邓小平理论更具有时代精神和特征。

再次，从理论风格看，毛泽东思想的载体多为长篇论文，旁征博引，贯通古今；宏论滔滔，大气磅礴。在论证上系统深入，点面俱全。如《中国革命战争的战略问题》《矛盾论》《中国革命和中国共产党》《新民主主义论》等。邓小平理论的载体多为简短谈话，言语朴实，简明扼要；贴近生活，好懂易记。在论证上一针见血，直中要害。如"贫穷不是社会主义，社会主义要消灭贫穷"、改革"是一场革命""稳定压倒一切"等。这种经典式的论断观点鲜明，立意深刻，为后人及理论工作者品味深思留下了广阔的境地。

三、毛泽东思想与邓小平理论的关系

毛泽东思想是邓小平理论的思想来源和理论基础，邓小平理论是新时期对毛泽东思想的继承和发展。正确全面地把握毛泽东思想与邓小平理论的关系，必须注意克服两种倾向：一方面，研究邓小平就只谈发展，似乎邓小平理论与毛泽东思想体系无关，甚至相反；另一方面，研究毛泽东就只强调继承，把邓小平理论拿到毛泽东著作中语录式的对号，似乎毛泽东早已有了这些思想。这两种倾向都将毛泽东思想与邓小平理论对立、割裂开来，使之简单化、片面化了。

邓小平理论是在新的历史条件下，在改革开放的伟大实践中对马列主义、毛泽东思想的新发展、新贡献，但这个发展和贡献是在继承基础上的发展，在坚持基础上的贡献。邓小平一贯高举马列主义、毛泽东思想的旗帜，他在主持起草《关于建国以来党的若干历史问题的决议》时指出："毛泽东思想这个旗帜丢不得。丢掉了这个旗帜，实际就否定了我们党的光辉历史。"① 因而《决议》"最核心的一条"是"确立毛泽东同志的历史地位，坚持和发展毛泽东思想"②。从总体看，邓小平理论对毛泽东思想的继承和发展包括灵魂和基本理论两个方面。他强调坚持毛泽东思想主要是坚持毛泽东思想活的灵魂。另外，毛泽东思想的一些基本理论在邓小平理论中得到了延续和发展，如统一战线理论、党的建设理论、文化思想、外交思想等。忽视邓小平理论对毛泽东思想的这些继承，就割断了历史的延续性，也就削弱了邓小平理论的历史意义。当然，这里的坚持和继承是扬弃的坚持，纠正的继承。用邓小平的话说是"拨林彪'四人帮'破坏之乱，批评毛泽东晚年的错误，回到毛泽东思想的正确轨道上来"③。

　　邓小平理论实现了马克思主义与中国实际相结合的又一次历史性飞跃，它不仅是在马列主义、毛泽东思想的开放体系中坚持和继承了毛泽东思想，而且在坚持中发展，在继承中创新，在理论上升华。邓小平在全面评价毛泽东、毛泽东思想时说过："从许多方面来说，现在我们还是把毛泽东同志已经提出，但是没有做的事情做起来，把他反对错了的改正过来，把他没有做好的事情做好。今后相当长的时期，还是做这件事。当然，我们也有发展，而且还要继续发展。"④ 这是对毛泽东思想、邓小平理论关系的准确完整的论述。正是本着既要坚持又要发展的原则，邓小平开创了改革开放的新局面，探索出了建设有中国特色社会主义的新道路，使马列主义、毛泽东思想发展到一个新阶段、达到一个新境界。如果仅仅强调邓小平理论对毛泽东思想的继承性，甚至拿邓小平理论到毛泽东著作中对号入座，用毛泽东的个别结论来代替邓小平的思想原则，就会否认邓小平理论在理论上的

① 《邓小平文选》第二卷，人民出版社 1994 年版，第 298 页。
② 《邓小平文选》第二卷，人民出版社 1994 年版，第 291 页。
③ 《邓小平文选》第二卷，人民出版社 1994 年版，第 300 页。
④ 《邓小平文选》第二卷，人民出版社 1994 年版，第 300 页。

升华和质的飞跃，实际上也就否认了毛泽东思想的现实意义。毛泽东思想之所以在否定"文化大革命"，在和平与发展的今天仍然是我们的旗帜，就是因为它在新时代又发展了，邓小平理论就是这一发展的新成果。所以，党的十五大报告指出：今天，"坚持邓小平理论，就是真正坚持马克思列宁主义、毛泽东思想；高举邓小平理论的旗帜，就是真正高举马克思列宁主义、毛泽东思想的旗帜"。这是对邓小平理论历史意义的定位，也是对毛泽东思想现实意义的定位。

第二十二章 毛泽东思想与中国特色社会主义理论体系的关系

　　党的十七大报告首次提出了中国特色社会主义理论体系这一崭新的科学命题，并把改革开放以来马克思主义中国化的创新理论成果，邓小平理论、"三个代表"重要思想和科学发展观等重大战略思想统一整合到这一个理论体系之中，这是马克思主义中国化发展史上的一个创举，是对党的思想理论建设的一个重大贡献，得到了思想界理论界和党内外的广泛认同，反映了时代的理论需要，顺应了人民的理论期待。但是，对于党的十七大报告为什么没有把毛泽东思想纳入到中国特色社会主义理论体系之中，如何理解毛泽东思想与中国特色社会主义理论体系之间的关系，社会上、理论界还有种种疑惑和曲解，需要深入研究，并给予科学的阐述，以便统一思想，更好地认识和理解毛泽东思想的历史地位和当代价值，更好地坚持和发展中国特色社会主义理论体系。

一、毛泽东思想与中国特色社会主义理论体系是分别属于马克思主义中国化历史进程中不同历史范畴的两大理论体系

　　中国共产党在领导中国人民进行革命、建设和改革的多年征途中，实现了马克思主义基本原理与中国实际相结合的两次历史性飞跃，形成了两大理论体系、两大理论成果，即毛泽东思想和中国特色

社会主义理论体系。二者所处的历史时期、面临的历史任务和解决的主要问题是不同的。

作为第一次历史性飞跃理论成果的毛泽东思想，其主体思想是新民主主义理论，核心是关于中国革命分"两步走"思想。它形成于新民主主义革命时期，面临的历史任务是如何实现民族独立、人民解放和反对三大敌人，解决的根本问题是政权和革命道路问题，主要回答了在半殖民地半封建社会进行什么性质的革命，怎样进行革命，革命的步骤和前途是什么等基本问题。在毛泽东思想的指引下，中国共产党开辟了中国特色革命道路，即经新民主主义到社会主义的道路，在农村建立根据地，以农村包围城市，武装夺取政权，取得了新民主主义革命的胜利，建立了人民共和国，进而实行社会主义革命转变，完成生产资料私有制的社会主义改造，建立了社会主义制度。这就为中国走社会主义道路提供了根本保障，为中国社会的一切发展进步奠定了根本的政治前提和制度基础。

作为第二次历史性飞跃理论成果的中国特色社会主义思想理论体系，包括邓小平理论、"三个代表"重要思想和科学发展观等重大战略思想。它形成于改革开放和社会主义建设新时期，面临的历史任务是如何实现国家繁荣富强、人民共同富裕和现代化，解决的根本问题是巩固和完善社会主义制度，实现社会主义现代化的道路，主要回答了什么是社会主义、怎样建设社会主义，建设什么样的党、怎样建设党，实现什么样的发展、怎样发展等重大理论和实际问题。构成中国特色社会主义理论体系的三大组成部分是在改革开放的不同时期，总结不同阶段的新鲜经验，探索和回答不同时期、不同阶段遇到的新矛盾、新问题的过程中，针对上述三个基本问题从不同角度、不同程度、各有侧重地进行回答，都是围绕中国特色社会主义这一主题。其中，邓小平理论是首创和基础，"三个代表"重要思想和科学发展观等是对其的展开和深化，三者在理论主题、理论基点和理论目标上是一脉相承的，它们是既相互贯通又层层递进的内在统一的科学体系。

党的十七大报告把邓小平理论、"三个代表"重要思想和科学发展观等重大战略思想整合为一个理论体系，表明党对三者融会贯通的逻辑关系有了一个深刻的认识，对社会主义建设规律的认识达到了一个新的境界。

在中国特色社会主义理论体系的指引下，中国共产党领导全国人民开辟了中国特色社会主义道路，坚持"一个中心，两个基本点"的基本路线，建立社会主义市场经济体制，把一个落后的农业大国改变为初步繁荣富强的社会主义现代化国家。三十多年来，改革开放取得了举世瞩目的辉煌成就，中国社会发生了历史性巨变，中国特色社会主义道路在复杂的国际风云变幻中经受住了严峻考验，显示出蓬勃的生命力和巨大的优越性。究其原因，从根本上说来就是十一届三中全会以来，我们党坚持把科学社会主义基本原则与中国社会主义建设实际和时代特征相结合，并在改革开放和现代化建设实践中，不断总结经验进行理论创新，开拓马克思主义中国化的新境界。

二、毛泽东思想是中国特色社会主义理论体系的思想渊源，后者是与前者一脉相承、与时俱进的重大理论成果

毛泽东思想与中国特色社会主义理论体系虽然属于马克思主义中国化历史进程中不同历史范畴的两大理论体系，但二者不是孤立的、割裂的，毫不相干的；二者作为马克思主义中国化的理论成果，是一脉相承、与时俱进的。毛泽东思想作为中国特色社会主义理论体系的思想渊源，可以从三个层面加以理解。

（一）毛泽东思想中关于社会主义建设规律探索的积极成果是中国特色社会主义理论体系的思想先导

在 20 世纪 50 年代中期，鉴于"一五"计划实施过程中，照搬苏

联社会主义工业化道路的弊端，毛泽东提出以苏为鉴，开始探索中国自己的社会主义建设道路。1956 年 4 月 4 日，在《关于无产阶级专政历史经验》讨论修改稿的会议上，他明确指出要把马列主义基本原理同中国具体实际"进行第二次结合"，并提出一些具有创造性的重要思想。

第一，中国式工业化、现代化思想。毛泽东在 1956 年发表的《论十大关系》和翌年发表的《关于正确处理人民内部矛盾的问题》中，创造性地提出建设中国式的工业化道路思想。反复强调要从大农业国这个基本国情出发，走自己的路，进而提出"以农业为基础，以工业为主导"，以此实现由农业国向工业国的发展。毛泽东的中国式工业化、现代化思想，即在经济文化落后的农业大国如何实现工业化、如何走适合中国情况的社会主义现代化道路的思想，不仅有力地指导着当时的工业化建设，而且在实际上为我们党在新时期开辟中国特色社会主义的道路奠定了思想基础。

第二，社会主义社会矛盾理论。社会主义改造基本完成后，毛泽东在《关于正确处理人民内部矛盾的问题》中，适时地提出了社会主义基本矛盾和两类矛盾理论。他认为，"在社会主义社会中，基本的矛盾仍然是生产关系和生产力之间的矛盾，上层建筑和经济基础之间的矛盾"①。它们之间又相适应又不适应，但与资本主义社会不同，社会主义基本矛盾是非对抗性的矛盾，可以通过改革和调整生产关系、上层建筑与生产力之间不相适应的环节和方面，使社会主义制度得到自我完善和自我发展。社会基本矛盾反映在人与人的关系上，呈现出两类矛盾。一类是敌我矛盾，一类是人民内部矛盾，其中大量的是人民内部矛盾，正确处理人民内部矛盾是国家政治生活的主题，并提出要构建国内生动活泼的政治局面。毛泽东关于社会主义社会矛盾的理论，第一次建立了社会主义社会矛盾学说，成为新时期中国社会

---

① 《毛泽东文集》第七卷，人民出版社 1999 年版，第 214 页。

主义改革动力论的根源和理论基础，也为我们今天构建社会主义和谐社会提供了重要的理论依据和科学方法。

第三，经济建设必须搞综合平衡的思想。从 1958 年 11 月武昌会议起，到庐山会议召开前夕，毛泽东在总结"大跃进"教训过程中，针对急于求成的"左"的冒进倾向，提出了社会主义经济建设要搞好综合平衡的思想。他指出："'大跃进'的重要教训之一就是没有搞好综合平衡，这是经济工作中的根本问题。"[1] 过去安排国民经济的次序是重工轻农，"今后恐怕要倒过来"，首次提出以农、轻、重的次序安排国民经济计划。毛泽东关于经济建设必须搞好综合平衡的思想对于我们今天推进中国特色社会主义经济又好又快发展有着重要的指导意义。

第四，社会主义需要发展商品经济、运用价值法则的思想。1958年年底至 1960 年年初，毛泽东在总结"人民公社化"教训和读苏联《政治经济学教科书》及斯大林《苏联社会主义经济问题》两本书的谈话中，针对党内存在的要取消商品经济的思想倾向，提出了关于发展社会主义商品经济和运用价值法则的一系列独创性见解。他指出："商品生产，要看它是同什么经济制度相联系，同资本主义制度相联系就是资本主义的商品生产，同社会主义制度相联系就是社会主义的商品生产。"[2] 同时，毛泽东明确指出，农民是劳动者，要"等价交换"[3]，不能剥夺，要"利用商品生产、商品交换和价值法则，作为有用的工具，为社会主义服务"[4]。毛泽东对社会主义商品经济理论的探索，尽管没有坚持下去，没有也不可能从根本上突破计划经济的框框，但应当说，这些闪光思想是难能可贵的，对邓小平在新时期提出社会主义市场经济思想具有重要的启迪。此外，毛泽东在探索社会主义建设规律过程中还闪现出一些宝贵思想，如关于社会主义分发达、

---

[1]　《中国共产党历史大事记》，中央党史出版社 2006 年版，第 207 页。

[2]　《毛泽东文集》第七卷，人民出版社 1999 年版，第 439 页。

[3]　《毛泽东传（1949—1976）》，中央文献出版社 2003 年版，第 1124 页。

[4]　《毛泽东文集》第七卷，人民出版社 1999 年版，第 435 页。

不发达阶段思想，关于"消灭了资本主义，又搞资本主义"①思想，等等。

　　毛泽东关于中国社会主义建设探索中的正确理论构成了毛泽东思想的有机组成部分，因而成为新时期中国特色社会主义理论体系的思想先导，从这个意义上说，中国特色社会主义道路的探索始于毛泽东成于邓小平。但是，由于它还不够系统、不够完善，况且，毛泽东在探索社会主义建设规律过程中，正确思想与错误思想往往是交织在一起的，最终导致"以阶级斗争为纲"，酿成全局性的错误，致使毛泽东对社会主义建设规律的探索没有升华为中国特色社会主义理论，实现"第二次结合"，这个任务历史地落在以邓小平为核心的党的第二代中央领导集体肩上。但是，毛泽东毕竟是探索中国社会主义建设道路的伟大先驱，其探索中形成的正反两方面历史经验，为中国特色社会主义理论体系的形成以及新时期改革开放和现代化建设事业，提供了宝贵的精神财富和重要的历史借鉴。

（二）毛泽东思想中一些基本理论为中国特色社会主义理论体系奠定了思想基础

　　毛泽东思想是马克思主义同中国实际相结合的历史起点，它在理论与实践的诸多方面首开先河，给中国未来的发展作一初步定位，为中国未来的发展奠定了坚实的、科学的思想基础，成为中国特色社会主义理论体系诞生的逻辑起点和思想渊源。事实上，在改革开放和社会主义建设实践中，我们党始终在坚持、运用和发展着这些基本理论。

　　第一，关于国体、政体理论。毛泽东把马克思主义的国家学说与中国的基本国情相结合，形成了一整套符合我国实际的社会主义政治制度的理论与实践，主要包括人民民主专政、人民代表大会制度、共产党领导的多党合作和政治协商制度、民族区域自治制度等。这些

---

① 《毛泽东文集》第七卷，人民出版社 1999 年版，第 170 页。

是带有根本性、稳定性和不可替代性的政治制度。今天中国特色社会主义民主政治的发展就是在这一基本政治制度基础上不断完善和逐步推进的。

第二，关于宗教理论和宗教政策。我国是一个多民族的国家，少数民族多有宗教信仰，正确处理民族宗教问题，对于维护祖国统一、国家安全和社会稳定至关重要。毛泽东运用历史唯物主义基本原理，坚持宗教信仰自由的基本政策；强调不能用行政命令和强制的方法去消灭宗教，也不能用行政力量去发展宗教，要引导信教群众为社会主义经济建设服务；主张建立与宗教界政治上团结合作、信仰上互相尊重的长期爱国统一战线等，卓有成效地解决了民族宗教问题。毛泽东在观察和处理宗教问题上所体现出来的思想理论和真知灼见为我们今天在风云变幻的国内外形势下，发展宗教理论和制定宗教政策提供了理论支撑。

第三，关于社会主义文化建设的基本原则和基本方针。早在新民主主义革命时期，毛泽东创造性地提出"民族的、科学的、大众的"文化理论以及文艺为人民大众首先是为工农兵服务的方针，为中国新民主主义文化发展指明了方向。在社会主义时期，毛泽东在新民主主义文化论的基础上，又提出了"百花齐放，百家争鸣""洋为中用，古为今用"等繁荣我国科学文化事业的方针。毛泽东创立的这些基本原则和基本方针仍然是我们今天发展中国特色社会主义文化所坚持和遵循的。

第四，关于国防建设和军队建设的基本理论。毛泽东是人民军队的主要缔造者，他规定了全心全意为人民服务是人民军队的唯一宗旨，规定了是党指挥枪而不是枪指挥党的建军原则，提出和总结了一套军队政治工作的方针和方法。新中国成立以后，他还提出必须加强国防，建设现代化革命武装力量、发展现代化国防技术，制定了积极防御的战略方针等。这些原则和方针为今天中国特色社会主义国防和军队建设理论奠定了基本的思想基础。

第五，关于国际战略思想和外交方针。毛泽东是我国独立自主的和平外交政策的决策者和奠基人。他坚决维护中国的主权和尊严，积极倡导和平共处五项原则，开展睦邻友好的和平外交。他提出的"两个中间地带"理论和"三个世界划分"理论，在国际上产生了广泛影响。他将维护世界和平、反对霸权主义、中国属于第三世界、中国永远不称霸确立为中国外交的重要原则。尽管新时期，党依据国际形势和时代主题的深刻变化，对我国国际战略和外交政策进行了重大调整，但是毛泽东创立的外交基本原则仍然是今天我国国际战略和外交政策的基础。

第六，关于党建的基本原则和基本要求。中国共产党的党建理论是毛泽东创建的。新民主主义革命时期，毛泽东就对党的性质、宗旨、任务、指导思想、组织原则、优良作风和党员干部教育等一系列马克思主义政党建设的基本问题，都作出了科学阐述。中国共产党执政以后，如何保持马克思主义先进政党的本色，防止和平演变，如何保持党同人民群众的血肉联系，这是毛泽东始终思考和探索的重大问题。新中国成立前夕，毛泽东在党的七届二中全会上适时地向全党严肃地提出"两个务必"，要求全党警惕糖衣炮弹的袭击。毛泽东提出的这些要求和警示，今天仍然是我们治党治国所必须特别注意的问题。新时期，江泽民把提高拒腐防变和抵御风险作为党建设新的伟大工程的一个历史课题。以胡锦涛为总书记的党中央上任伊始，即刻提出全党同志要牢记"两个务必"。可见毛泽东确立的党的建设理论，其丰富的内涵至今仍不失其指导意义。今天，中国特色社会主义理论体系中的党建理论是同毛泽东关于党的建设的理论一脉相承，与时俱进的理论成果。

（三）毛泽东思想为中国特色社会主义理论体系奠定了科学的方法论原则

以毛泽东为代表的中国共产党人依据马克思主义的辩证唯物主

义和历史唯物主义基本原理，对中国长期革命和建设实践中的一系列独创性经验进行理论概括和总结，形成了具有长远指导意义的科学方法论。

第一，创立了党的实事求是思想路线。中国共产党在领导人民进行革命、建设的过程中形成了一条"一切从实际出发，理论联系实际，实事求是，在实践中检验真理和发展真理"[①]的马克思主义思想路线。这是马克思主义认识论和辩证法中国化的集中体现，是毛泽东思想的精髓和方法论的根本点。毛泽东思想形成于土地革命战争时期，成熟于抗日战争时期。以毛泽东为代表的中国共产党人坚持党的思想路线，不照搬、照抄俄国十月社会主义革命的模式，从中国半殖民地半封建的社会性质出发，总结中国革命独创性历史经验，汲取中国传统文化的精华，运用马克思主义基本原理，提出农村包围城市理论和新民主主义革命理论，开创了中国特色革命道路，实现了马克思主义中国化的第一次历史性飞跃。

十一届三中全会以来，邓小平重新恢复和确立了党的思想路线，强调解放思想、实事求是，突破苏联社会主义模式和传统社会主义观念的束缚，运用马克思主义基本原理，从社会主义初级阶段的实际出发，总结了中国社会主义建设和国际共产主义运动正反两方面的历史经验，把握了中国社会主义的历史方位，揭示了社会主义本质，开辟了中国特色社会主义道路，实现了马克思主义中国化的第二次历史性飞跃，创立了邓小平理论。进入新世纪，以江泽民为核心的中国共产党第三代中央领导集体继承和坚持解放思想、实事求是的优良传统，弘扬与时俱进的创新精神，在社会主义现代化建设的重大历史关头，在世界社会主义运动处于低潮的状态下，把中国特色的社会主义的事业不断推向前进，形成了"三个代表"重要思想。党的十六大以来，以胡锦涛为总书记的党中央，关注新情况、新问题，紧紧跟上时代发

---

① 《中国共产党第十七次全国代表大会文件汇编》，人民出版社2007年版，第66页。

展的步伐，解放思想、实事求是、与时俱进、求真务实，在改革开放的关键时刻，有针对性地提出科学发展观和构建社会主义和谐社会等重大战略思想。党的十八大以来，习近平面临改革开放凸现的新问题、新矛盾，坚持党的思想路线攻艰克难，提出全面深化改革，"四个全面"战略布局和"五个发展"新理念，在新的历史起点上实现马克思主义中国化新的飞跃。毛泽东思想与中国特色社会主义理论体系作为马克思主义中国化的创新成果，在形成发展过程中表现出了鲜明的共同特点，这就是始终坚持党的思想路线，这条思想路线犹如一条红线贯穿于马克思主义中国化两次历史性飞跃和两大理论成果形成的全过程。历史表明，马克思主义理论的每一个重大发展，中国革命、建设、改革实践的每一次巨大进步都是坚持党的思想路线的结果。否则就不会有马克思主义中国化的两次历史性飞跃，就不会有中国特色革命道路和中国特色社会主义道路的形成和发展。党的思想路线"是马克思列宁主义的精髓，是毛泽东思想的精髓"[1]，"是建设有中国特色社会主义理论的精髓，是保证我们党永葆生机的法宝"[2]。中国共产党正是由于运用实事求是的马克思主义思想路线，从对历史规律的不断认识和把握中找到我们前进的正确方向。

第二，毛泽东提出了马克思主义中国化的科学命题，并在全党树立起了用中国化的马克思主义指导中国革命和建设实践的基本理念，这是以马克思主义指导中国具体实践的基本原则和根本方法。它告诉我们马克思主义指导中国革命的真谛在于运用中国化的马克思主义，走自己的路。早在1938年的六届六中全会上，毛泽东就第一次明确提出了"马克思主义中国化"这一命题和任务。他指出：中国共产党人要学会把马克思列宁主义的理论应用于中国的具体环境，"使马克思主义在中国具体化"，并强调，这是"全党亟待了解并亟须解

---

[1]　《江泽民文选》第二卷，人民出版社2006年版，第9页。

[2]　《江泽民文选》第一卷，人民出版社2006年版，第246页。

决的问题"。由此"马克思主义中国化"逐步成为当时党的主要领导者的共识，经过延安整风运动，成为全党的基本理念。毛泽东不仅提出马克思主义中国化的科学命题和历史任务，而且在实践中身体力行，创立了马克思主义中国化第一次历史性飞跃的理论成果——毛泽东思想。

十一届三中全会以后，邓小平反复强调毛泽东倡导的马克思主义基本原理与中国实际相结合，用中国化了的马克思主义指导中国实践的基本原则，从而把马克思主义中国化历史进程推向新阶段，实现了第二次历史性飞跃，创立了邓小平理论，奠定了中国特色社会主义理论体系的基础。新世纪、新阶段，以江泽民为核心的党的第三代中央领导集体和以胡锦涛为总书记的新一届中央领导集体也正是在毛泽东创立的马克思主义中国化基本原则的指引下，提出了"三个代表"重要思想和科学发展观等重大战略思想，开创了马克思主义中国化的新境界，终于形成了马克思主义中国化的最新成果——中国特色社会主义理论体系。

就延续至今的长达半个多世纪的马克思主义中国化的历史而言，毛泽东的贡献是开创性的、奠基性的。是毛泽东开辟了马克思主义中国化的正确道路，且为我们党坚持用马克思主义指导实践提供了基本原则和科学方法，指明了方向。

总之，毛泽东思想不属于中国特色社会主义理论体系。同时，二者在马克思主义中国化历史进程中既一脉相承又与时俱进，前者是基础，后者是前者的继承和发展。正如党的十七大报告郑重指出的："我们要永远铭记，改革开放伟大事业，是在毛泽东同志为核心的党的第一代中央领导集体创立毛泽东思想、带领全党全国各族人民建立新中国、取得社会主义革命和建设伟大成就以及艰辛探索社会主义建设规律取得宝贵经验的基础上进行的。"①

---

① 《中国共产党第十七次全国代表大会文件汇编》，人民出版社 2007 年版，第 7 页。

参 考 文 献

1.《马克思恩格斯选集》第 1 卷，人民出版社 1995 年版。

2.《马克思恩格斯选集》第 3 卷，人民出版社 1995 年版。

3.《马克思恩格斯选集》第 4 卷，人民出版社 1995 年版。

4.《马克思恩格斯全集》第 17 卷，人民出版社 1963 年版。

5.《马克思恩格斯全集》第 39 卷，人民出版社 1974 年版。

6.《马克思恩格斯文集》第 39 卷，人民出版社 2009 年版。

7.《列宁专题文集 论无产阶级政党》，人民出版社 2009 年版。

8.《列宁选集》第 1 至 4 卷，人民出版社 1995 年版。

9.《列宁全集》第 3 卷，人民出版社 1995 年版。

10.《列宁全集》第 4 卷，人民出版社 1984 年版。

11.《列宁全集》第 17 卷，人民出版社 1988 年版。

12.《列宁全集》第 26 卷，人民出版社 1988 年版。

13.《列宁全集》第 27 卷，人民出版社 1959 年版。

14.《列宁全集》第 28 卷，人民出版社 1990 年版。

15.《列宁全集》第 29 卷，人民出版社 1985 年版。

16.《列宁全集》第 33 卷，人民出版社 1986 年版。

17.《列宁全集》第 35 卷，人民出版社 1985 年版。

18.《列宁全集》第 36 卷，人民出版社 1985 年版。

19.《列宁全集》第 41 卷，人民出版社 1986 年版。

20.《斯大林全集》第 5 卷，人民出版社 1957 年版。

21.《斯大林全集》第 6 卷，人民出版社 1956 年版。

22.《斯大林全集》第 7 卷，人民出版社 1958 年版。

23.《斯大林文集》下卷，人民出版社 1985 年版。

24.《斯大林选集》上、下卷，人民出版社 1979 年版。

25. 斯大林：《列宁主义问题》，莫斯科外文书籍出版局 1948 年版。

26.《孙中山全集》第 11 卷，中华书局 1986 年版。

27.《毛泽东选集》第一至四卷，人民出版社 1991 年版。

28.《毛泽东文集》第一卷，人民出版社 1993 年版。

29.《毛泽东文集》第二卷，人民出版社 1993 年版。

30.《毛泽东文集》第五卷，人民出版社 1996 年版。

31.《毛泽东文集》第六卷，人民出版社 1999 年版。

32.《毛泽东文集》第七卷，人民出版社 1999 年版。

33.《毛泽东文集》第八卷，人民出版社 1999 年版。

34.《毛泽东年谱（1949—1976）》第三卷，中央文献出版社 2013 年版。

35.《毛泽东著作选读》（上、下），人民出版社 1986 年版。

36.《毛泽东书信选集》，人民出版社 1984 年版。

37.《毛泽东农村调查文集》，人民出版社 1982 年版。

38.《建国以来毛泽东文稿》第四册，中央文献出版社 1990 年版。

39.《董必武选集》，人民出版社 1985 年版。

40.《董必武政治法律文集》，法律出版社 1986 年版。

41.《蔡和森文集》（下），湖南人民出版社 1979 年版。

42.《张闻天选集》，人民出版社 1985 年版。

43.《王稼祥选集》，人民出版社 1989 年版。

44.《"一大"前后》（一），人民出版社 1980 年版。

45.《周恩来统一战线文选》，人民出版社 1984 年版。

46.《刘少奇选集》上卷，人民出版社 1981 年版。

47.《刘少奇选集》下卷，人民出版社 1985 年版。

48.《邓小平文选》第二卷，人民出版社 1994 年版。

49.《邓小平文选》第三卷，人民出版社 1993 年版。

50. 邓小平：《建设有中国特色的社会主义》（增订本），人民出版社 1987 年版。

51.《江泽民文选》第一至三卷，人民出版社 2006 年版。

52. 江泽民：《论党的建设》，中央文献出版社 2001 年版。

53. 胡锦涛：《在"三个代表"重要思想理论研讨会上的讲话》，《人民日报》2003 年 7 月 2 日。

54. 习近平：《关于中国特色社会主义理论体系的几点学习体会和认识》，《求是》2008 年第 7 期。

55.《中共中央关于加强和改进新形势下党的建设若干重大问题的决定》，《求是》2009 年第 19 期。

56. 刘云山：《科学发展观的历史地位和指导意义》，《人民日报》2012 年 11 月 22 日。

57.《(中国共产党的七十年) 阅读文件选编》，中共党史出版社 1992 年版。

58.《共产国际有关中国革命的文献资料》第一辑，中国社会科学出版社 1981 年版。

59.《共产国际有关中国革命的文献资料》第二辑，中国社会科学出版社 1982 年版。

60.《共产国际第二次代表大会文件》，中国人民大学出版社 1988 年版。

61.《十二大以来重要文献选编》（上），人民出版社 1986 年版。

62.《十二大以来重要文献选编》（下），人民出版社 1988 年版。

63.《十三大以来重要文献选编》（下），人民出版社 1993 年版。

64.《十四大以来重要文献选编》（上），人民出版社 1996 年版。

65.《十五大以来重要文献选编》（上），人民出版社 2000 年版。

66.《十五大以来重要文献选编》（下），人民出版社 2003 年版。

67.《十六大以来重要文献选编》（上），中央文献出版社 2005 年版。

68.《十六大以来重要献选编》（中），人民出版社 2005 年版。

69.《十七大以来重要文献选编》（上），中央文献出版社 2009 年版。

70.《建国以来重要文献选编》第十五册，中央文献出版社 1997 年版。

71.《建党以来重要文献选编》第二十二册，人民出版社 2011 年版。

72.《中共中央文件选集》第一册，中共中央党校出版社 1989 年版。

73.《中共中央文件选集》第五册，中共中央党校出版社 1990 年版。

74.《中共中央文件选集》第十册，中共中央党校出版社 1989 年版。

75.《中共中央文件选集》第十一册，中共中央党校出版社 1991 年版。

76.《中共中央文件选集》第十四册，中共中央党校出版社 1992 年版。

77.《中共中央文件选集》第十八册，中共中央党校出版社 1992 年版。

78.《关于建国以来党的若干历史问题的决议》（注释本），人民出版社 1983 年版。

79.《中共党史教学参考资料》（一），人民出版社 1957 年版。

80.《中国共产党第十七次全国代表大会文件选编》，人民出版社 2007 年版。

81.《中国共产党第十八次全国代表大会文件汇编》，人民出版社 2012 年版。

82.《中共中央关于全面深化改革若干重大问题的决定》，人民出版社 2013 年版。

83.《中国共产党历史大事记》，中央党史出版社 2006 年版。

84.《中央革命根据地史料选编》下册，江西人民出版社 1982 年版。

85. 宋时轮：《毛泽东军事思想的形式及其发展》，军事科学出版社 1984 年版。

86. 吴冷西：《忆毛主席》，新华出版社 1995 年版。

87.《胡乔木回忆毛泽东》（增订本），人民出版社 2003 年版。

88. 胡绳：《中国共产党的七十年》，中共党史出版社 1991 年版。

89. 克劳塞维茨：《战争论》第一卷，商务印书馆 1978 年版。

90.《恽代英文集》上卷，人民出版社 1984 年版。

后　记

　　郑德荣先生是新中国成立以后最早从事马克思主义中国化研究的为数不多的几个学者之一。早在 1993 年，就在《求是》上发表了题为《毛泽东对马克思主义中国化的卓越贡献》的重要文章，1997年，承担了国家"八五"社科规划项目"毛泽东与马克思主义中国化"并出版了同名专著。此后又在《马克思主义研究》等刊物上陆续发表了《共产国际与马克思主义中国化的双效应》《马克思主义中国化的伟大旗手与奠基人——毛泽东》《马克思主义中国化实践规律探析——以新民主主义理论的创立为视角》《毛泽东思想的历史地位与当代价值》《"三个代表"重要思想在马克思主义中国化进程中的历史地位》《马克思主义中国化时代化大众化的历史轨迹和宝贵经验》等系列研究论文五十余篇。在这些研究成果中，郑德荣先生首次提出毛泽东是马克思主义中国化的伟大旗手和奠基人；是毛泽东率先吹响了"反对本本主义"号角，向全党提出马克思主义中国化的历史任务，树立了马克思主义学风，并在实践上开辟了中国特色革命道路，实现了马克思主义与中国实际相结合的第一次历史性飞跃，树立起马克思主义中国化的典范；用马克思主义指导中国革命的真谛在于运用中国化的马克思主义；共产国际与马克思主义中国化的"双效应"等一系列独到见解和提法。专著《毛泽东与马克思主义中国化》是郑德荣先生多年研究成果的荟萃，出版之后得到学术界的一致好评和广泛赞誉，被誉为"全方位、多角度地从宏观和微观相结合的角度研究毛泽东思想的一部新作""充满了探索和创新""是毛泽东思想研究领域的新成果，是关于马克思主义中国化宏观研究方面的拓荒之作。"

　　马克思主义中国化是郑德荣先生长期潜心研究中共党史的一条主线，整体统筹毛泽东思想与中国特色社会主义理论体系研究。《马克思主义中国化纵横观》就是在郑先生已经出版的专著和系列研究论文基础上，按照与先生共同拟定的大纲，由我负责进行汇编、整合、提炼并作必要的补充加工整理，黄伟、牟蕾、郑凯旋、彭波、胡范坤协助收集资料和部分加工整理，由郑德荣先生最终定稿而成。能够协助先生完成这部著作，我确实感到责任重大，使命光荣。这部著作已经远远地超出了自身所固有的价值，是花甲起步、中经古稀、进入耄耋之年的郑先生奉献给我们的宝贵精神财富。既充分体现了郑先生始终着力把历史与现实紧密衔接、宏观把握与实证研究密切结合、理论研究与时代背景深度交融的学风特色，也是郑先生把个人融入时代、把研究融入生命、把创新融入生活的生动写照。"老而好学，如炳烛之明。"已届九十高龄，尚能如郑先生一般老骥伏枥、志在千里，耄耋勃发、学而不倦，笔耕不辍、发愤忘食，实在是令人敬佩。身教重于言教，郑德荣先生以其正心诚意之情感态度潜移默化地影响着我们每个学生的价值观，让我们前进有方向、工作有力量、生命有价值。

　　此为后记。

王占仁

2015 年 7 月 21 日

责任编辑:崔秀军

图书在版编目(CIP)数据

马克思主义中国化纵横观/郑德荣,王占仁 著.
　-北京:人民出版社,2015.12(2022.2 重印)
ISBN 978－7－01－015718－4

Ⅰ.①马…　Ⅱ.①郑…②王…　Ⅲ.①马克思主义-发展-研究-
中国　Ⅳ.①D61

中国版本图书馆 CIP 数据核字(2015)第 318374 号

马克思主义中国化纵横观
MAKESIZHUYI ZHONGGUOHUA ZONGHENGGUAN

郑德荣　王占仁　著

人民出版社 出版发行
(100706　北京市东城区隆福寺街 99 号)

北京汇林印务有限公司印刷　新华书店经销

2015 年 12 月第 1 版　2022 年 2 月北京第 3 次印刷
开本:710 毫米×1000 毫米 1/16　印张:24
字数:320 千字　印数:3,501-6,500 册

ISBN 978－7－01－015718－4　定价:62.00 元

邮购地址 100706　北京市东城区隆福寺街 99 号
人民东方图书销售中心　电话 (010)65250042　65289539